KB126448

내 삶을 바꾸는

생각 혁명

와일드북
와일드북은 한국평생교육원의 출판 브랜드입니다.

내 삶을 바꾸는 생각 혁명

초판 1쇄 인쇄 · 2019년 3월 25일
초판 1쇄 발행 · 2019년 3월 30일

지은이 · 이석재
발행인 · 유광선
발행처 · 한국평생교육원
편 집 · 장운갑
디자인 · 이종헌

주 소 · (대전) 대전광역시 유성구 도안대로589번길 13 2층
(서울) 서울시 서초구 반포대로 14길 30(센츄리 1차오피스텔 1107호)
전 화 · (대전) 042-533-9333 / (서울) 02-597-2228
팩 스 · (대전) 0505-403-3331 / (서울) 02-597-2229

등록번호 · 제2015-30호
이메일 · klec2228@gmail.com

ISBN 979-11-88393-14-5 (13190)
책값은 책표지 뒤에 있습니다.
잘못되거나 파본된 책은 구입하신 서점에서 교환해 드립니다.

이 도서의 국립중앙도서관 출판예정도서목록(CIP)은 서지정보유통지원시스템 홈페이지(http://seoji.nl.go.kr)와 국가자료공동목록시스템(http://www.nl.go.kr/kolisnet)에서 이용하실 수 있습니다.(CIP제어번호: CIP2019008894)

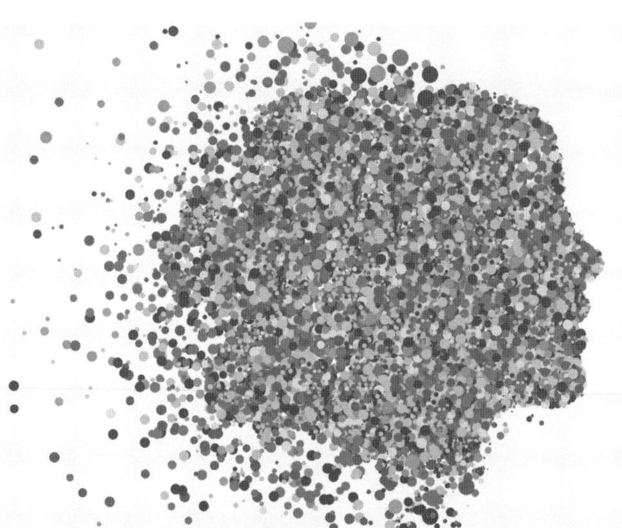

내 삶을 바꾸는 생각 혁명

심리학박사 **이석재** 지음

어떤 삶을 살 것인가!

 와일드북

| 서평 |

생각의 빈 공간을 채워주는 책

코칭이 하나의 전문영역으로 자리매김하기까지 가야 할 길은 아직 멀고도 험하다. 그 길에 저자는 '내 삶을 바꾸는 생각 혁명'을 통해 단단한 디딤돌을 하나씩 친절하게 놓아주었다.

우리나라 전문코치 1세대이며 경영심리학자인 저자는 학자로서의 강점을 살려 2002년부터 2018년까지 꼼꼼히 기록하였던 코칭사례를 분석하고 통합하여 효과성 코칭 모델을 개발하였다. 또한 그 모델이 작동할 수 있는 맥락을 구체적인 코칭 장면에서의 대화로 재구성함으로써 코칭을 전문적으로 배우고자 하는 코치들과 기업의 HR 담당자들에게 이론적인 근거가 있는 정보와 인사이트를 주고 있다.

저자가 직접 개발한 효과성 진단(리더십 진단, 팀효과성 진단, 조직효과성 진단)은 코칭의 과학적 근거를 마련하는 데 중요한 역할을 하고 있다. 또 변화요구, 인지전략, 3S-FORM 코칭 모델은 목적지향의 변화를 가장 현실적, 효과적으로 가능하도록 하는 방법론으로서 저자는 그 배경과 작동원리를 자세히 설명해주고 있다. 기업 리더들을 대상으로 하는 코칭이 성과 위주의 코칭으로 치우칠 수 있으나,

'역할 중심의 효과성 코칭전략'을 통해 코칭의 본질인 인간존재에 충실하면서도 원하는 성과를 만드는 코칭의 진정한 파워가 그들이 살아가는 현장에서 가능하다는 것을 보여준다.

제한된 지면에서 '효과성 코칭 모델'의 섬세함과 탁월함을 일일이 언급할 수 없지만, 가장 인상 깊은 점은 이 모든 것이 긍정심리에 기반하고 있다는 것이다.

모든 인간은 그들만의 독특한 무늬가 있고, 그 다름의 미학을 극대화할 때 시너지가 난다. 하지만 현실에서는 그 다름이 틀림으로 변질되어 갈등을 야기하고, 사람들은 그것을 극복하기 위해 다양한 시도를 한다. 예전에는 성격유형, 행동유형으로 그 다름을 인정하려고 하였다면 이제는 개개인의 강점으로 그 다름을 설명하려는 경향이 있다.

저자는 강점과 약점을 절대적인 것으로 보지 않고 '특정 맥락에서 발휘된 잠재성의 기능적 표현'이라고 중립적으로 정의하였다.

인간에 대한 무한한 잠재성에 대한 믿음은 코칭 철학의 기본이며 인간이 위대할 수 있는 '존재'의 근원이다. 저자는 단순히 열심히 사는 삶이 아닌 보다 높은 시각에서 인간의 존재 안에서 행동을 보고, 삶의 목적과의 연결성을 강화함으로써 가장 본질적인 변화를 가능하게 하는 효과성 코칭 방법론을 구체적으로 제시하였다.

의미 있는 삶, 목적이 있는 삶을 찾고자 하는 고객들과 함께 했던 시간 속에 전문코치로서 느꼈던 빈 공간들이 있다.

'내 삶을 바꾸는 생각 혁명'의 마지막 장을 넘기며 그 빈 공간들 속으로 과학적 증거, 체계적인 이론, 생생하게 살아 숨 쉬는 코칭 현장의 목소리, 그리고 한 인간으로서의 통합적 '존재'가 부드럽게 스며들고 있음을 느낀다.

박정영, Ph.D.
(주)CiT코칭연구소 대표
한국코칭학회 부회장 / 한국기업교육학회 이사

차례
CONTENTS

서평 생각의 빈 공간을 채워주는 책 ······ 4

프롤로그 ······ 12

제1부 원하는 결과를 디자인한다

제1장 결과를 만드는 효과성 코칭 ··· 20

1 효과성 코칭 모델이란 무엇인가 ······ 22
- 1) 세 가지 구성 요소 ······ 23
- 2) 생각 프레임 변화를 돕는 코치의 인지전략 ······ 25
- 3) 코칭 프로세스, FORM ······ 28
- 4) 코칭 맥락 ······ 30

2 자기인식이 부족할 때 빠지기 쉬운 함정 ······ 32
- 1) 자기중심적 주도에 묶인 조직관리 ······ 33
- 2) 성향에 따른 갈등회피 리더십 ······ 36
- 3) 목적 없이 일에 묶인 삶 ······ 38

제2장 자기인식을 깨워 원하는 결과 만들기 ··· 43

1 원하는 결과에 대한 5가지 질문 ······ 45

2 일곱 가지 변화 요구 ······ 47
- 1) 주도적으로 삶을 구성하기 ······ 48
- 2) 자신만의 시선 키우기 ······ 53
- 3) 삶의 목적 탐구하기 ······ 59
- 4) 협업을 통해 성장하기 ······ 63
- 5) 더 나은 나와 성취 추구하기 ······ 70
- 6) 늘 깨어 있는 인식 갖기 ······ 73
- 7) 삶의 희망 키우기 ······ 78

3 원하는 결과를 만들지 못하는 주된 이유와 해법 ······ 83
- 1) 목표의 설정 문제 ······ 83
- 2) 심리적인 문제 ······ 84
- 3) 관리와 자원의 문제 ······ 86
- 4) 원하는 결과를 만드는 방법 ······ 86

제2부 존재의 근원적 변화를 위한 전략

제3장 결정적 행동에 집중하기 ··· 90

1 결정적 행동과 기존 개념의 차이점 ······ 91

2 결정적 행동의 3가지 속성 ······ 93

3 결정적 행동을 도출하는 방법 ······ 94

제4장 역할 중심의 효과성 코칭 전략 ··· 97

1 존재보다 실행을 먼저 다룬다 ······ 98

1) 역할자에 초점 두기 ······ 99
2) 객관적으로 자기를 돌아보기 ······ 101
3) 원하는 리더 모습 그려보기 ······ 103
4) 본래의 자기와 만나기 ······ 104
5) 변화 확인하기 ······ 106

2 변화 단계별로 접근한다 ······ 108

1) 단계 1: 변화 인식 ······ 108
2) 단계 2: 변화 실행 ······ 111
3) 단계 3: 변화 유지 ······ 112

제5장 생각 프레임을 바꾸는 인지전략 ··· 116

1 강점 발견: 자기 확신 높이기 ······ 118

1) 약점에 민감해지는 이유 ······ 121
2) 자존감을 키우는 것이 중요하다 ······ 122
3) 잠재성이 발휘되는 모습을 분석하라 ······ 124
4) 약점을 달리 보면, 강점이 보인다 ······ 125
5) 자신의 약점을 효과적으로 보완하는 방법 ······ 126

2 관점 확대: 사고의 유연성 키우기 ······ 128

1) 자기중심성의 이중성, 집착과 선한 영향력 ······ 129
2) 다양한 관점 체험은 자기인식을 키운다 ······ 136

3) 이직과 직무 전환, 관점 확대로 답을 찾다 ···· 140
4) 일과 삶의 균형, 목적 있는 삶에서 답을 찾다 ···· 148
5) 관점을 변화시키는 효과적인 방법 ···· 159

3 통찰 심화: 더 나은 해법 찾기 ···· 167
1) 정체성의 본질에 대한 통찰 ···· 168
2) 협업을 주도하는 과정에서 체험한 통찰 ···· 173
3) 상자 속에서 밖으로 나올 때의 통찰 ···· 179
4) 관점 변화에 따른 통찰 ···· 183
5) 통찰을 촉진시키는 효과적인 방법 ···· 188

4 자기 수용: 지금의 나를 받아들이기 ···· 190
1) 자기한계를 극복한 경험은 자기 수용의 씨앗 ···· 191
2) 상호이해를 통해 자기 수용의 가능성을 높이기 ···· 196
3) 일터에서 자신의 진정한 가치를 알아보자 ···· 199
4) 적극적으로 자기 수용을 실천하기 ···· 201
5) 자기 수용을 효과적으로 하는 방법 ···· 204

제3부 시스템적 접근으로 변화를 완성한다

제6장 변화를 끌어내는 코칭 프로세스 ··· 210

1 피드백: 발견과 통찰 ···· 213
1) 코칭 스킬 1: 탐구 질문 ···· 214
2) 코칭 스킬 2: 입장 바꿔보기 ···· 216
3) 코칭 스킬 3: 명확화 ···· 217
4) 코칭 스킬 4: 소중한 것의 재발견 ···· 219

2 기회 발견: 변화와 도전 ···· 220
1) 코칭 스킬 1: 선택에 직면하기 ···· 221
2) 코칭 스킬 2: 자기방어기제 분석 ···· 224
3) 코칭 스킬 3: 자기제한적 신념 ···· 226
4) 코칭 스킬 4: 긍정적 관점 갖기 ···· 228

3 재구성: 완전한 관점 전환과 위험 감수 ····· 230
1) 코칭 스킬 1: 관점 전환 ····· 232
2) 코칭 스킬 2: 역할 재구성 ····· 235
3) 코칭 스킬 3: 관심과 대화의 재구성 ····· 237
4) 코칭 스킬 4: 안전지대 벗어나기 ····· 240

4 전진: 새로운 목표와 꿈을 향한 전진 ····· 243
1) 코칭 스킬 1: 진정 원하는 것 찾기 ····· 244
2) 코칭 스킬 2: 가능한 자아 개발 ····· 245
3) 코칭 스킬 3: 맥락적 경청 ····· 248
4) 코칭 스킬 4: 다짐과 경쟁 다짐 ····· 249

제7장 변화를 끌어가는 내면의 엔진 ··· 252

1 자기인식: 알아차림의 힘 ····· 254
1) 개인적 자기인식 ····· 255
2) 사회적 자기인식 ····· 257

2 자기대화: 내면의 지지자 만들기 ····· 260
1) 자기대화의 유형 ····· 261
2) 변화를 방해하는 심리기제 ····· 264

3 자기성찰: 마음의 거울 보기 ····· 268
1) 자기성찰의 주요 내용 ····· 269
2) 자기성찰의 힘, 답은 자신에게 있다 ····· 272
3) 자기성찰을 생산적으로 하는 방법 ····· 275

부록

부록 1 성장 비전 달성 계획서 ······ 280

부록 2 코칭 프로세스별 코칭 질문 ······ 282

부록 3 성찰 질문, 내면과의 대화 ······ 284

부록 4 종종 간과하는 다섯 가지 관점 ······ 288

부록 5 변화와 혁신을 촉진하는 질문 ······ 292

에필로그 ······ 295

참고문헌 ······ 299

| 프롤로그 |

"올바른 방향이라면 잘못된 변화는 없다."
– 윈스턴처칠(Winston Churchill), 정치인

지금은 변화와 혁신, 창의성과 주도성의 시대이며 정보기술의 발달로 표준 업무들이 시스템화되었다. 일반 업무에 대한 빠른 수행은 정보 시스템이 대신하고, 그 업무 범위가 확대되고 있다. 이제 빨리 해야 할 것은 업무수행이 아니라, 변화를 읽고 창의적인 생각으로 혁신을 만드는 것이다.

따라서 기업경쟁력은 경쟁사보다 빠른 가치 창출이다. 그리고 21세기에 필요한 인재는 생각하는 능력을 가진 사람이다.

코치는 생각 파트너로서 사람들이 자신의 삶을 주도적으로 구상하고 만들어 가도록 그들의 생각을 자극한다.

1. 생각과 행동의 변화를 돕는 효과성 코칭을 개발하다

나는 2002년부터 2018년까지 진행한 코칭에서 조직 리더들과의 대화 메모와 일지를 전반기(2002~2009)와 후반기(2010~2018)에 걸

쳐 분석한 결과, 7가지 대표적인 변화 요구를 찾았다.

나는 일곱 가지 변화 요구가 코칭 대화를 구성하는 큰 흐름이며, 리더들의 삶의 주제라고 생각했다.

생각과 행동의 변화를 성공적으로 끌어내는 것은 코칭 대상자의 생각 틀에서만 이루어지는 아니다. 코칭 대상자에게 변화 요구가 있다면, 코치에게는 그의 변화 요구를 실제 행동 변화로 발전시키는 코칭 전략이 있다. 나는 이를 '생각 프레임을 바꾸는 인지전략'이라고 이름을 붙였다. 그리고 네 가지 인지전략을 바탕으로 코칭 대상자의 변화를 끌어내는 3S-FORM 코칭 모델을 개발하였다.

이후 경영심리학자로서의 지식, 기업 컨설팅과 코칭 경험, 진단 도구 개발의 전문성을 결집시켜 개인과 조직 변화를 통해 원하는 결과를 얻는 방법론을 개발하였고, '효과성 코칭'이라고 이름을 붙였다.

2015년 1월부터 진행한 효과성 코칭의 학습 과정인 '효과성 코칭 워크숍'의 도입부에서 변화 요구와 변화를 도와 원하는 결과를 만드는 효과성 코칭의 심리 기제를 워크숍 참가자들에게 소개했으나, 늘 아쉬움이 남았다.

이 책에서는 '효과성 코칭 모델'을 처음으로 소개한다.

당면한 문제에 대한 답은 그 자신에게 있다. 코치는 답을 주지 않고, 코칭 대상자가 답을 찾도록 돕는다. 구체적으로 어떻게 돕는다는 것일까?

효과성 코칭은 코칭 대상자의 생각을 자극하고 행동을 변화시켜 원하는 결과를 얻도록 돕는 방법이다.

나는 변화 요구, 인지전략, 3S-FORM 코칭 모델들이 어떻게 서로 연결되는지에 대한 개념적, 이론적인 내용과 실제 코칭 사례를 논리적으로 연계시켰다. 코칭 대상자에게 변화 요구가 있다면, 코치에게는 그의 요구를 실제 그가 원하는 결과의 성취와 연결시키는 인지전략과 변화를 끌어내는 효과성 코칭 모델이 있다. 이 모두를 함께 상세히 소개하고자 한다.

2. 존재를 통해 실행을 촉진시킨다

지금은 정보통신기술을 기반으로 한 혁신과 융합, 무한한 가치를 만들어 낼 수 있는 지식과 정보, 빅데이터, 사물 인터넷, 인공지능, 전 세계의 삶과 문화를 공유하는 초연결망 등을 토대로 가치와 경쟁력을 만드는 속도 경쟁의 시대이다. 이 급변하는 시대에 어떤 삶을 살 것인가?

이 시대의 삶의 방식은 존재를 통해 실행을 촉진시켜 원하는 결과를 얻는 것이다. 지금 우리에게 필요한 것은 새로운 에너지원이다.

산업시대에는 잘살고 싶은 열망, 교육열, 선실행 후조치, 학습과 모방이 에너지원이었다. 뷰카VUCA란 변동성Volatility, 불확실성Uncertainty, 복잡성Complexity, 모호성Ambiguity의 앞 글자를 딴 말로 현재의 불확실한 상황과 리스크를 말한다. 세상에서 우리가 원하는 결과를 얻기 위한 힘을 어디에서 얻을까? 산업시대에는 실행doing을 촉진시키는 에너지원이 필요했다면, 지금은 존재being가 에너지원이다. 바로 삶을 주도적으로 구성하려는 동기, 변화 요구와 잠재성, 이에 대한 자기인식이다.

3. 자기인식을 깨워 원하는 삶을 구성하게 돕는다

변화의 근간은 자기인식이다. 나는 지난 2002년부터 지금까지 18년 동안 국제코치연맹ICF 기준으로 2,900시간의 코칭을 진행하였다. 이 기간 동안 코칭과 임원 교육, 워크숍 등을 통해 많은 개인과 조직 리더들을 만났다. 그들과의 만남을 통해 자기 자신을 들여다보는 시간을 갖는 것이 실로 필요하고 중요하다는 것을 알았다.

내가 만난 사람들은 자신을 잘 알고 있다고 생각하지만, 사실 자신을 잘 알고 싶어 하는 사람들이었다. 그들은 생각과 행동에 변화를 주고 싶어 했고, 이를 위해 자아의 어떤 측면이 변화해야 하는가에 궁금해했다. 그리고 그들의 삶에 많은 영향을 준 사람들은 타인이었다.

왜 자신의 삶에 영향을 미친 사람이 자기 자신일 수는 없을까? 자기 스스로 자신의 변화를 주도할 수 있다면, 그 변화에 대한 각성은 어디에서 올 수 있을까? 사람은 자신에 대한 변화 요구를 가지고 있으면서 그 답을 외부에서 찾았다. 그러나 코칭이라는 만남을 통해 변화에 성공하거나 변화를 주도하는 모습을 보인 사람들은 그 답을 자기 자신에게서 찾았다. 그 각성의 시작은 바로 자기인식이다.

나는 그들과의 만남을 통해 우리 모두가 변화의 주체가 될 수 있다고 확신했다.

삶은 유한하고 누구에게나 객관적으로 존재한다. 그러나 그 삶을 어떻게 바라다 볼 것인가에 대한 관점을 선택하는 것은 바로 우리 자신이다. 내가 내 삶을 주도할 수 있는지는 자기 확신에 달렸다. 자신의 잠재성과 성장 가능성에 믿음이 없다면, 자신의 삶에 주인공이 될 수 없다. 아주 다행인 것은 생각 파트너가 있다는 사실이다. 생각 파트너는 사람들이 삶의 주체로 전면에 나설 때, 그 선택을 지지하고 응원하며 앞으로 나아갈 수 있는 자기인식을 깨우는 데 도움을 준다.

4. 지금 자기와의 만남을 갖고 생각해 보자

이 책은 총 3부로 구성되어 있다. 1부 '원하는 결과를 디자인한다'에서는 원하는 삶을 구상하고 실행하도록 돕는 효과성 코칭 모델과 구성 요소, 코칭에서 만난 리더들과의 코칭 대화를 분석해 찾아 낸 7가지 변화 요구와 관련된 코칭 사례를 소개하였다. 독자는 조직 리더들의 변화 요구와 원하는 결과를 얻기 위해 노력하는 과정에서 겪는 그들의 생생한 심리를 간접적으로 체험할 수 있다.

2부 '존재의 근원적 변화를 위한 전략'에서는 결정적 행동을 통해 변화 요구를 원하는 결과와 연계시키는 코치의 단계적 접근 전략과 4가지 인지전략을 코칭 사례를 들어 상세히 소개하였다. 코칭 사례의 내용은 실제이며 프라이버시와 개인정보 보호를 위해 주인공의 이름을 가명으로 하였고 담당 직무도 일부 수정하였다. 독자는 효과성 코칭 모델과 코치가 사용하는 인지전략을 통해 사람들의 변화 요구와 원하는 결과를 성공적으로 연계시키는 과정을 이해하고, 현장에 적용할 수 있는 지식과 스킬을 학습할 수 있다.

3부 '시스템적 접근으로 변화를 완성한다'에서는 코칭 대상자가 구조화된 3S-FORM 코칭 프로세스를 통해 요구-행동-결과를 완성하는 과정에서 경험하는 생각과 행동의 변화를 다룬다. 변화를 끌어내는 코칭 대화의 흐름인 FORM에 대한 개념 설명과 각 프로세스별로 코칭 대상자의 심리, 필요한 코칭 스킬을 사례로 소개하였다. 아울러 코칭 대상자가 변화를 만들어 가는 과정에서 자기관리를 해야 할 인지활동으로 자기인식, 자기대화, 자기성찰을 다루었다.

마지막에 부록으로 사람들의 생각 프레임을 자극하고 변화시키는데 유용한, 생각 파트너의 코칭 도구를 소개하였다.

이 책은 국내에서는 처음으로 코칭 주제에 내재한 변화 요구를 심층 분석해 심리학적인 원리를 근간으로 효과성 코칭 모델을 제시하고 있다.

나는 효과성 코칭 모델에 기초해서 조직 리더들이 자신의 변화 요구를 원하는 결과로 만들어 가는 코칭 사례를 소개했다. 다른 사람의 성장을 돕는 전문 코치, 사내 코치, 인재개발 담당자, 전문 상담사, 예비 코치 모두에게 도움 되길 바란다. 또한 자기관리와 자기개발에 관심이 있는 일반인이나, 조직의 리더와 구성원들이 주도적으로 자신의 삶을 구상하고 만들어 보길 권하며, 그 과정에서 이 책이 도움 되길 바란다. 나는 개인과 조직이 결정적 행동을 실천하여 원하는 결과를 얻도록 돕고 있다. 이 책은 그 여정에서 만들어진 세 번째 결과물이다.

21세기는 생각 파트너를 필요로 하는 시대이며, 실행 자체를 촉진하기보다 존재를 통해 실행을 촉진시키는 인간중심의 시대이며, 자기인식이 변화의 근원적 자원인 시대이다. 이 책을 통해 독자는 자신의 잠재성과 본래 모습, 변화 요구를 알아가는 다양한 질문과 스킬들을 구체적으로 학습할 수 있다. 이 책을 읽다 보면, 내 자신이 삶의 전면에 등장한 시대에 살고 있다는 것을 알아차릴 것이다. 늘 깨어 있는 존재로 성찰 질문을 통해 자기 내면과 소통하면서, 자신이 원하는 삶을 주도적으로 만들어 가길 바란다.

명일동 연구실에서 이석재

제1부

원하는 결과를 디자인한다

생각을 바꾸면 세상을 다르게 볼 수 있다. 생각을 바꾼다는 것은 쉬운 일이 아니다. 생각 파트너인 코치는 자신의 삶을 주도적이며 적극적으로 바꾸고 싶은 사람들에게 기존의 관점에서 벗어나 새로운 관점에서 보고 생각할 수 있도록 도움을 준다.

제1부에서는 삶을 더 나은 방향으로 바꾸고 발전시키고 싶은 조직 리더들의 변화 요구들이 원하는 결과를 이루는 데 어떻게 연관되는지를 설명하는 효과성 코칭 모델을 소개한다.

여러분은 이 모델을 통해 효과성 코칭을 이해하고, 더 나은 자기 성장과 목적 있는 삶을 살고자 하는 리더들의 사례를 통해 공감하고 신선한 자극을 받을 것이다. 또한 바람직하게는 여러분도 자신의 변화 요구를 충족시키는 원하는 결과를 구상하는 데 필요한 방법을 학습하고 실천할 수 있다.

제1장
결과를 만드는 효과성 코칭

사람들은 놀라운 신세계에 살고 있고, 자기 자신도 놀랍도록 새로운 존재로 생각한다.

- **칼 융** C. G. Jung, 정신분석심리학자

생각이나 행동에 변화가 일어나는 경우를 보면, 행위자 스스로 그 변화에 대한 필요성과 동기를 가지고 있다. 이러한 인식을 갖고 있는 사람은 생각 파트너인 코치와 협력을 통해 그들의 생각이나 행동을 지속 가능하게 변화시킬 수 있다. 그럼에도 변화의 주체는 행위자이다. 흔히 물가에 말을 데려갈 수 있지만, 물을 마시게 할 수는 없다. 행위자의 선택과 결정이 중요함을 뜻한다.

이 장에서는 사람들의 변화 요구와 원하는 결과를 목표로 정하고 그 결과를 얻을 가능성이 높은 결정적 행동을 찾아 연결시키는 과정을 다룬다.

사람들은 다양한 삶의 영역에서 원하는 결과를 얻기 위해 목표를 세우고, 그 목표를 달성하기 위해 노력한다. 목표가 분화되지 않으면, 그 목표는 곧 원하는 결과이다. 만일 여러 개의 작은 목표로 분화된다면, 단기적으로 각각의 작은 목표가 원하는 결과이며 장기적으로 상위 목표가 원하는 최종 결과이다. 원하는 결과는 맥락에 따라

설정된다.

이 장에서 소개되는 사례들은 모두 실제 코칭 현장에서 만난 고객의 것으로, 사례와 내용이 평범하고 보편적이다. 코칭 사례에 등장하는 코칭 대상자의 이름은 가명이며, 신원을 확인할 수 없도록 직무나 역할을 필요에 맞게 변경하였다. 이 장을 통해 여러분은 코칭에 참여하는 코칭 대상자가 어떤 요구를 가지고 있는지를 확인할 수 있다. 코치로 활동하고 있는 독자라면, 자신의 사례를 이 범주와 연결시켜 분석해 보길 바란다.

→ 1
효과성 코칭 모델이란 무엇인가

효과성 코칭은 '사람들은 자신의 삶을 주도적이며 적극적으로 구성하려는 동기를 갖는다.'는 가정에 근거한다. 효과성 코칭은 코칭 대상자가 가지고 있는 삶을 구성하려는 동기, 변화 요구와 잠재성, 이에 대한 자기인식을 변화의 에너지원으로 하여 원하는 결과를 얻을 수 있는 가능성을 높이는 협력 활동이다.

코치는 이러한 협력 활동에서 생각을 자극하고 원하는 결과를 얻도록 돕는 파트너 역할을 수행하는 전문가이다. 코치는 효과성 코칭 방법론에 따라 코칭 대상자가 처한 현재 상황을 객관적으로 진단하고 분석하여, 구체적인 변화 요구와 원하는 결과를 얻으려면 꼭 실천해야 할 결정적 행동을 도출한다.

코치는 효과성 코칭 모델Effectiveness Coaching Model을 토대로 변화 요구-결정적 행동-원하는 결과를 연결하는 코칭 설계를 하고, 합의한 기간 동안 일련의 구조화된 목표 지향적 협력 활동을 전개한다. 여기에서 효과성이란 개인이나 팀, 조직이 원하는 결과를 얻어내는 정도를 의미한다.

이 장에서는 효과성 코칭 모델을 구성하는 기본 개념과 일곱 가지 변화 요구를 중심으로 기업 리더들이 가지고 있는 변화에 대한 생각과 행동을 살펴본다. 여기에서는 기본적인 개념과 개념을 설명하는 데 필요한 사례를 소개한다.

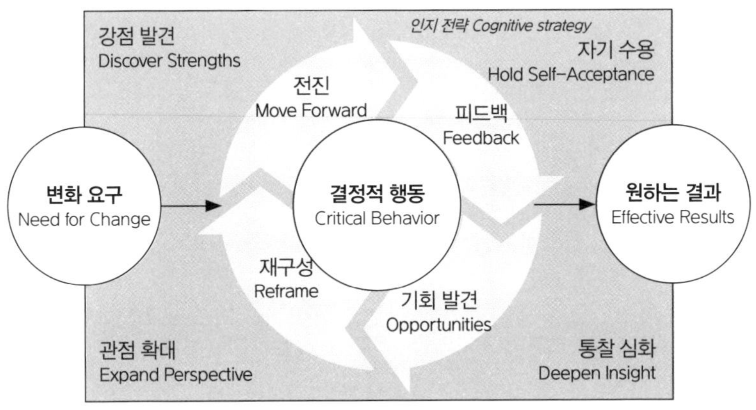

[그림 1] **효과성 코칭 모델**

1) 세 가지 구성 요소

원하는 결과를 만드는 방법은 사람들의 변화 요구와 원하는 결과를 얻을 가능성을 높이는 결정적 행동을 서로 연결시키는 것이다. 세 요소에는 고유한 특성이 있다.

변화 요구

나는 2002년부터 2018년까지 진행한 개인 코칭과 그룹 코칭에서 조직 리더들과의 대화 메모와 일지를 전반기(2002~2009)와 후반기(2010~2018)에 걸쳐 분석하였다.

조직 리더들과 합의한 코칭 목표에 포함된 코칭 주제 수는 2개~4개이며, 각 주제별로 리더십 행동변화를 위한 2개~5개의 구체적인 실천행동들이 있다.

코칭 주제별로 실천행동에 담긴 리더들의 변화 요구를 분석한 결과, 7가지 대표적인 변화 요구를 찾았다. 이들 요구는 자신의 삶을 주도적으로 구상하고 만들어 현재 모습보다 더 바람직한 모습을 이루고 싶은 심리이며, 현재 모습과 바람직한 모습의 격차를 해소할 필요성을 뜻한다.

변화 요구는 사람의 마음속에 있다. 요구를 겉으로 드러내고 표현하게 하는 것도 쉬운 일이 아니다. 사람의 마음이 갖는 심리적 기제가 있기 때문이다. 대표적인 예가 자기방어기제이다. 변화 요구가 있을 때, 변화를 거부하도록 가장 먼저 작동하는 심리이다.

원하는 결과

원하는 결과는 현재 시점에서 얻고자 하는 것이지만, 그 시작은 더 본질적인 데 있을 수 있다. 예를 들면, 삶의 목적으로부터 나온 것일 수 있다. 삶의 목적에 기초한 것일 때, 원하는 결과 자체가 갖는 영향력이 있다. 자신의 존재 이유를 보여주기 위한 것이라면, 개인의 요구나 행동은 중요한 요소가 아닐 수도 있다. 추구하는 목적으로 모든 것을 정당화시키려고 한다.

결정적 행동

원하는 결과를 만들기 위해 어떤 행동을 할 것인가? 사람들의 요구와 원하는 결과가 명확하다고 해도 환경적 요인에 의해 원하는 결과를 얻지 못할 수 있다.

맹자의 어머니는 원하는 자식 교육을 위해 거주지를 세 번 바꾸고 나서야 뜻을 이루었다. 작심삼일처럼, 원하는 결과를 만들기 위해 실행을 다짐하지만 실천이 안 될 수 있다. 원하는 결과를 얻지 못하는 주된 요인 중의 하나는 실행에 실패했기 때문이다. 원하는 결과를 얻을 가능성이 높은 결정적 행동을 실행해야 한다. 이와 같이 사람들의 요구와 결정적 행동, 원하는 결과를 연계시킨다는 것은 삶에서 풀어야 할 중요한 과제이다.

2) 생각 프레임 변화를 돕는 코치의 인지전략

사람들은 자신의 삶의 맥락에서 원하는 결과에 대해 자신만의 요구를 가지고 있다. 자신의 삶을 주도적으로 구성하려고 할 때 드러나는 심리이다.

앞에서 살펴보았듯이 요구-행동-결과를 연결시키는 것은 쉬운 일이 아니다. 생각 파트너인 코치는 사람들이 처한 삶의 공간에 들어가 그들이 원하는 결과를 얻을 수 있도록 생각을 자극한다. 생각의 변화는 결정적 행동의 실행을 촉진시킨다.

코치는 네 가지 인지전략을 사용하여 코칭에서 만나는 사람들의 생각 프레임을 변화시킨다. 인지전략은 사람들의 생각을 변화시키기는 코칭 대화의 장field을 떠받히는 네 개의 기둥이다.

강점 발견

사람들은 자신의 맥락에서 당면한 문제를 해결하고 원하는 결과를 얻기 위해 잠재성을 발휘한다. 잠재성을 발휘하여 얻은 결과가 외부적인 평가 기준을 충족시킬 때, 그 잠재성은 강점이 된다.

강점을 발휘한 성공 경험은 개인의 자기평가에도 긍정적인 영향을 미친다. 사람들은 자신의 삶에서 다양한 강점을 발휘한다. 약점에서 강점을 발견하기도 한다. 삶의 맥락이 달라지면, 자신의 강점을 잊고 삶의 환경에 의해 영향을 받기 쉽다. 맥락이 달라지면, 강점이 약점으로 약점이 강점으로 바뀔 수 있다. 따라서 두 개념에 묶이지 말아야 한다.

코치는 삶의 뷰카 환경에서 사람들이 잠재성을 인식하고 강점으로 발휘하여 당면한 문제를 해결할 가능성을 높이도록 돕는다.

관점 확대

사람들은 세상을 보는 자신만의 관점을 가지고 있다. 관점은 세상을 파악하고 변화하는 환경에 대처하는 인식 틀이다. 이러한 관점은 환경을 지각하고 대처하는데 효율성이 높지만, 경험이 축적되면서 고착화될 가능성이 높다.

다른 관점을 가져보거나 상대방의 관점을 이해하면, 사회적 관계 관리나 환경적 대처를 효과적으로 할 수 있다. 관점은 자기와 밀착된 인지적 개념이라 자기중심성이 작동한다.

생각 파트너인 코치는 사람들로 하여금 자신의 관점에 묶이지 않도록 돕는다. 관점을 유연하게 하면, 사람들은 주어진 맥락을 다르게 보고 다양한 가능성과 기회를 발견하게 한다.

통찰 확대

강점 발견과 관점 확대를 체험하는 과정에서 일어나는 통찰을 심화시키는 것이다. 아주 짧은 순간에 기존의 인식이 재구성되면서 인식의 확장과 깨달음이 일어난다. 이러한 통찰의 순간에 창의성이 개입되어 숨겨진 가치를 발견하기도 한다. 통찰은 혁신의 기본이다.

자기 수용

사람들의 생각 프레임을 변화시키는 마지막 인지전략은 자기 수용이다. 사람들로 하여금 자신이 경험하고 있는 현실을 아무런 조건 없이 있는 그대로 받아들일 수 있도록 생각을 자극한다.

자기 수용의 주체는 코치가 만나는 사람들이며, 그들이 선택하고 결정한다. 코치의 역할은 그들이 자기 수용의 가능성을 높일 수 있도록 생각을 자극하고 체험하도록 돕는다.

3) 코칭 프로세스, FORM

일곱 가지 변화 요구는 코칭에서 만나는 사람들의 것이고, 그들의 사고 프레임을 바꾸는 인지전략은 생각 파트너인 코치의 것이다. 사람들의 요구를 결정적 행동과 원하는 결과로 연결시키는 일련의 시행이 FORM 코칭 프로세스이다.(이석재, 2014.)

이 과정에서 코칭 대상자는 자신의 요구를 드러내고, 코치는 인지전략을 사용한다. 이 과정은 코칭 대상자가 원하는 결과를 얻도록 돕는 협력 과정이며, 목표지향적인 활동이다.

피드백

첫 번째 단계인 피드백에서 코칭 대상자는 자기 자신에 대한 자기평가와 타인의 피드백을 받아 본다.

조직에서 직급이 올라갈수록 피드백을 받아 보지만, 자신이 피드백을 요청하는 경우는 드물다. 피드백을 받아 본다고 하지만, 실제 피드백이 언어적 소통으로 이루어지는 경우는 드물다.

사람들이 자신의 생각과 행동을 바꿔야겠다고 생각하는 대표적인 계기는 자기 지각과 타인 지각에 차이가 있을 때이다. 내가 보는 나와 타인이 보는 나에 인식 차이가 있을 때 그 격차를 줄이고자 한다. 특히 미래의 자아에 대해 긍정적인 인식을 가지고 있는 사람은 격차를 줄이는 데 적극적이다.

기회 발견

피드백을 통해 코칭 대상자는 자신의 강점과 약점을 발견하고 자기를 더 이해하며, 통찰의 시간을 갖는다. 이러한 인식 과정에서 새로운 변화의 기회를 포착하고 도전할 수 있는 마음도 생긴다. 두 번째 단계인 기회 발견은 코칭 대상자가 더 나은 내가 되는 길로 가는데 중요한 순간이다. 변화의 가능성을 인지하고 선택 여부가 결정되기 때문이다.

재구성

변화와 도전은 세 번째 단계인 재구성으로 연결된다. 이 단계에서 기존의 사고 체계, 관점, 개념 정의 등이 새로운 판으로 전환된다. 관점이 확대되면 다양성을 수용할 가능성이 높다. 새롭게 재구성된 사고체계에서 코칭 대상자는 위험을 감수하는 도전을 한다. 관점 전환과 위험 감수에 따른 성공 경험은 더 전진할 수 있는 에너지원이다.

전진

코칭 대상자는 마지막 단계인 전진에 도착한다. 이 단계에서 코칭 대상자는 변화에 대한 성공 체험을 내재화하고 새로운 목표와 꿈을 그린다. 변화는 정체가 아니라, 또 다른 시작이다.

생각 파트너인 코치는 코칭 대상자로 하여금 가능성을 탐구하도록 그들의 생각을 자극한다. 삶의 환경은 그대로이지만, 그 환경을 바라보는 관점은 다양하다. 자신이 선택한 관점에 따라 세상은 달리 보이고, 삶의 다양성을 체험할 수 있다.

4) 코칭 맥락

코칭에서 만난 사람들은 자기만의 독특한 환경과 상황적 맥락을 가지고 있다. 이러한 맥락은 코칭에서 만난 사람들의 변화 요구와 결정적 행동, 원하는 결과에 영향을 미친다. 개인적 차원의 요구도 있지만, 팀과 조직 차원의 요구도 있다.

맥락은 사람들의 생각과 행동에 영향을 미친다. 이 책에 소개된 사람들의 협의적 맥락은 그들이 속한 조직과 팀이다. 광의적으로 보면 글로벌 환경이다.

글로벌 환경

글로벌 환경의 특징은 뷰카VUCA로 표현된다.(Thurman, 1991.)

변화의 속도가 빠르고 역동적volatility이며, 변화를 구성하는 질적 속성이 급변해 변동성이 크고 예측이 불확실uncertainty하다. 변화하는 환경의 힘과 역동성이 다양하고 인과 관계로 설명할 수 없는 복잡성complexity을 갖고 있고, 변화의 의미와 패턴이 모호ambiguity하다. 이러한 환경에서 개인과 조직은 흔들리지 않아야 하고, 변화의 기회를 취하고 위협을 피해야 한다. 어떻게 하면 가능할까? 분명한 것은 실행doing도 중요하지만, 존재being의 대응이 중요해졌다.

개인, 팀과 조직

협의적 맥락으로 일터를 보자. 산업화의 기적을 만들어낸 기성세대의 생활방식은 신세대보다 '빨리 빨리' 문화에 익숙해 있다. 생각하기 전에 행동하는 생활방식이 몸에 배었다.

생각은 각자의 몫이다. 생산적이고 창의적인 아이디어를 찾는 토의를 해도, 적극적이며 주도적으로 자기를 표현하는 스킬이 부족하다. 과정보다 결과를 중요하게 여긴다.

신세대는 기성세대와 다른 사고방식과 가치관을 가지고 있다. 기성세대가 자신을 조직의 일원으로 생각한다면, 신세대는 내 삶의 한 영역에 조직이 있다고 생각한다. 세대 차이는 사고방식과 일하는 방식에서도 나타나 갈등의 원인이 된다. 기성세대와 신세대는 어떻게 더불어 살 것인가? 개인과 조직은 어떻게 상생할 것인가? 개인은 자신의 삶을 어떻게 만들어 갈 것인가? 개인과 조직은 어떻게 그들이 원하는 결과를 얻을 것인가?

이 시대를 살고 있는 모든 사람들이 갖는 질문이다. 그 답은 사람들이 각자 처한 맥락에서 요구-행동-결과의 연결을 완성하는 것이다.

생각 파트너인 코치는 사람들이 질문하는 것에 대한 답을 그들이 찾도록 돕는다. 코치는 코칭 대상자가 그들의 일터에서 실행doing의 전문가이고 고유한 존재being임을 존중하고, 그들이 가지고 있는 생각 프레임을 변화시켜 원하는 답을 찾도록 돕는다.

→ 2
자기인식이 부족할 때 빠지기 쉬운 함정

자기인식은 원하는 결과를 만들기 위한 변화의 근간이다. 주도적이며 적극적으로 자신의 삶을 구상하고 만들어가는 사람도 있지만, 주어진 상황을 잘 읽고 이해관계자들 간의 갈등을 최소화하면서 자신의 삶을 사는 사람도 있다.

구성하는 삶은 능동적으로, 갈등을 최소화하는 삶은 수동적으로 보일 수 있다. 그러나 어떤 삶이 바람직한지는 맥락에 따라 다르다. 먼저 원하는 결과에 대해 자기인식을 철저히 하였는지를 살펴야 한다. 자기인식이 부족할 때, 추구하는 삶의 모습이 극단적인 방향으로 나타날 수 있다. 이러한 모습은 그 삶의 주인공이 지속적으로 성장하는 데 방해요인이 된다. 자기인식이 부족할 때 빠지기 쉬운 함정의 대표적인 사례를 살펴본다.

1) 자기중심적 주도에 묶인 조직관리

사람들은 자기 자신을 잘 알기 때문에 다른 사람들이 자신을 어떻게 지각하고 이해하는지를 잘 안다고 말한다. 이러한 경우 그와 밀접한 사회적 관계를 맺고 있는 주위 사람을 대상으로 인터뷰한 자료와 과학적인 진단 자료를 통해 분석해 보면 자기인식과 타인이 보는 그에 대한 인식 간에 큰 차이가 있는 경우가 많다. 이러한 결과로 보면, 자신을 잘 안다고는 하지만 실제 자신을 모르고 있다.

자신이 잘 알고 있는 것은 자기인식의 사고 틀 내에서 자신이 어떤 사람인지를 잘 안다는 것이다. 자신의 사고 틀 내에서 일관성을 보이지 않는 모습이 있을 때, 그 원인을 예외적인 상황의 탓으로 돌린다. 이러한 자기중심성은 조직 리더에게서 흔히 관찰된다.

임원 코칭에서 그의 첫 반응은 '내가 왜 이 자리에 있어야 하지?'였다. 특히 외부인과의 만남이 불편해 보였다. 그는 자신의 업무와 부원의 구성, 주요 업무를 간단히 소개해 주었다. 이어서 이번 코칭 프로그램의 목적과 진행 과정에 대해 상세하게 질문하였다.

나는 객관적인 입장에서 그의 질문에 대답하였다. 이번 프로그램은 임원 자신의 리더십을 성찰하는 시간을 가져보도록 하는 데 있다고 소개했다.

그는 나의 소개가 끝나자마자, 리더십 교육을 수강한 경험과 국내외의 핵심 리더십 교육을 이수하였다는 사실을 강조했다. 나는 코칭을 위해 리더십다면진단ELA을 실시하였고 그 결과보고서를 충분히 숙지한 상태였다. 일부 그의 말에 수긍하는 점도 있었다.

리더십진단결과를 볼 때, 그는 일 중심의 리더로 나타났다. 내부의 평판에서도 그렇듯이 추진력이 뛰어났고 일과 관련된 다른 리더십 역량들이 긍정적으로 발휘되었다. 반면, 대인관계측면에서 여러 문제점들이 나타났다. 즉 정서관리와 대인감수성이 가장 낮았다.

이 두 역량은 대인관계에서 자기관리의 핵심이다. 정서관리가 부족하고 대인감수성이 낮으면, 본인의 감정이 타인에 어떤 영향을 미치는지를 알지 못한다. 업무 상황이 좋지 않을 때 감정을 즉흥적으로 드러내어 상대방에게 깊은 상처를 주기도 한다. 또한 상대방의 기분이나 감정을 배려하지 않고 자신의 감정에 따른 언행을 하게 된다. 감정과 행동이 일치하기 때문에 자기인식은 자신의 리더십 표현을 정당화한다. 타인이 자신을 어려워하는 모습을 잘 이해하지 못하고 친밀감을 갖도록 다른 사람을 대하지 못한다.

그는 지속적으로 성과를 내는 조직을 만들고 싶어 했다. 부원의 이직이 자주 발생하지만, 이직하는 사람들이 도전적이지 못하고 인내심이 부족한 그들의 특성 때문인 것으로 보았다. 그리고 치열한 경쟁사회에서 생존하려면, 업무 강도가 높고 업무상황에서 스트레스가 극심하더라도 견디고 극복하려는 자기 노력이 있어야 한다고 생각했다. 아울러 경쟁력이 없는 사람은 도태되기 마련이고 자기합리화를 무기로 불평불만을 주위에 퍼트리는 모습을 경계해야 한다고 생각하였다.

성과주의가 지배적인 조직에서는 이러한 의식을 지닌 리더가 탁월한 리더로 평가받을 수도 있다. 그러나 임원으로서 자신의 역할 수행에 있어 중요한 것을 놓치고 있다는 것을 인지하지 못한다.

나는 이와 같은 상황에서 리더의 시선을 일터에서 가정으로 돌린다.

"지금까지 직장에서 임원의 모습에 대한 피드백을 살펴보았습니다. 가정에서는 어떤 피드백을 받고 있습니까? 가족 구성원은 임원에 대해 어떤 생각을 하고 있는지 말씀해 주실 수 있겠습니까?"

그는 곰곰이 생각하다가 직장에서 약점으로 피드백을 받고 있는 내용이 가정에서도 같게 나타난다고 말했다. 그의 목소리는 이전보다 나지막했다. 가정에서의 변화 또한 절박했다. 그는 가정에서 바람직한 역할자의 모습에 대해 이야기를 나눌 때, 자신이 감정을 조절하고 상대방을 배려해야 한다는 점에 동의했다.

"그럼 부원과의 관계에서 이전과 다른 모습을 보인다면, 정말 달라져야 하는 것은 구체적으로 무엇입니까?"

그는 리더십 행동변화계획서에 자신의 생각을 자세히 작성하였다. 그리고 자신의 생각을 부서회의에서 공개하고, 자신의 변화 노력에 대해 피드백을 요청했다.

이후 코칭 미팅에서 약속을 실행에 옮겼다는 내용과 부원들의 반응을 공유했다. 그러나 그는 변화 노력을 여전히 자기중심적인 해석의 범위 내에서만 진행하였고, 처리해야 할 일로 보았다.

그에게 필요한 점은 리더십 행동변화에 대한 절박함을 인식하고 자기중심적 주도성에서 벗어나는 것이다. 그렇게 되면 리더십 변화를 일이 아니라 사람에 관한 주제로 보게 되고, 대인감수성과 감정관리에서 변화를 주도할 수 있다. 리더십 변화는 어느 한순간 급진적으로 이루어지기도 하지만, 변화를 절박하게 인식하고 변화 필요성을 내재화하지 않으면 일회적일 가능성이 높다.

그는 일 년 후 다시 코칭프로그램에 참여했다.

2) 성향에 따른 갈등회피 리더십

코칭에서 만난 한 임원은 팀장 시절에 맡은 역할을 무난히 수행했다. 업무성과 달성과 팀 운영 모두 성공적이었다. 팀 내의 갈등도 미미하였고 팀원들 간의 관계, 팀장과 팀원 간의 관계가 모두 원만했다. 리더십다면피드백을 보면, 팀장 그룹에서 상위권에 속했다.

이러한 팀장 리더십은 당시에 긍정적으로 평가되었다.

그가 임원이 되고 초기에는 리더십 측면에서 특이한 이슈가 발생하지 않았다. 다른 임원과의 관계에서 리더십을 발휘하여야 하는 역할을 맡으면서 그의 리더십이 주목받았다. 특히 기획업무를 맡으면서 여기저기서 불만이 터져 나왔다. 임원들과의 인간관계는 좋았지만, 업무적인 면에서 새로운 기획이 드물었다. 새로운 기획 안이 나왔을 때 임원들 간에 이견이 발생하면, 그 안건에 대한 후속 진행이 더디거나 추진이 중단되는 경우도 발생하였다.

코칭을 진행하면서 그의 리더십 신념을 확인했을 때, 당면한 리더십 이슈를 이해할 수 있었다. 그는 “갈등보다 조화, 조정할 수 있으면 대립을 피한다.”는 개인적인 신념이 확고했고 갈등과 대립을 선호하지 않고 회피하는 성향을 가지고 있었다.

팀장 리더십을 발휘할 때 그의 성향은 사업 관리와 팀 운영에서 전혀 문제가 되지 않았다. 그러나 비즈니스 가치가 있는 숨은 아이디어를 찾아내 사업화하고 도전적으로 일을 만드는 역할을 수행할 때, 그의 성향은 약점으로 작용하였다.

문제는 이러한 그의 성향과 신념이 객관적으로 파악되지 못했고, 리더로서 지속적인 성장에 방해요인이 될 수 있다는 피드백을 받지 못했다. 더욱이 리더로서 경력이 쌓일수록 리더십 스타일로 확고해졌다.

나는 코칭 세션에서 그에게 리더십 행동을 스스로 평가할 때, 역할과 성향의 비율을 나눠보고 합이 100%가 되도록 요청했다. 그리고 본인 생각과 미리 조사한 상사와 동료들의 의견을 비교해 보도록 타인의 점수를 알려줬다.

그는 성향이 차지하는 비율에서 자신의 점수보다 타인의 점수가 훨씬 높게 나타난 것을 보고 당황하였다. 자신이 성향을 반영한 리더십을 발휘한다는 생각에 대해서도 놀랐지만, 타인의 피드백을 듣고 더 놀랐다.

그는 직급이 올라가면서 규모가 큰 조직을 잘 운영한다고 생각했는데, 임원의 역할에 맞는 리더십이 아니라 성향에 따른 리더십을 발휘하고 있었다.

회사가 자신에게 기대하는 것은 임원의 직무와 역할에 맞는 리더십을 발휘하는 것이다. 그렇다고 이러한 경영진의 기대를 전혀 모르는 것은 아니다. 그 기대를 자기 것으로 진지하게 고민하지 않았고, 자신의 성향에 따라 해석하고 대응했다. 그는 임원의 역할을 성공적으로 수행하는 바람직한 모습과 자신의 현재 모습을 비교하고, 차이가 나는 부분을 찾아냈다. 이후 그 차이를 줄이는 것에 리더십 변화 노력을 집중했다.

3) 목적 없이 일에 묶인 삶

사람들은 자신을 포함해 타인과 환경에 대해 끊임없이 탐구하려고 하며, 그 과정을 통해 학습하고 성장한다.

임원 후보군을 대상으로 한 코칭에서 만난 팀장은 회사 생활에 몰두하느라 자기만의 시간을 갖지 못했다. 그리고 그는 어느 순간 자신의 삶에 의문을 던졌다. 도대체 내가 무엇을 위해 이렇게 바쁘게 살고 있는가? 물론 질문에 대한 답은 가지고 있었다. 회사로부터 인정받고 승진하고 주위 사람들로부터 존중받고 싶었다. 가정에 안정적인 생활을 할 수 있는 경제적 기반을 만들고, 가족이 행복한 삶을 누리도록 하는 것이다.

실행doing은 있지만, 존재being는 없는 삶

어느 순간부터 자신이 원하는 가족의 모습이 아니라고 생각하였다. 자녀들의 학교생활, 아내와의 친밀감, 휴일 여가생활 등에서 불만족한 요인들이 생겨났다. 이전에 느꼈던 편안함이 아니었다. 그리하여 점차 가정에서 보내던 시간을 회사에서 보내면서 일에 더 몰입하게 되었다. 겉으로는 일에 열중했지만, 심신은 탈진되고 있었다. 무엇이 문제인가?

팀장은 회사와 가정에서 원하는 것을 보면, 모두 외부 환경에 있었다. 회사에서는 경영진과 주위 사람들의 인정, 가정에서는 가족 구성원들의 행복한 모습이다. 코칭 대화를 나누면서 그가 통찰한 것은 자신의 존재감이 모두 외부 평가 요인에 의해 결정된다는 것이다.

코치: 팀장님은 누구의 삶을 살고 있습니까?

팀장: 열심히 살았지만, 제 삶을 살았다고 말하기는 어렵습니다. 제가 기대하고 중요하게 보는 것들이 모두 밖에 있습니다. 그렇다 보니, 회사의 인정을 받지 못한다고 생각하거나 가정이 행복해 보이지 않으면 흔들리는 거죠.

코치: 지금 어떤 느낌인가요?

팀장: 멍한 느낌입니다. 비어 있습니다. 이 공허함. 시선이 밖을 향하고 있다가 시선을 안으로 돌리니 보이는 것이 없습니다. 제 자신이 없습니다.

삶의 가치 찾기와 존재감 회복

어떤 삶을 살 것인가? 살면서 가장 많이 고민한 질문이다. 나는 팀장에게 양손을 앞으로 내밀고 왼손에는 일터에서 바라는 것을 올려놓고, 오른손에는 가정에서 바라는 것을 올려놓게 했다. 그는 왼손에 회사로부터의 인정, 오른손에 가족이 행복한 생활을 하는 모습을 올려놓았다.

코치: 두 손에 올려놓은 것을 바라보십시오. 어떤 생각을 하십니까? 지금 일어나고 있는 것을 말씀해 주십시오.

팀장: 둘 다 소중하게 여겼던 것입니다. 그것들이 양손에 들려 있습니다. 그리고 이 둘을 바라보고 있고, 두 손은 몸통으로 연결되어 있습니다. 몸통은 바로 저입니다. 중요한 것들이 모두 밖에 있습니다. 저는 누구일까요? 그 다음 제가 생각해야 하는 것은 무엇일까요?

코치: 팀장님, 중요한 통찰을 하셨습니다. 몸통은 바로 팀장님, 자신입니다. 그럼 저는 누구일까요?

팀장: 저는 누구일까요? 제가 소중하다고 생각한 것은 분명히 밖에 있지만, 제 안에 있는 것은 마음뿐입니다. 그런데 마음은 비어 있습니다.

코치: 그 빈 마음을 무엇으로 채우면 좋겠습니까?

팀장: 제가 소중하게 여기는 것을 밖에 두지 말고 안에 두어야 합니다.

코치: 지금까지 생각한 것을 정리해 볼까요? 어떻게 정리해 보겠습

니까?

팀장: 내면이 강건해야 합니다. 중심을 잡아야 합니다. 그것을 찾는 중입니다.

코치: 제 생각을 말씀드릴까요? 팀장님은 그동안 역할자의 삶을 살았습니다. 밖에 중요한 것을 두고 그것을 만족시키는 역할자의 삶을 산 것입니다. 이제 그 역할자가 누구인가를 묻고 있습니다. 나는 누구인가? 이제 삶의 주체가 누구인가를 묻는 것입니다. 그럼 나를 있게 하는 것은 무엇일까요? 나의 존재 이유는 무엇입니까?

팀장: 사실 저는 코치님이 말씀하시는 질문에 대한 생각을 깊이 한 적은 없습니다. 그래서 무슨 말씀인지는 알고 있지만, 그 답이 떠오르지 않습니다.

코치: 지금까지 잘해오셨습니다. 소중하게 생각하신 인정, 행복. 그것은 팀장님이 중요하게 생각하는 가치입니다. 새로운 가치들을 생각할 수 있습니다. 그것은 나중에 찾기로 하고 지금은 그 가치를 실행하는 나를 생각해 보는 것입니다. 그리고 평가 기준도 자기 안에 두는 것입니다.

나를 행위의 주체로 두고, 자신이 존중하는 가치를 제대로 하고 있는지를 자신의 눈으로 자기평가를 하는 것입니다. 어떻게 생각하세요?

팀장: 알겠습니다. 제가 제 삶의 주체가 되어야 합니다. 그래야 중심을 잡을 수 있겠습니다. 인정과 행복 그것 이외에 따른 가치가

있는지도 찾아보겠습니다.

코치: 어떤 느낌이 드세요.

팀장: 두 손이 제 몸통으로 연결되어 있고, 그 몸통이 살아납니다. 생기가 느껴집니다. 정리가 되었습니다. 감사합니다.

코치: 다음에는 오늘 말씀 나눈 것을 포괄해서 "내 삶의 목적이 무엇인가?"에 대해 생각해 보실까요?

나는 팀장에게 삶의 목적을 설정하는 법, 삶의 가치를 찾는 법, 가치를 추구하고 실천하는 언행과 일상이 삶의 목적과 일치하여야 하며 그 결과가 타인과 사회에 선한 영향력을 미칠 수 있어야 한다고 알려주었다.

그 팀장과 2주가 더 지난 어느 날 다시 만났다. 팀장은 자신이 중요하게 생각하는 삶의 가치를 정리하였다. 그는 삶의 가치를 정리한 후 자신의 눈으로 세상을 보고 있다는 자신감을 가졌다고 했다.

제2장

자기인식을 깨워 원하는 결과 만들기

자기인식을 하지 않으면, 당신은 다른 곳으로 자유롭게 떠날 수 없다.

– **어니스트 헤밍웨이** Ernest Hemingway, 소설가

사람들이 해결하고 싶은 삶의 주제는 개인의 관점과 조직의 관점에 따라서 다를 수 있다.

현실치료이론을 주창한 윌리엄 글래서William Glasser, 1998는 사람이면 누구나 생존, 사랑과 소속, 힘(권력), 자유, 즐거움의 욕구needs를 가지고 있다고 보았다.

한 가지 욕구가 충족되면, 다른 욕구들이 동시에 또는 상충하며 인간을 압박한다.

아브라함 매슬로Abraham Maslow, 1970는 욕구의 위계를 가정하고, 각 욕구들을 충족시키며 성장하는 욕구단계설에 따른 동기이론을 주장하였다. 가장 원초적이며 기본적인 생리적 욕구, 안전 욕구, 사회적 욕구, 인정 욕구, 마지막으로 자아실현 욕구이다.

사람들이 달성하고자 하는 목표는 이러한 욕구와 밀접한 관련이 있다. 욕구는 결핍된 상태이며 채우는 심리이다. 욕구는 채우고 만족시켜야 하는 측면도 있지만, 목적과 목표를 향해 행동하도록 자극하는 필요needs의 측면도 있다.

필요는 구상하고 만드는 심리를 자극한다.

나는 이 측면을 변화의 에너지원으로 보았다. 효과성 코칭에서 다루는 변화 요구는 구상하고 만들려는 심리이며 그 필요성에 대한 인식이다. 이러한 변화 요구는 삶의 목적과 연결되어 있다.

개인이나 조직이나 원하는 결과와 목표, 근원적인 목적을 이루고자 한다. 어느 관점에서 접근하든 목표는 그 목표를 달성하는 데 관련된 사람들의 생각이나 행동에 변화를 요구한다. 개인 목표와 조직 목표는 일치하기도 하고 불일치하기도 한다. 이 때문에 목표를 성공적으로 달성하려면 목표 달성의 주체인 인간 존재being 측면과 목표 달성을 위한 실행doing 측면을 종합적으로 고려해야 한다. 지금까지는 실행이 강조되는 삶을 살았다. 이제 삶의 우선순위를 바꿔야 한다.

이 장에서는 원하는 결과를 설정할 때 적용할 자기인식의 준거와 조직 리더들을 대상으로 파악한 개인적인 요구와 조직적인 요구를 함께 다룬다. 조직 내에서 리더가 갖는 7가지 변화 요구는 조직의 목적과 자신이 처한 삶의 맥락에 대응해 생성된 심리이며, 개인이 해결해야할 삶의 주제이다.

여러분도 여기에 소개된 변화 요구를 읽어 보면서 자신의 변화 요구와 비교해 보길 바란다. 가능하다면, 자신의 변화 요구를 구체화해 보자. 또 원하는 결과를 얻지 못하는 이유를 살펴본다.

→ 1

원하는 결과에 대한 5가지 질문

뷰카 세상에서 균형 잡힌 삶을 사는 것은 쉽지 않다. 자기인식이 부족하고 외부의 요구에 맞추는 삶을 살기 때문이다.

자신이 원하는 삶을 구상하고 만들기 위해서는 자신과 타인, 환경을 객관적으로 파악하고 이해하는 자기인식이 성숙해야 한다. 구성적 삶에 대한 자기인식이 5가지 준거에서 성숙되고 긍정적일 때, 구성적인 삶을 성공적으로 만들 수 있다. 원하는 결과를 설정할 때, 원하는 삶과 어떤 연관성을 갖는지 확인해 본다.

사람들은 자기 자신뿐만 아니라 자신이 속한 조직과 처한 맥락에서 다양한 변화 요구를 받는다. 이러한 변화 요구는 대개 통제하거나 거부하기 어렵다. 따라서 통제할 수 없는 외부 요구에 휘둘리지 않기 위해서는 자기중심을 잡아야 한다.

삶을 통해 변화 요구를 모두 이룬 사람은 자기 존재에 대해 자의식할 때, 5가지 준거에서 높은 수준의 긍정적인 자기평가를 한다. 자기평가가 긍정적일수록 자기존중감이 높고, 자신이 이룬 구성적인 삶에 대해 의미 충만한 체험을 한다.

원하는 결과를 설정할 때, 다음 다섯 가지 질문에 대한 답을 찾아본다. 원하는 결과는 다섯 가지 질문에 대한 답과 어떤 관계인가? 원하는 결과는 구성적인 삶에 대한 자기인식의 준거와 일치하고, 일치하는 방향으로 가고 있는가? 효과성 코칭은 변화 요구-결정적 행동-원하는 결과를 연결하는 과정에서 5가지 준거에 대한 사람들의 답이 긍정적인 방향으로 진전되고 있다고 평가되는 것을 추구한다.

- 내가 구상하고 만드는가?(주체성)
- 나는 누구인지 알아가고 있는가?(정체성)
- 내 삶의 목적을 이루고 있는가?(목적성)
- 내가 추구하는 삶의 목적과 합치하는가?(일치성)
- 나는 결과를 있는 그대로 받아들이는가?(수용성)

[표 1] 구성적 삶에 대한 자기인식의 준거와 행동, 변화 요구의 관계

자기인식의 준거	충만하게 인식한 행동	7가지 변화 요구
주체성	나는 내가 원하는 삶을 구상하고 만든다.	• 주도적으로 삶 구성하기
정체성	나는 누구인가에 대해 알고 말할 수 있다.	• 자신만의 시선 키우기
목적성	나는 존재 이유를 명확히 알고, 일상에서 선한 영향력을 발휘한다.	• 삶의 목적 탐구하기
일치성	나는 삶의 목적과 합치되게 생활한다.	• 협업을 통해 성장하기 • 더 나은 나와 성취 추구하기
수용성	나는 현실을 조건 없이 있는 그대로 받아들인다.	• 늘 깨어 있는 인식 갖기 • 삶의 희망 키우기

→ 2

일곱 가지 변화 요구

코칭에서 만난 리더들이 가지고 있는 일곱 가지 변화 요구를 소개한다. 변화 요구는 자기인식의 준거들과 밀접히 연관되어 있다.

여기에 제시된 변화 요구는 2002년부터 2018년까지 진행한 코칭의 내용분석에서 반복적으로 관찰된 것으로, 나는 사람들이 가지고 있는 삶의 주제라고 생각했다. 사람들이 처한 삶의 맥락에 따라 여기에 소개되지 않은 요구가 있을 수 있고, 그 내용에도 차이가 있을 수 있다.

독자 여러분도 자신의 변화 요구를 찾아 비교해 보길 바란다. 새로운 요구가 있다면, 표에 있는 자기인식의 준거들의 관점에서 분류해 보고 의미를 해석해 본다면 구성적 삶을 디자인하는 데 도움이 될 것이다.

1) 주도적으로 삶을 구성하기

사람들은 삶의 주체로서 자신의 삶을 주도적이며 적극적으로 구성construction하려고 한다. 구성은 자신이 원하는 삶을 만드는 것이다. 삶을 구성한다는 것, 삶을 만들어 간다는 것은 관념이 아니라 행동이다.

뷰카 세상에 우리의 감정은 기복이 심하게 나타나지만, 그것에 대응하는 행동은 일관성을 유지해야 한다. 이러한 시대에 행동의 일관성을 어떻게 확보할 것인가? 우리는 어떤 삶을 살아야 할 것인가?

구성적인 삶 추구

현실과 우리의 상호작용에 좋고 나쁨은 없다. 매 순간 체험되는 것은 각 개인의 관점에 고유하게 존재한다. 그럼 우리는 현실에 어떻게 대응할 것인가?

현실 상황에 우리 자신을 맞추기도 하지만, 자신이 원하는 삶을 구성해야 한다. 삶을 구성한다는 것은 삶의 목적이 가리키는 방향에 맞추고, 목적과 일치하게 살고 그 삶을 온전히 수용하려는 의도를 실행하는 것이다.

뷰카 세상에서 구성적인 삶은 21세기가 요구하는 삶의 방식이다. 우리는 일상에서 경험하는 감정 처리와 대응 행동을 삶의 목적에 맞게 다룰 필요가 있다. '구성적 삶을 산다.'는 생각의 핵심에 행동 중심의 전략이 있다.

산업사회에서는 실행이 중심이었지만, 지금은 존재가 중심인 시대이다. 자신이 만들어 보고 싶은 삶의 모습을 직접 생각해 보고, 그 삶에 대한 비전을 구체적으로 세워보자.

속도와 성과 중심의 삶

뷰카 세상에서 조직 리더들의 삶은 그들이 원하는 삶의 요구와는 다른 요소들에 의해 영향을 받는다. 기본적으로 조직의 삶은 성과 중심이다.

21세기 기업의 생존전략에 대한 분석 보고서들은 정보기술을 통한 혁신과 융합을 기반으로 속도 경영을 강조한다. 코칭에 참여한 리더들도 빠른 업무처리와 성과 압박으로 스트레스를 받았다.

코칭에 참여한 리더들은 업무수행에 필요한 자원으로 상사의 관심, 역량을 갖춘 인재, 시간, 창의적 생각, 생산적 피드백 등을 들었다. 이것들은 모두 빠르게 일 처리하고 성과를 만드는 데 필요한 자원들이다.

시간은 개념적으로 자기 관리가 가능한 자원이지만, 현실적으로 자기 관리할 수 없는 자원으로 보았다. 일과 이해관계자의 요구에 쫓기기 때문이다.

주도적으로 삶을 구성하고 싶은 소망은 그들의 마음속에 있지만, 이것을 끄집어내어 현실에서 실천한 리더는 극히 소수였다. 대부분의 리더들은 코칭의 주제가 업무성과 향상이나 조직관리와 같은 실행doing에 대한 것이며, 삶의 구성에 대한 내용을 대화에 포함시키지 않았다.

일에 대한 주제를 다룰 때는 자기방어기제의 작동으로 속마음은 겉으로 드러나지 않았다. 또한 직장인으로서 개인 삶을 얘기하는 것을 도리에 맞지 않다고 생각하고 불편하게 느꼈다.

그리고 코칭 주제가 존재being의 영역으로 넘어갈 때 속마음이 나타났다. 즉, 맡은 역할을 성공적으로 수행하는 '되고 싶은 리더 모습'을 다룰 때는 배제되었다가, '리더로서 어떤 사람이고 싶은지'에 대해 대화를 나누는 상황에서는 조심스럽게 표출되었다.

삶의 주제를 다룰 때, 코칭 대상자들은 진지하고 자신에게 솔직한 모습을 보였다. 일부 리더는 현재의 삶과 미래의 삶을 연계시켰지만, 다른 리더들은 현재의 삶과 완전히 다른 새로운 삶을 구상하였다.

나는 최형규 상무와 첫 미팅을 갖기 전에 몇 가지 질문에 대해 미리 생각하고 오도록 요청하였다.

"상무님, 리더의 역할을 수행하면서 현재 나는 어떤 리더인가? 더 나은 리더 모습을 생각한다면, 무엇인가? 현재의 리더 모습에서 더 나은 리더 모습으로 변화한다면, 그 변화를 통해 얻는 결과는 무엇인가? 그 결과를 얻기 위해 반드시 실천해야 할 행동은 무엇인가? 이상의 질문들에 대해 떠오르는 생각들을 작성해 보시기 바랍니다."

그는 나와 첫 미팅을 갖기 전에 자신의 리더십에 대해 상사, 동료, 부원이 피드백한 리더십다면진단 보고서와 담당하고 있는 영업부서의 조직효과성진단 보고서를 가지고 있었다.

그는 첫 미팅이 진행되기 전에 이메일로 이번 진단 결과를 통해 현실 인식을 할 수 있는 기회를 가졌다는 것과 행동 변화가 필요한 리더십 주제 목록을 보내왔다.

그는 주위 사람들로부터 전략적이며 성과지향적인 리더로서 맡은 사업부를 잘 관리하는 것으로 인정받고 있다. 다만 좀 더 거시적인 시각에서 사업 환경의 변화에 맞게 조직관리하는 것, 일 중심으로 소통하면서 간과된 공감적 소통을 더 실천할 필요성이 있다고 피드백을 받았다.

첫 미팅에서 이러한 리더십 행동에 초점을 맞추고 코칭 대화가 이루어졌다. 첫 미팅을 가진 후 몇 차례의 미팅을 주기적으로 갖는 동안 그는 자신의 리더십을 객관적으로 돌아보면서 업무 현장에서 필요한 행동 변화와 구체적인 실천 행동을 개발하는 데 집중했다. 그와의 대화는 주로 임원의 역할에 초점을 맞추어 진행되었다.

그에게 더 큰 조직을 책임 맡을 기회가 왔다. 지금보다 더 큰 규모의 몇 개 사업부를 총괄하는 역할이다. 나는 그가 이러한 변화를 어떤 의미로 받아들일지 궁금했다.

코치: 상무님, 더 큰 역할을 맡게 된 것을 축하합니다. 지금의 기회는 상무님에게 어떤 의미입니까?

상무: 감사합니다. 한번 도전해 보고 싶은 역할이었습니다. 이렇게 빨리 그 기회가 오다니, 놀랍고 기쁩니다. 그동안 맡은 업무가 경영보다 관리의 비중이 크다면, 이번은 관리보다 경영이 크다고 생각합니다.

코치: 도전해 보고 싶다는 말씀에 마음속에 품고 있는 소망이 느껴집

니다. 어떻게 생각하십니까?

상무: 속마음을 들켰는데요. 제가 꼭 해보고 싶은 것이 있습니다.

코치: 그러셨군요. 이제 더 궁금해지는데요. 꼭 해보고 싶은 것, 그것에 대해 말씀해 주실 수 있겠습니까?

상무: 오늘은 그것을 말하기 어렵고, 앞으로 도움을 받고 싶습니다. 사실 이번 코칭에서 도움받고 싶은 것이기도 하고, 좀 더 생각을 정리한 후 도움을 청하도록 하겠습니다.

코치: 잘 알겠습니다. 그럼 좀 전에 말씀하신 것 중에 관리보다 경영이 크다는 것은 구체적으로 어떤 의미입니까?

상무: 그동안 성과를 내는 데 초점을 맞추었습니다. 이제 경영을 통해 성과를 내야 합니다. 성과를 만드는 방식이 달라져야 한다고 생각합니다.

코치: 성과를 만드는 방식에 변화가 필요하다. 구체적으로 어떤 변화입니까?

그와 코칭 대화를 이어갔지만, 그날 미팅을 마칠 때까지 그가 꼭 해보고 싶은 것이 무엇인지에 대한 생각을 말하지는 않았다. 그는 지금의 변화가 올 것이라는 기대와 그때 자신은 더 성장할 수 있다는 믿음을 가지고 있었다.

그는 새로운 역할을 단순히 역할의 중요성과 범위가 커진 것으로만 생각하지 않았다. 대화의 말미에 코치가 질문한 "당신은 진정 어떤 리더이고 싶습니까?"라는 질문에 대한 답이 절실히 필요했다.

그는 임원으로 성장하는 원동력은 성공적인 조직관리와 성과를 만드는 조직문화, 탁월한 성과에 있다고 확신했다.

조직은 더 커지고 요구되는 성과의 규모도 클 것이다. 그는 경영자로서 성공하는 데, 구체적으로 어떤 변화가 필요한지를 고민하였다.

나머지 변화 요구들에 대한 독자의 이해를 돕기 위해 최형규 상무의 코칭 사례를 계속 소개한다.

2) 자신만의 시선 키우기

사람들은 자신과 타인, 환경을 바라보는 독특한 시각을 가지고 있으며, 코치는 그들의 시선orientation을 존중하고 확대되도록 돕는다.

일상에서 시선의 중요성을 체험할 수 있는 기회는 취업 후 받는 오리엔테이션 교육으로 개인과 조직의 시선을 한 방향으로 조율하는 학습 활동이다.

시선의 조율이 잘 이루어지면, 소속감과 일에 대한 주인의식이 높고 일에 대한 몰입이 촉진된다. 하지만 시선이 조율되지 않으면 응집력이 떨어지고 작은 인식의 차이도 갈등이 되기 쉽다.

시선은 정체성과 밀접하게 연결되어 있다. 정체성은 '나는 누구인가?'에 대해 설명하는 중요한 개념이다. 여기에서는 시선을 정체성과 연관 지어 다룬다.

두개의 정체성

심리학을 태동시킨 학자로 평가받는 윌리엄 제임스William James, 1890는 자아를 자신의 내면과 성향의 주체인 영적 자아spiritual self와 타인으로부터 인지되는 사회적 자아social self로 구분하였다. 이후 융Jung이나 매슬로우Maslow같은 심리학자는 개인의 독특성을 내면 깊이 탐색할 때 진정한 자기 정체성을 확인할 수 있다고 주장하였다.

이와 달리 사빈Sarbin이나 쿨리Cooley와 같은 사회학자들은 정체성을 오로지 사회적으로 생성되고 부여된 개념으로 보았다. 두 분야의 학자들은 사람의 행동을 이해하는 데 내적인 개인적 정체성personal identity과 외적인 사회적 정체성social identity 중에 어느 것이 더 중요한지에 대해 논박하고 연구하였다.

이후 연구에서 개인적 정체성과 사회적 정체성의 중요성과 가치를 지각하는 데 있어서 개인차가 있다는 점을 밝혔다. 어떤 사람은 내적 자아를 가장 참된 것이며 자연적인 것으로 보는 반면, 다른 사람들은 사회적으로 인지되고 제도적으로 승인되는 외적 자아를 가장 자기를 표현하는 것으로 본다.

자기 정체성의 심리

사람들은 자신이 원하는 정체성을 이룰 목적으로 자신을 드러내는 행동을 한다. 이러한 행동을 사회심리학에서는 인상관리 또는 자기제시self-presentation하고 하며, 타인이 지각하기를 바라는 이미지에 맞게 자기를 표현하는 스킬을 자기제시 책략이라고 한다.

나는 사람들의 자기제시 책략을 측정하는 척도를 개발하였다.(이석재, 1996; Lee 등, 1999.) 이 진단 도구를 활용하여 자료를 수집한 후 구조방정식LISREL을 통해 자기제시의 심리 기제를 분석한 결과, 방어적 자기제시와 자기주장적 자기제시가 나타났다.

방어적 자기제시는 자기 정체성이 위협받거나 손상당할 수 있을 때, 자기 정체성을 보호하려는 심리에서 취하는 변명, 정당화, 사전 해명, 사과 같은 행동이다.

자기주장적 자기제시는 자기 정체성을 만들려는 환심, 위협, 간청, 권리 주장 같은 행동이다. 두 가지 심리, 즉 방어와 자기주장은 미국인과 한국인을 대상으로 한 연구에서도 동일하게 나타났다. 이후 이 척도를 활용한 중국, 말레이시아 등의 아시아 지역 연구에서도 같은 결과가 나타났다.

체면social face은 사회적 관계 형성과 유지에 영향을 미치는 요인으로 대인관계 양식을 설명하는 개념이다.

나는 체면지향행동을 측정하는 도구를 개발한 후 체면행동의 심리 기제를 분석하였다. 자기제시에서 나타난 심리와 같이 체면지향행동에도 방어적 심리와 구성적 심리가 행동의 근저에 있는 것으로 나타났다.(이석재와 최상진, 2001.)

사람들이 자신의 삶을 구상하고 만들려는 동기에 자기제시에 작동하는 자기주장 심리와 체면지향행동에 내재한 구성 심리가 작용한다. 사회적 체면을 구성하는 심리, 자기정체성을 만들려는 심리와 구성적 삶을 만들려는 동기는 모두 목적 지향이다. 원하는 정체성을 추구하고 목적 있는 삶을 추구하는 심리이다.

정체성에 따른 개인차

"나는 누구인가에 대한 답을 찾을 때, 시선이 어디를 향하고 있습니까?"

시선이 어디를 향하고 있는지는 사람들이 자기 자신뿐만 아니라 타인이나 환경을 볼 때 중요한 영향을 미친다.

사회적으로 인정받고 내적 정체성에 시선을 두고 있는 사람은 자신의 성향이나 자신이 존중하는 내적 가치에 따른 사회적 행동을 한다. 그리고 사회적 정체성에 시선을 두고 있는 사람은 사회적 환경의 압박에 민감하게 반응한다. 특히 근심과 염려가 큰 경우 더 민감하다.

타인이나 사회에 불안 요소가 많고 자기 이미지에 위협이 될 때, 시선을 어디에 두는 사람인가에 따라 대응이 다르다.

사회적 정체성에 시선을 두고 있는 사람은 자존감에 대한 사회적 위협에 민감하게 반응한다. 반면 개인적 정체성에 시선을 두고 있는 사람은 사회적 위협에 내적인 완충 장치를 갖고 대응한다. 자기방어기제가 대표적인 완충 장치이다.

코칭에 참여한 리더들은 자기 정체성과 사회적 정체성의 균형적 관리에 관심이 많았다. 그러나 개인적 정체성과 사회적 정체성을 통합한 하나의 정체성을 갖고 피드백을 대하는 리더의 사례를 찾기 어려웠다. 심도 있게 정체성을 생각할 기회가 부족했다.

대부분의 리더들은 다양한 피드백 정보를 받을 기회는 많지만, 그 결과에 대해 전문가로부터 깊이 있는 해석을 받아보지 못했다. 피드백 정보는 비공개로 본인이 열람하지 못하고 인사 자료의 일부로 사용되거나, 일부 발췌된 정보가 공유되는 경우가 일반적이었다. 이러한 상황에서 조직 리더들은 자신의 위치를 객관적으로 파악하기 어렵다.

리더의 정체성에 대한 인식은 진성 리더십authentic leadership의 중요한 주제이다.(George, 200.7) 진정한 자기와의 만남에 있어, 진정한 자기가 누구인가를 정의하기 어렵기 때문이다. 정체성의 성숙과정에서 보면, 통합된 정체성이 자기를 정의하는 완성된 모습이다. 개인적 정체성과 사회적 정체성이 혼재해 있을 때, 일터에서 리더의 진정성은 다른 사람에 의해 올바르게 지각되지 못할 가능성이 높다.

국내에 외국인의 사회 참여가 늘어나면서 사람들은 다양한 정체성을 가진 인재들과 일한다. 다문화 정체성을 하나의 통합된 정체성으로 성숙시킨 리더는 다른 문화적 배경을 가진 구성원에 대한 인사 평가를 하는 데 어려움이 없었다. 글로벌화가 촉진되면서 큰 시각에서 보면, 통합된 정체성은 조직이 필요로 하는 인재 특성이 될 것이다.(Mok & Morris, 2012.)

더 큰 사업부를 맞게 될 최형규 상무는 사회적 정체성을 중시하는 리더였다. 이 사실을 확인할 수 있는 우연한 기회가 있었다.

어느 날 사무실 밖에서 미팅을 가졌다. 업무공간을 벗어날 때, 사람들은 훨씬 여유와 편안함을 느낀다. 그는 객관적으로 자신을 돌아보는 기회를 가졌다. 심리적 안전감을 느낄 수 있는 대화의 공간이 갖는 효과였을 것이다.

코치: 지금의 모습까지 성장하게끔 자신을 동기부여하고 밀어붙이는 힘은 무엇입니까?

상무: 자신을 돌아보게 하는 좋은 질문입니다. 저의 답은 한 가지입니다.

그는 말을 끝내기도 전에 울컥했다. 나는 순간 무슨 일이 있는지 궁금했다. 격한 감정은 내면 깊은 곳에 억눌렸던 요구가 다른 사람으로부터 존중 받을 때 나타난다. 그는 평소 차분하고 이성적으로 상황을 이해하고 대응하는 모습을 보였다. 그가 말한 한 가지는 그의 삶을 관통하는 중차대한 사건과 관련이 있을 것으로 직감했다. 다른 사람들에게 사사로운 사건으로 보여도, 당사자에게는 깊은 상처나 트라우마, 열등감이 된다. 그는 잠시 숨을 고르고 말을 이어갔다.

상무: 저의 생각을 말씀드리기 전에 먼저 감사합니다. 그간 미팅을 하면서 늘 존중받고 있다고 느꼈습니다. 급한 일들로 머리는 어수선했지만, 마음은 늘 편안했습니다. 사실 업무적으로 여러 좋은 피드백을 받았지만, 존중받고 있다고 생각한 적은 없습니다. 오늘도 존중받는 느낌을 받았습니다.

코치: 상무님, 그렇게 말씀해 주셔서 감사합니다.

그의 자존감이 가장 상처받았던 때는 사춘기 선후였다. 그의 학교 생활과 성적은 부모의 기대에 부응하지 못했다. 형제간의 비교나 친인척 또래와의 비교에서도 뛰어나지 못했다. 그에게 가장 불편했던 때는 바로 가까운 사람들과 있을 때, 자신에 대한 이야기보다 형제나 또래에 대한 부모님의 칭찬과 주위 사람들의 긍정적 평판을 들을 때였다. 그때 가장 무력감을 느꼈고 회피하고 싶었다.

그러나 성인이 되면서 자신의 부정적인 사회적 정체성을, 자신도 인정하고 수용할 수 있는 긍정적인 사회적 정체성으로 바꿔야겠다고 다짐했다. 그가 말하고 싶은 바로 그 한 가지였다.

3) 삶의 목적 탐구하기

사람들은 자신을 포함해 타인과 환경에 대해 끊임없이 탐구explore 하려고 하며, 그 과정을 통해 학습하고 성장하는 경험을 한다. 탐구 주제는 일상에서 접하는 문제에 대한 답 찾기부터 삶의 근본적인 문제에 대한 답 찾기까지 폭넓다.

코칭에서 만난 리더들의 탐구 주제도 일과 관련된 것, 개인사와 관련된 것, 시급한 것, 중요한 것, 현재의 문제, 과거의 문제, 미래의 문제 등과 같이 다양했다.

자신의 삶을 주도적이며 적극적으로 만들어 가려는 사람들의 근본적인 탐구 주제는 무엇일까? 코치는 일의 실행doing과 관련된 것은 그 사람들이 전문가라는 점을 인정하고 존중한다. 그러나 그 일을 수행하는 존재being의 영역에 대한 것과 존재의 관점에서 일의 실행을 바라보는 주제에 대해서는 생각 파트너가 도움을 줄 수 있다. 존재에 관한 주제에서 가장 근본적인 것은 삶의 목적이다. 삶의 목적은 사람들의 탐구 활동과 당면하는 문제를 바라보는 방향을 제시한다.

삶의 목적

급변하는 환경에서 일관되게 생각과 행동에 방향성을 제공하고 의사결정에 준거가 되는 것이 필요하다. 가능한 답 중의 하나는 가치이다. 그렇다면 “내 삶의 가치는 무엇인가?”

삶의 가치를 생각하면, 자연스럽게 “왜 사는가?”를 묻게 된다. 왜는 곧 목적을 묻는 것이다. 삶의 목적은 삶의 가치와 밀접하게 연관되어 있다. 삶의 목적을 정의하려면, 삶의 가치가 명확해야 한다. 그 가치를 현실에서 추구하고 실행하면서 그 가치에 부합하는 결과를 만들어야 한다. 그 결과물이 의미 있기 위해서는 결과물이 선한 영향력을 가져야 한다. 자기 자신의 가치 추구와 목표 달성에 머무르는 것이 아니라, 타인에게 긍정적 영향을 미쳐야 한다. 그 영향이 더 크다면, 사회 그 이상으로 영향력이 파장을 일으킬 것이다.

인생에서 진정 찾고자 하는 것, 삶의 의미, 삶의 가치, 삶의 목적에 대한 답을 찾는 시작은 “나는 누구인가?”에 대한 질문으로 통합된다.

‘사람은 그 자체가 온전한 존재적 가치를 가지고 있다.being as a whole’는 인식은 자기 정체성을 정의하는 데 중요한 관점이다. 그 온전

함의 존재적 가치는 각자의 잠재성에 대한 시각이다. 잠재성은 특정 맥락에서 원하는 결과를 만들어 낼 수 있는 근원적인 내적 자원이다. 잠재성은 '좋다-나쁘다', '많다-적다'와 같이 평가되기 이전의 것이고, 강점-약점으로 평가되기 전의 것이다. 강점 또는 약점은 잠재성이 원하는 결과를 만드는 데 있어 적용되는 기능적 표현이다.

삶의 목적 진술

삶을 주체적으로 주도하고 만들어가는 데 있어 잠재성은 어떻게 근원적인 자원이 될 수 있을까?

잠재성이 개인적이며 사회적 차원의 가치를 갖기 위해서는 삶의 목적이 분명해야 한다. 그리고 '목적 있는 삶'은 방향성을 가지고 있다. 그 방향성은 잠재성이 가치 있게 발휘될 수 있는 구체적인 방향과 과제를 찾도록 안내한다. 아울러 타인의 평가에 휘둘리지 않고, 강점-약점과 같은 평가적 시각에 구속되지 않고, 자신을 지키면서 선한 영향력을 만들어 갈 수 있게 한다.

주체적으로 자신의 삶을 들여다보고 주도하고 만들어 가기 위해서는 자신이 강건해야 한다. 그 강건함을 얻기 위해서는 삶의 목적을 찾아야 한다. 삶의 목적은 때론 사명서로 표현된다. 삶의 목적에는 다음 세 가지 요소가 담겨 있어야 한다.

- 창출하거나 추구하는 가치(어떤 가치를 창출 / 추구할 것인가?)
- 창출/추구하는 가치의 수혜자(누구를 위한 가치인가?)

● 기대되는 결과(그 가치를 실천한 결과는 무엇인가?)

최형규 상무는 경영리더십을 구상하면서 자신의 리더십을 긍정적으로 생각하고 믿음을 갖게 되었다. 리더십뿐만 아니라 변화하는 상황에 일관성을 갖고 대응할 수 있는 자기관리에 대한 관심도 갖게 되었다. 그는 자기 자신에 대해 객관적인 인식과 기회를 가짐으로써 리더십의 영향력과 효과성을 더 향상시킬 것으로 기대했다. 구성원의 잠재성을 끌어내고 동기 부여할 수 있는 경영리더십의 근간을 찾도록 질문을 던졌다.

코치: 상무님, 지금까지 중역의 역할을 맡으면서 어떤 삶의 가치를 가지고 있습니까?

상무: 글쎄요. 가지고는 있지만, 막상 무엇이라고 표현하기가 쉽지 않은데요.

코치: 그럼, 앞으로 경영자로서 가져야 할 삶의 가치를 찾고 이것을 리더십과 연계시키는 것에 대해 말씀 나누면 어떻겠습니까?

상무: 그렇게 하면 좋겠습니다. 저의 생각도 더 명확해지고 좋습니다.

나는 그에게 평소 생각한 삶의 가치 목록을 작성한 후, 두 손에 각각 하나의 가치를 들고 서로 중요성을 비교해 보도록 요청했다.

상대적으로 낮은 가치는 버리고 새로운 가치를 들고 또 비교한다. 가치가 낮으면 버린다. 이와 같은 방법으로 작성한 모든 자료를 비교해 우선순위를 정한다. 그는 탁월성, 진정성, 긍정성을 최종 선정했다.

나는 그에게 리더로 성장하는 과정에서 자신의 강점을 어떻게 더 발휘하고 약점을 성공적으로 극복하였는지에 대한 경험을 들려줄 것을 요청하였다. 아울러 그 과정에서 도움을 준 사람은 누구이며, 세 가지 삶의 가치는 그의 약점, 역경의 극복 경험과 어떤 연관성이 있는지에 대해 질문하였다. 이러한 과정을 통해 삶의 가치와 합치된 자기 모습을 만들고, 이를 자신만의 독특한 진성 리더십(윤정구, 2015; George, 2007)으로 정립해 볼 것을 제안하였다.

자신의 삶과 리더십의 스토리를 통해 도출된 삶의 가치를 경영리더십에 접목할 때, 리더십을 일관성 있게 발휘할 수 있고 함께 일하는 구성원과 주위 사람들에게 선한 영향력을 미칠 수 있다.

4) 협업을 통해 성장하기

협업은 생산력과 경쟁력의 핵심이다. 사람들은 혼자 자기 성장을 이끌어갈 수도 있지만, 다른 사람과 협업collaboration할 때 그 활동은 더 촉진된다. 왜 협업이 중요할까?

공급자와 수요자를 연결하는 공급망이 이전보다 훨씬 길어졌다. 그리고 조직과 인력, 물리적 공간, 업무처리과정이 다양하고 복잡해졌다. 따라서 전문 인력이 글로벌 환경 변화나 경영 전략과 전략 과제를 보는 눈이 서로 다르고 소통이 쉽지 않다. 이로 인해 일을 완수하는 데 비효율적인 요소가 많게 되고, 효과적으로 관리하지 못하면 비용이 된다.

글로벌 경쟁력은 핵심 역량에 집중하기와 전문화이다. 어떻게 하면 독립적인 인력과 업무 기능을 유기적으로 연계시켜 글로벌 경쟁력을 키우고 지속 가능한 조직의 성장을 만들어낼 것인가?

글로벌 기업들은 협업에서 그 답을 찾고 있다. 무소불위일 것 같은 명성을 가진 노키아, 코닥, 소니 등의 글로벌 기업은 아마존, 구글, 페이스북 등과 같은 정보기술 기반의 신생기업에 의해 초일류기업의 자리를 내주었다.

초일류기업들은 핵심 역량에 집중하고 전문화할 수 있는 힘을 조직 내에 만든다. 유능한 핵심 인재에 의해 기업 경쟁력이 확보될 수도 있지만, 기업을 구성하는 조직, 이해관계자, 리더와 구성원 간에 협업 관계가 구축되지 않으면 기업의 생존력은 떨어진다. 그리하여 협업 지원 소프트웨어를 도입하고 인적 협업의 일부를 기술적으로 해결한다.

관계의 본질

한 기업의 역동성은 사업부, 팀, 개인 간의 유기적 관계에 있다. 한 기업 내에서 가치사슬로 연결된 사업부 간의 생산적인 협업이 없으면, 그 기업의 경쟁력은 확보되지 못한다.

한 사업부가 맡은 기능을 제대로 담당하려면, 사업부를 구성하고 있는 소속 팀 간의 협업이 있어야 한다. 같은 논리로 한 팀이 맡은 기능을 다하려면, 소속 리더와 구성원 간의 관계가 협업을 할 수 있게 형성되어야 한다.

협업의 근본은 개인들의 관계이다. 그렇다면 무엇이 개인들의 협업 관계를 만드는가? 리더는 협업을 가능하게 하는 요인이 무엇인지를 찾고, 그 요인을 자원으로 확보하고 활성화시켜야 한다.

시스코의 임원이었던 리치와 위즈Ricci & Wises, 2011는 자사가 홈네트워킹서비스에서 철수하기로 신속하게 결정할 수 있었던 것은, 의사결정에서 협업이 가능했기 때문으로 분석했다.

회사가 비전을 세우고 전략과 실행에 대해 합의하면, 조직의 의사결정 수준에 따라 참석자의 범위가 정해지고 의사결정을 할 수 있는 권한의 수준과 범위가 명확해진다.

조직관리자가 구성원의 주도성을 자극할 수 있는 규칙과 보상 수단, 권한을 갖고 구성원의 의사결정을 신뢰하면, 구성원들은 일에 대한 의미를 더 느낀다. 이러한 관계가 협업을 가능하게 한다. 그들은 관계의 본질은 상호 신뢰임을 강조했다.

협업의 효과적 활용

협업을 촉진시킬 수 있는 조직문화 만들기와 개인의 대인관계 스킬을 향상시켜 협업 관계를 강화하려는 육성 노력은 효과가 있다. 그러나 업무 기능이 관행적으로 이루어지고 있지만 여전히 효과적이고 비즈니스 중심으로 업무가 추진되는 경우, 협업을 촉진하기 위한 노력은 무용한 것으로 간주되기 쉽다. 따라서 리더들은 먼저 협업을 통해 기대하는 것과 협업이 바람직하게 일어나고 있는 조직의 모습을 알아야 한다. 이러한 이해를 토대로 협업이 필요한 곳에 검증된 협업 과정을 적용시켜야 한다.

대기업과 중소기업의 상생, 기업과 협력업체 간의 관계, 정부와 비영리단체 간의 관계를 설정할 때 협업이 근간이다. 협업이 필요한 곳은 일의 과정과 결과에 집중되어 있다. 예를 들면 임원 코칭을 진행한 한 대기업의 경우, 기업과 협력업체의 경영 시스템에 수준 차이가 있어 부품 조달에 문제가 있었다. 그리고 이 문제는 생산을 지연시키고 구매 고객의 불만을 키웠다.

대기업은 협력업체에 구매관리, 생산관리, 품질관리, 재고관리 등에 대한 노하우를 일부 제공하였지만 과정 관리에 협업을 집중시켰다. 그리고 원자재와 부품의 고유관리번호를 통일시켜 구매 관리와 생산 현황, 재고 관리 등을 일원화하였다. 아울러 사용하는 언어를 통일시켜 소통의 효율성과 효과성을 높였다.

대기업과 협력업체는 생산하는 제품의 시장 경쟁력을 높이고, 판매를 향상시켜야 한다는 경영 사고를 공유해야 한다. 두 조직의 공동 목적은 지속적인 성장과 생존이다. 따라서 협업의 결과는 지속 가능한 성장을 함께 이루는 것이다. 협업은 경영의 목적과 연계되고 합치되어야 한다.

협업을 방해하는 요인

협업이 필요하고 위기관리나 비효율이 높은 업무 프로세스와 관련 업무 내용은 표준화되고 시스템화된다. 그리고 기존에 협업을 하기 위해 면대면의 미팅을 갖거나 정보를 빈번히 교환하던 업무 방식은 많은 경우 시스템에 해당 내용을 입력하는 방식으로 바뀐다. 아울러 협업을 위한 사람들 간의 소통은 점차 시스템 활용에 있어 불편 사항을 해소하는 것과 비형식화된 내용에 집중하게 된다.

시스템 운영자는 협업 지원 시스템에 입력되고 저장된 정보들을 체계적으로 구조화하여 빅데이터를 만들고, 시스템의 운영 효율성과 효과성을 높일 수 있는 방안을 지속적으로 개발하고 시스템 개선에 반영한다.

협업이 필요한 사람들이 비형식화된 소통을 위한 온라인 공간을 만들기 위해서는 시스템 관리자의 동의와 지원을 받아야 한다. 이러한 시스템 운영체계에서 협업 공간은 점차 줄어들고 비즈니스 가치를 높일 수 있는 부서, 기능, 담당자 간의 소통 가능성은 낮게 된다. 그리고 시스템에 종속되어 일하는 경우, 협업하기 어렵다. 따라서 시스템 운영과 조직 내에 존재하는 비즈니스 가치를 가진 정보를 찾아 연계시키는 것이 중요한 협업 과제가 된다.

최형규 상무가 사회 초년생일 때 그에게 가장 큰 힘을 준 것은, 영업 실적이 낮을 때 질책하기보다 더 높은 성과를 낼 수 있는 방안을 찾도록 경험을 공유하고 도전의 기회를 준 상사와 서로를 배려하고 포용하는 팀원들, 그리고 온정적인 성과 중심의 팀 분위기였다.

코치: 첫 직장에서 맡은 업무가 영업이었군요. 그때의 상황을 기억하는 만큼 상세히 소개해 주시겠습니까?

상무: 지금 생각해도 아주 다행이었습니다. 코치님도 아시겠지만, 당시 영업은 상명하복의 문화가 강했습니다. 그런데 제가 속한 부서는 달랐습니다. 영업 목표는 분명했고 도전적인 수준이지만, 그 목표를 달성해 가는 과정이 특이했습니다. 지금 저의 리더십과 조직관리 방식을 그때 학습했으니까요. '사람의 마음을 통해 성과를 낸다.'는 것이죠.

코치: 구체적으로 말씀해 주시겠습니까?

상무: 지금 코치님이 코칭을 하는 것처럼 그 당시 저의 상사도 코칭을 했다고 볼 수 있습니다. 그분은 실적이 낮다고 인격을 무시하지 않았습니다. 실적이 개선될 수 있는 대화에 집중했습니다. 질책받을 것을 생각한 저로서는 존중받는 느낌을 가졌죠. 그렇다 보니 그분의 대화가 더 마음속 깊이 들어왔습니다. 상사와 나눈 목표 달성 약속을 꼭 지켜야겠다고 다짐했습니다. 이 점이 비법입니다.

코치: 사람의 마음을 통해 성과를 낸다. 질책받을 줄 알았는데 개선책에 대해 이야기를 나눴다. 이것일까요? '사람의 마음을 통해서'를 어떤 뜻으로 이해하셨습니까?

상무: 사실 처음에는 야단치지 않아서 좋았습니다. 그분의 리더십이 뭔지 알지도 못했습니다. 리더로 성장하면서 깨달은 것은 직원의 눈높이에 맞는 대화를 한다는 것입니다. 영업성과가 낮은 것

은 리더의 어려움이지만, 성과를 내지 못하는 것은 직원의 어려움이죠. 리더는 그 직원의 어려움을 풀도록 도와주는 역할을 맡고 있다고 생각합니다.

코치: 눈높이에 맞는 대화, 이것이 핵심이군요. 상무님, 앞으로 더 큰 조직을 운영할 때 눈높이에 맞는 대화의 활용 가능성을 생각해 보시겠습니까? 가능한 것은 무엇입니까?

상무: 지금의 조직 규모에서는 소통에 필요하고 실제 중간 리더나 부원들과 미팅을 할 때 적용하려고 하고 있습니다. 임원이 되면서 가장 아쉽고 불안했던 것은 과연 내가 영업 현장에 대한 정보를 정확히 알고 있느냐는 것이었습니다. 이 점을 보완하기 위해 중간 리더들이 불편해하기도 했지만, 현장에서 뛰는 영업사원과도 소통 기회를 의도적으로 가졌습니다. 조직이 크면, 현실적으로 불가능하고 새로운 소통 방식이 필요할 것입니다. 협업이 그 답이라고 생각합니다. 우리 회사의 기업 가치이기도 합니다. 어떻게 위계적으로나 수평적으로 협업을 잘 하도록 도울 것인가? 이에 대한 답을 찾아야 합니다.

그는 협업을 생각하면서 비로소 자신과 구성원의 관계가 질적으로 양적으로 어떤 모습인지를 진지하게 살펴보았다고 고백했다. 사업부 내에서 진정한 협업을 끌어내기 위해서는 구성원과의 관계를 일뿐만 아니라 인격적으로 성숙할 필요성을 느꼈다. 그는 성과를 관리하는 실행의 영역doing과 성과를 만드는 존재의 영역being에 대해 균형감을 갖고 있어야겠다고 생각했다. 코칭 미팅을 마치기 전에 다음 미팅을 위해 생각해 보도록 질문을 하였다.

코치: 상무님, 사업부에서 협업 가치에 부합하는 리더십을 실천한다면, 어떤 모습일지 다른 사람들이 관찰할 수 있는 대표적인 모습을 생각해 보시겠습니까? 현재 상무님의 리더십과 비교해 볼 때, 꼭 달라져야 하는 행동은 무엇입니까?

5) 더 나은 나와 성취 추구하기

사람들은 현재보다 나은 나, 더 나아가 최고의 나가 되고자 하며, 일터에서는 최고의 성과를 성취하려는 긍정적 동기motivation를 가지고 있다. 코칭 사례에서 조직 리더들이 공통적으로 가지고 있는 대표적인 변화요구이다.

더 나은 내가 되기

전인적 인간관의 창시자로 평가받는 심리학자 알프레드 아들러Alfred Adler는 아동기에 신성구루병과 폐렴 등을 앓았다. 또래의 아이들과 같이 놀이터에서 뛰어 놀지 못하고 벤치에 앉아 그들이 노는 것을 구경했다. 신체적인 장애는 그에게 열등감 콤플렉스의 주된 요인이었다.

그러나 그는 전인적인 관점에서 인간의 존재 가치를 인식하면서 자신의 열등감을 극복하였다. 그는 자신의 체험을 바탕으로 더 나은 내가 되는 변화의 원천적인 힘은, 열등감을 긍정적으로 바라보고 변화의 힘으로 승화시키는 것이라고 주장하였다. 그리고 사람들이 자신을 독특한 존재로 표현하고 싶은 우월성 동기와 사회의 한 구성원으로서 타인과 관계를 맺으려는 사회성 동기가 충돌하는 원초적 갈등을 겪는다고 보았다. 아울러 이러한 갈등을 극복할 수 있는 힘을 열등감의 극복과 삶의 의미를 찾는 것으로부터 얻을 수 있다고 보았다.

미래의 자아와 가능한 자아

사람들은 현재의 자아가 생래적인 것이며 변화하지 않을 것으로 생각한다. 정말 그럴까? 자아를 연구하는 심리학자들은 사람들이 지속적으로 변화한다고 주장한다.

사람들은 각자 자기 개념self-concept을 갖고 있으며 삶의 여정에서 계속 발전시키고 변화시킨다. 자기 개념의 관점에서 보면, 사람들은 여러 가능한 자아possible selves를 만든다.

가능한 자아는 미래의 자아에 대한 이미지이다. 마커스와 동료 연구자들Markus & Nurius, 1986은 현재의 자기 개념은 한시적으로 작동하는 자기개념으로 보았다.

사람들은 새로운 경험, 타인의 피드백, 자기성찰 등을 통해 더 성숙한 새로운 자기를 만든다.

'가능한 자아'가 우리의 생각과 행동에 미치는 영향은 다음과 같다.

첫째, 되고 싶은 자아ideal self는 사람들로 하여금 더 열심히 노력하고, 돈 벌고, 건강관리하고 사회적 관계를 갖도록 동기부여를 한다.

둘째, 나 자신에 대한 자기 지각과 타인이 바라보는 나에 대한 지각이 불일치한다. 나는 모든 가능한 자기를 보는 데 비해 타인은 현재의 나를 보고 판단할 가능성이 높기 때문이다.

셋째 현재의 자아와 되고 싶은 자아 간의 불일치가 있을 때, 실망하고 좌절하며 심리적 상처를 경험한다.

넷째 낙관적인 성향의 사람은 미래의 자기를 긍정적으로 보는데 비해 비관적인 성향을 가진 사람은 부정적으로 본다. 즉 개인차가 존재한다.

인생에서 큰 위기를 겪은 사람들 중에 위기를 극복한 사람과 아직 회복하지 못한 사람에게 현재의 자기를 묘사하도록 하였더니 두 집단 모두 현재의 자기를 부정적으로 묘사하였다. 그러나 위기를 극복한 사람은 미래의 자기를 긍정적으로 묘사한 반면, 회복하지 못한 사람은 부정적으로 묘사하였다. 가능한 자아의 수가 적은 사람은 많은 사람보다 자신의 목표에 대한 타인의 피드백을 극단적으로 긍정 또는 부정적으로 보았다.(Niedental 등, 1992.)

현재의 자기는 인생의 마지막 모습이 아니라 변화하고 더 긍정적으로 구성될 수 있다.(Niemiec, 2013.)

최형규 상무는 지금 이 순간이 자신의 사회적 정체성을 긍정적으로 변모시킬 수 있는 절호의 기회라고 생각하고, 결코 놓치고 싶지 않았다.

만일 성공적으로 자신의 역할을 수행한다면, 자신의 사회적 신분에 맞는 자신의 모습을 갖추었다고 스스로 인정할 수 있을 것이다. 또한 개인적 정체성과 사회적 정체성이 합치되고 조화를 이루면, 경영자로서의 정체성을 자신 있게 보일 수 있을 것이다. 그렇게 되면 타인에게 보이려고 노력하는 과정에서 느끼는 업무성과 불안, 잠재적 갈등을 선제적으로 해결하려는 긴장감, 타인의 피드백에 민감하게 대응하거나 자제하려던 불편함도 해소될 것이다.

기본적으로 세상을 보는 눈이 더 유연하고 거시적이 되고, 자존감이 위협받는 상황에서 한 발 물러나 전체를 포용하려는 심적인 안정감도 갖게 될 것이다.

이제 그는 경영리더십을 발휘하는 리더로서뿐만 아니라, 자신이 어떤 존재여야 하는지에 대해 생각하여야 할 시점에 서 있다.

나는 그에게 다음 질문에 대한 답을 찾아보도록 요청하였다.

"이제 나는 어떤 사람이고 싶은가?"

그동안 영업부서의 책임자가 보여야 할 역할자로서의 리더 모습을 살폈다면, 이제 그 역할자는 어떤 사람이기를 바라는지 스스로 탐구할 차례이다.

6) 늘 깨어 있는 인식 갖기

사람들은 주어진 삶의 환경과 자기 자신에서 일어나는 중요한 사건들을 종합적으로 인식awareness한다.

인식은 사건을 인지하고 사람들의 재능, 강점, 목적의식, 핵심가치, 신념, 태도, 열망 등과 같은 주제를 알고 이해하는 능력이다. 자기인식을 잘할수록 자기 이해의 정도가 높고 주어진 삶의 환경에서 만나는 타인과의 관계도 원만해 개인 생활이나 일터에서 성공할 가능성이 높다.

자기인식이 깨어 있을 때, 자기 수용이 의식될 수 있다. 그러나 자기 수용이 있을 때, 온전한 자기인식이 가능하다.

자기인식을 방해하는 것은 두려움, 고민, 부끄러움 같은 정서이다.

다니엘 골만Daniel Goleman은 자신과 타인의 감정을 인지하는 능력으로서 정서 지능을 소개하면서, 정서 관리와 자기인식의 균형적 성숙을 강조하였다.

자기인식 능력을 높이기 위해서는 내면을 탐구하는 노력과 타인의 눈에 비친 자신의 모습을 알아보는 활동을 병행하는 것이 도움 된다. 예를 들면 다면 인터뷰, 다면 진단 등의 정보를 받아본다. 가능하다면 관련 정보들이 갖는 시사점과 의미에 대해 전문가의 해석을 받아본다.

심리학자들의 연구에 따르면, 자기인식의 수준이 높은 사람은 리더십다면진단에서 본인 진단과 타인 진단의 일치성이 높고, 일치성이 높은 사람일수록 리더십의 효과성이 큰 것으로 나타났다.(Day 등, 2014.)

사람들은 자신의 모습을 객관적으로 지각할수록 자신의 강점과 약점을 발견하게 되고, 그것을 토대로 변화의 주제를 설정한다.

강점과 약점 다시 보기

강점strength과 약점weakness, 어떤 눈으로 볼 것인가?

이제 전통적인 강점과 약점의 이분법적인 논리의 틀에서 벗어나야 한다. 코칭적 시각에서 보면, 사람은 그 자체가 온전한 존재적 가치를 가지고 있다.

효과성 코칭에서 코치는 코칭 대상자로 하여금 자신과 자신을 둘러싼 환경이 원하는 것을 얻는 행동에 어떤 영향을 미치는지를 살펴보도록 한다. 그리고 원하는 결과를 얻는 행동을 촉진시키는 영향요인을 강점으로 정의한다.

약점은 원하는 결과를 얻는 데 필요한 결정적 행동을 방해하는 영향요인이다. 기존에 자신의 약점이라고 생각했던 것을 다시 들여다보면, 그 약점이 강점으로 쓰일 수 있다는 것을 알게 된다.

약점을 강점으로 승화시키기

한국 펜싱이 세계적인 위상을 갖게 된 것은 약점으로 여기며 무력감을 갖게 한 짧은 다리의 강점을 간파했기 때문이다. 즉 몸의 무게중심이 긴 다리보다 아래에 있기 때문에 빠른 발놀림을 구사할 수 있다.

유도 중량급 선수로서는 키가 작은 편인 송대남(176cm) 선수가 특기인 업어치기를 앞세워 약점을 강점으로 바꾸었다. 다리가 긴 외국

선수들보다 상대적으로 무게 중심이 아래에 있다는 이점을 살린 것이다. 그는 올림픽 전에 "외국 선수들은 상체보다 하체가 약하다. 다리 사이로 파고들어 업어치기를 하니 통하더라."고 말했다.

강점도 지나치면 약점

세계적인 리더십연구기관인 Center for Creative Leadership의 연구결과를 보면(Lombardo & Eichinger, 2002), 리더십 강점을 극대화하려고 하면 오히려 지속적인 성장을 방해하는 요인derailer으로 작용한다. 꼼꼼한 리더십은 세부사항까지 관리하여 지나치면 통제적인 관리로 의사결정이 늦게 되는 약점으로 작용하게 된다. 강점과 약점은 동전의 양면과 같다.

강점과 약점은 특정 맥락에서 행위자에 의해 발휘된 잠재성의 기능적 표현이다.

사람들은 흔히 본인이나 타인이 제공하는 잠재성에 대한 기능적 표현을 쉽게 수용하고 자기 자신과 동일시한다. 강점과 약점이 행위자에 내재해 있다고 생각하는 것이다.

강점에 대한 피드백을 받으면 자존감이 높아지고, 약점에 대한 피드백을 받으면 자존감이 낮아진다. 또한 타인의 평가에 자존감이 민감해지고 스트레스를 받고 상처받고, 이로 인해 공격적이 되고 극한 경우 병리적인 이상행동을 보인다.

삶을 영위할 때 타인의 평가는 일반적으로 존재하지만, 그것을 쉽게 내재화하고 자기 자신과 동일시하면 자존감이 불안정할 수 있다.

강점과 약점을 내재적인 속성으로 보는 관점에서 잠재성에 대한 기능적 표현으로 보는 관점 전환이 필요하다. 사람은 온전한 존재적 가치를 가지고 있다는 점을 상기하자.

강점과 약점을 품은 잠재성

강점과 약점은 코칭 대상자가 내적으로 소유하고 있는 것이 아니라, 원하는 결과와 결정적 행동과의 관계에 의해 정의된다. 코칭 대상자에게 내재해 있는 것은 강점이나 약점이 아니라 잠재성이다. 그 잠재성이 주어진 맥락에서 어떻게 작용하는가에 따라 강점 또는 약점으로 평가된다. 맥락이 바뀌면 평가도 달라질 수 있다.

앞서 소개한 최형규 상무는 자신의 능력과 현실이 가장 치열하게 부딪히는 직업을 찾았다. 그는 자문했다.

"어떤 일을 하면 자신을 객관적으로 평가하고 성장하는 모습을 확인할 수 있을까?"

그는 영업 직무를 선택했다. 영업은 활동 실적을 매일, 매주, 매월 주기적으로 측정하고 관리한다. 영업 활동을 통해 자신을 객관적으로 보고 자신과 직면할 수 있다고 확신했다.

그가 확인하고 싶은 것은 자신의 강점과 약점이 아니라, 자신의 잠재성이다. 그는 성장기에 학교생활과 가부장적인 전통 문화에서 무능하고 성장 가능성이 낮다고 평가를 받았다. 그리하여 성인이 되어 사회에 진출하면서 스스로 자기를 평가하고 싶었다.

"나는 누구인가? 나는 어떤 사람인가? 나는 잠재성을 가지고 있을까? 있다면, 무엇인가?"

그는 이에 대한 답을 찾고자 했다.

자신과 타인, 환경을 인식하는 틀은 발달 초기에 부모의 양육 방식과 내용, 학교 교육에 의해 영향을 받는다.

심리학에서 인식의 틀은 인지구조cognitive structure, 스키마schema, 정신모형mental model 등의 개념으로 사용된다.

중요한 점은 인식의 틀이 불변의 것이 아니라, 학습과 경험을 통해 재구조화되고 진화한다는 것이다. 인식의 틀이 발달할수록 잠재성이 유용한 심리적 자원이 된다.

자신의 잠재성을 탐구하고 강점으로 활용하는 방법은 인식 능력을 키우는 것이다. 이를 통해 경험하지 못한 영역을 탐구하고, 보지 못한 영역을 보고 경험하는 것이다. 자신이 원하는 삶을 구상하고 만드는 것과 같다. 이를 위해서는 늘 깨어 있어야 한다.

7) 삶의 희망 키우기

희망은 인간이 가지고 있는 가장 중요한 덕목의 하나로 간주되었다. 희망hope은 소망을 이룰 수 있다는 신념을 지속하게 하는 힘이다.

사람들은 현실적인 사고 틀에서 벗어날 때, 새로운 가능성을 발견하고 현재보다 더 성장하고자 하며 멋진 기대와 꿈을 갖는다. 희망은 막연히 긍정적인 것이 아니라, 난관과 역경에 직면했을 때 그 시점과 상황을 어떻게 인식하고 대응할 것인지에 대한 것이다.

희망과 낙관

긍정심리학자들은 희망과 낙관은 삶의 만족을 경험하는 데 결정적인 영향을 미치는 요인임을 밝혔다. 희망과 낙관은 회복탄력성, 자기 효능감, 감사 등과 더불어 심리적 자본psychological capital의 핵심이다.(Snyder, 2002.)

희망과 낙관은 긍정적 기대를 포함하고 있지만, 독립적인 개념이다.

희망은 사람들이 현실적이며 도전적이고 예측 가능한 목표를 설정하고 이를 이루고자 하는 생각이다. 이러한 희망을 가진 사람은 의지나 열정, 내면의 자기관리를 통해 원하는 목표를 이루게 된다.

낙관은 긍정적인 사건을 영속적이며 개인적이며 흔히 있을 수 있는 원인에 따른 것으로 보고, 부정적인 사건은 외적이며 주어진 상황에서 한정적인 원인에 의한 것으로 돌리는 해석 스타일이다. 나쁜 일보다 좋은 일이 일어날 것이라고 믿는 것이다. 일어날 사건을 긍정적으로 생각할 수 있는 힘이다.

철학자나 심리학자들은 초기에 낙관을 환상과 같은 개념으로 치부하였다. 그러나 1960년대와 1970년대에 인지심리학자들은 낙관을 심리적으로 건강한 사람들이 냉혹한 현실에 대응하는 심리 기제로 보았다. 예를 들면, 사람들은 현실에서 직면하는 어려움을 위기가 아니라 기회라고 긍정적으로 해석한다. 사실은 왜곡한 것이다.

그러나 낙관적 사고는 좌절하거나 멈추지 않고, 사람들로 하여금 새로운 가능성을 생각하며 길을 찾아보도록 뒤에서 등을 떠밀어주는 긍정적 에너지이다.

희망의 심리 기제

희망은 목표 지향적이다. 성인의 희망을 측정하는 척도를 개발한 Snyder(1989, 2002)는 희망을 두 가지 요소로 구성된 개념으로 보았다.

목표를 이루기 위한 길을 개발하고 계획을 수립하는 사고Pathway thinking와 그 목표를 이루기 위해 목표 방향으로 나가도록 동기를 주는 사고Agency thinking이다.

전자가 원하는 목표를 달성하는 계획을 수립하는 능력이라면, 후자는 그 계획을 실행하는 추진력에 대한 믿음이다. 심리학자들의 연구에 따르면(Bailey 등, 2007), 희망은 낙관보다 삶의 만족도, 웰빙을 더 잘 예측하는 것으로 나타났다.

삶의 만족과 웰빙에는 사람들이 내적으로 체험하는 긍정적 정서가 있다. 이러한 요소들은 사람들이 목표를 달성하도록 동기화한다.

자신만의 여러 목표들을 통합하고 조직화하여 독특한 개인적 열망과제personal strivings로 가진 사람들은 삶의 만족도가 높다.(Emmons, 1986.)

목표를 갖고 주도적이며 적극적으로 자신의 삶을 구성하려는 동기를 행동으로 실천할 때, 희망은 원하는 삶을 성공적으로 만들어 가는 데 중요한 심리적 자원이 된다.

앞에서 소개한 최형규 상무의 대화로 돌아가 보자. 그는 어떤 희망과 열망을 가지고 있을까?

코치: 더 큰 조직을 맡을 날짜가 이제 몇 개월 남지 않았습니다. 지금까지 나눈 경영리더십에 대한 대화를 정리해 볼 때, 상무님의 희망과 그것을 이루기 위해 필요한 것은 무엇이라고 생각합니까? 어떤 생각이 제일 먼저 듭니까?

상무: 새로 맡는 역할을 성공적으로 수행해 내고 싶습니다. 우선 구성원들의 잠재성을 성공적으로 끌 낼 수 있다면, 조직의 규모가 크다고 해도 성공적인 조직관리와 성과 향상은 가능하다고 생각합니다. 먼저 구성원을 어떤 눈으로 볼 것인가? 구성원의 잠재성을 끌어낼 수 있는 시스템을 갖추는 것과 그에 맞는 긍정적인 조직문화와 업무환경을 조성하는 것이 중요하겠습니다.

코치: 미래에 대해 희망을 갖고 있으시군요. 희망을 현실화하기 위해 필요한 것은 무엇이라고 생각하십니까?

상무: 비전 계획을 수립하고 있습니다. 새로 맡는 조직을 가치 경영의 성공 사례로 만들고 싶습니다.

코치: 희망과 반대 상황을 고려하는 양면적 사고를 하여야 합니다. 발생 가능한 난관이나 돌발사태, 위험요인을 생각해 보고 적절한 대처 방안을 마련해 보는 것입니다.

상무: 좋은 말씀입니다. 요즘 조직을 경영할 때 준수할 나름의 원칙을

정리하고 있습니다. 코치님의 말씀을 듣고 보니 시작하길 잘했습니다. 경영의 책무가 클수록 엄격한 자기관리가 중요함을 느낍니다.

→ 3

원하는 결과를 만들지 못하는 주된 이유와 해법

개인이나 조직이나 목표를 세우지만, 목표 달성에 성공한 비율은 낮다.

국내 남녀 직장인 761명을 대상으로 2016년 조사한 결과를 보면, 새해 초에 세웠던 목표의 평균 52.2%를 달성한 것으로 나타났다.

나는 목표 달성에 실패하는 원인과 이유를 다룬 관련 학술연구, 전문기관의 분석자료, 인터넷에서 검색한 자료, 고민 상담의 글 등을 조사하였고, 수집된 자료에서 실패 이유와 원인을 공통 주제별로 묶었다. 분석 결과, 주된 이유는 목표의 설정 문제, 심리적인 문제, 관리와 자원의 문제 등 3가지였다.

1) 목표의 설정 문제

목표는 세웠지만 원하는 결과를 얻지 못하는 경우, 먼저 목표 설정에 문제는 없는지 살펴야 한다. 조지 도란George Doran, 1981이 제시한 목표의 SMART 원칙과 관련이 높다. 목표 설정에서 발생하는 문제는 다음과 같다.

- 목표를 달성을 가능하게 하는 촉진 요인과 방해 요인에 대한 분석 없이 목표만 세운다.
- 목표 달성을 위해 노력하는 과정에서 필요한 개인 변화를 고려하지 않고 설정하기 때문에 목표 달성 노력이 중단된다.
- 목표를 설정할 때 '만약 ~하다면'과 같은 발생 가능한 사건에 대한 완벽한 답을 찾지 못하여 목표 설정이 지연되거나, 설정 과정에서 의욕이 고갈된다.
- 달성하려고 하는 목표의 수가 너무 많아, 초점을 잡기가 어렵다.
- 목표 달성이 이루어지는 기한을 정하지 않는다.

2) 심리적인 문제

목표를 확정하고 달성하는 전체 과정에서 행위자의 심리적인 요인이 목표 달성에 실패하는 주된 원인으로 작용한다. 주요 심리적인 문제는 다음과 같다.

- 목표와 삶의 목적과 연관성, 목표가 갖는 의미와 목표 성취가 갖는 가치에 대한 인식이 부족하여 목표의 내재화와 성취동기가

부족하다.

- 타인의 요구나 타인에게 보이기 위해 마음에도 없는 목표 또는 타인을 관찰할 때 그들이 선택한 목표를 자신도 이루어야 할 것으로 생각하고 선택한다.
- 주어진 삶의 맥락에서 목표를 최종 해결방안으로 생각하는 경우, 성공적인 목표 달성에 대한 집착, 실패에 대한 두려움, 성공했지만 만족하지 못할 것에 대한 두려움에 묶이게 되고 중압감에 실패하게 된다.
- 목표를 세우기도 전에 미리 조바심을 갖거나 목표를 이룰 수 있다는 신념과 자기 능력에 대한 믿음이 부족하고, 실패에 대한 타인의 평가와 시선을 염려한다.
- 목표를 달성해도 그 결과를 받을 만한 자격이 없다고 생각하며 자기 자신을 저평가하고 사보타주sabotage한다.
- 목표 달성에 필요한 시간 관리를 효과적으로 하지 못하고, 인내력의 부족으로 목표 달성에 필요한 행동을 지속적이며 일관되게 하지 못한다.
- 목표 달성과정에서 목표를 달성할 수 있다는 긍정적인 마인드보다 부정적인 마인드로 인해 실패에 대한 불안을 과장하고 방해 요인, 위험 요인에 집중한다.
- 목표 달성에 필요한 행동에 집중하기보다 너무 많은 행동에 주의를 기울임으로 인해 심리적으로 압도되고 탈진된다.

3) 관리와 자원의 문제

목표 달성을 위해 필요한 관리 시스템, 시간과 인적 물적 자원을 확보하지 못하는 경우, 목표 달성에 실패하게 된다. 주요 지원 자원의 부족 문제는 다음과 같이 요약할 수 있다.

- 목표 달성을 위한 시간과 예산 투입, 목표 달성의 활동과 진척도 등을 체계적으로 관리하는 툴이나 시스템이 없거나 자원 부족으로 목표 달성을 위한 활동에 집중할 수 없다.
- 목표를 달성하는 과정에 대한 의욕과 동기의 동요가 있을 수 있다. 의욕과 동기가 저하된 경우, 심리적인 응원과 격려를 줄 수 있는 인물이 주위에 없다.
- 목표를 수립할 때 예상하지 못한 상황으로 인해 추가로 자원 지원이 필요한 경우를 사전에 고려하지 못해 중단된다.
- 목표 달성에 필요한 정보, 지식과 스킬을 습득할 수 있는 기회를 확보하지 못한다.

4) 원하는 결과를 만드는 방법

계획을 세우고 실행을 다짐하지만, 종종 지속적인 실행에 실패한다. 심리학적인 관점에서 보면 실행에 실패하는 주된 이유는 아는 것과 실행하는 것이 다르기 때문이다.

다짐은 생각이고 실행은 행동으로, 질적 속성이 서로 다르다. 또한 실행을 지속적으로 유지해야 한다. 이와 같이 목표를 달성하려면 실행을 프로세스적으로 접근해야 한다.

효과성 코칭 모델에서 원하는 결과는 사람들이 자신의 요구를 충족시키는 목표이다.

사람들은 그 목표를 원하는 결과로 구체화하고 이를 얻고자 노력한다. 원하는 결과를 얻는 효과적인 방법은 목표 달성에 기여하는 결과와 그 결과를 얻을 가능성이 높은 결정적 행동, 그 결정적 행동을 수행하는 주체로서 행위자의 요구를 연결시키는 것이다.

제2부

존재의 근원적 변화를 위한 전략

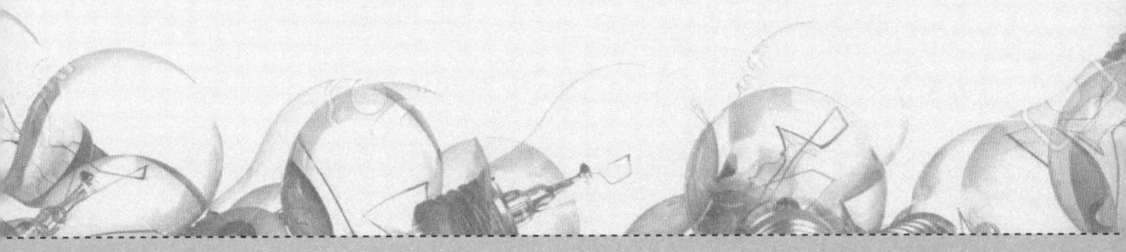

사람들은 흔히 시간과 노력을 투자해 면밀하게 계획을 세웠으나 실천하지 못하고 미루거나 중도에 계획을 포기한다. 신년 다짐, 체중 감량, 금연, 만보 걷기 등 여러 계획을 세우지만, 실행하지 않는다.

리더십 개발을 위한 기업교육에서 개인, 팀, 조직의 효과성을 높이기 위해 리더와 구성원에게 행동변화를 요구한다.

교육 참가자들은 행동변화계획서를 작성한 후, 직무 현장에서 계획서의 내용을 충실히 실천할 것을 다짐한다. 그러나 실제 행동변화계획서의 실행은 낮다.

왜 그럴까? 행동변화에 초점을 둔 것은 맞지만, 원하는 결과를 얻을 가능성이 높은 결정적 행동을 행동변화계획서에 포함시키지 못했기 때문이다.

원하는 결과를 얻기 위해 정말 달라져야 하는 행동은 무엇인가? 제2부에서는 결정적 행동의 개념과 그 행동을 도출하는 전체 과정, 사람들의 근원적인 변화를 위한 접근방법으로 역할 중심의 효과성 코칭 전략과 그들의 생각 프레임을 바꾸는 인지전략에 대해 개념과 코칭 사례를 들어 상세히 소개한다.

제3장

결정적 행동에 집중하기

인간의 행동은 믿을 수 없을 만큼 융통성이 있고 유연하다.

– **필립 짐바르도** Philip Zimbardo, 심리학자

지난 2016년 3월 한미 최대의 상륙 훈련이 실시되었는데, 이때 사용된 작전명이 결정적 행동이다. 결정적 행동은 적의 반격 의지를 원천적으로 차단하고 적의 중심을 파괴한다는 뜻이다. 이와 같이 결정적이라는 말은 예상하는 수준을 넘어서는 결과를 얻을 만큼 아주 중요하다는 뜻을 함축한다.

원하는 결과가 중차대한 것이라면, 그것을 얻기 위한 행동이 결정적이어야 한다. 결정적 행동이라는 단어는 폭넓게 사용되지만, '결정적'에 대한 조작적 정의는 다양하다.

→ 1

결정적 행동과 기존 개념의 차이점

첫째, 결정적 행동은 맥락적으로 중요하다는 의미를 갖고 있다.

세계적인 영장류 학자인 프란스 드 발Frans de Waal은 그의 명저 '내 안의 유인원'(2005)에서 "지휘 계통은 결정적 행동이 요구될 때, 민주주의보다 우선한다."고 말했다. 유인원의 공동체 생활의 특성과 치열한 서열 다툼을 분석해 보면, 위계를 정하고 따르는 행동은 유인원들이 사회질서를 유지하고 평화롭게 사는 데 필요한 결정적 행동이다.

둘째, 결정적 행동은 원하는 업무성과를 예측하는 설명 개념이다.

존 플래너건John Flanagan, 1954은 결정적 사건 기법critical incident technique을 개발했다. 이 기법은 직업분석방법으로, 종사자들이 일터에서 직면하는 결정적인 업무상황에서 어느 정도 효과적으로 일하는지를 관찰하고 분석한다. 결정적 사건으로 간주되는 업무상황에서 기대되는 행동은 효과적인 업무행동이라는 점에서 결정적 행동의 의미를 포함하고 있다.

이와 유사한 접근으로 역량모델링 기법은 도출된 주요 행동이 직무 성과를 예측할 수 있는지를 알아보기 위해 우수 성과자가 보통 성과자보다 통계적으로 유의미하게 더 보이는 주요 행동을 결정적 행동으로 선정한다.

행동중심의 안전관리방식에서는 안전행동이 일어나는 비율을 안전행동지표로 관리하는데, 이 지표를 따르는 것이 결정적 행동이다.

셋째, 결정적 행동은 원하는 결과를 얻을 높은 가능성을 선택하는 것이다.

가치투자의 달인인 워렌 버핏의 정신적인 스승인 찰리 멍거Charlie Munger는 현명한 투자에 대해 이렇게 말했다.

"현명한 투자자라면 다른 사람들이 기회를 제공할 때 크게 베팅하는 법입니다. 그들은 승산이 높을 때 과감하게 투자합니다. 그리고 나머지 대부분의 시간 동안 투자하지 않습니다."

찰리 멍거는 기업의 지속성과 성장 가능성을 보고 그 기업의 내재가치를 평가한다.

기존에 결정적 행동은 일반적인 행동에 비해 더 나은 결과를 만드는 대표적인 행동이다. 효과성 코칭에서 결정적 행동은 특정 맥락에서 원하는 결과를 얻을 가능성이 높은 행동이다. 더 나은 결과를 만드는 대표적인 행동이라고 해도 결정적 행동은 아닐 수 있다.

→ 2

결정적 행동의 3가지 속성

삶의 모든 영역에서 원하는 결과를 성취하기 위해서는 그 결과를 얻을 가능성이 높은 요인을 찾고 의사결정에 필요한 준거를 만들어야 한다. 특정 맥락에서 성취 가능성에 영향을 미치는 요인들은 무엇인가? 그 요인들은 원하는 결과를 얻을 가능성과 어떤 논리적 관계를 가지고 있는가? 이와 같은 질문에 대한 답을 찾는 것이 중요하다.

원하는 결과를 얻고자 한다면, 할 수 있는 여러 행동 중에 꼭 필요한 행동을 해야 한다. 거시적이며 시스템적인 관점과 행동분석적인 관점을 균형 있게 유지하면 결정적 행동을 찾기 쉽다.

효과성 코칭 모델에서 결정적 행동은 맥락성, 예측성, 가치성이 높은 행동이다. 이들 요소의 개념적 정의는 다음과 같다.

- 맥락성: 상황적으로 원하는 결과를 얻는 데 필요한 행동.
- 예측성: 원하는 결과를 얻을 가능성을 높이는 행동.
- 가치성: 원하는 결과의 가치를 높이는 행동.

→ 3
결정적 행동을 도출하는 방법

원하는 결과는 개인이나 팀, 조직이 달성하려는 목표 또는 그 목표를 이루기 위한 세부 목표이다.

원하는 결과가 조직의 경영에 기여하는 정도가 클수록 결정적 행동이 갖는 의미와 가치가 크다. 따라서 맥락적이며 시스템적인 관점에서 결정적 행동을 도출해야 한다. 다음의 단계를 따르면 원하는 결과를 얻는 데 필요한 결정적 행동을 선별할 수 있다.

단계 1: 원하는 결과를 명확히 한다

코치는 먼저 "어떤 결과를 꼭 만들어 보고 싶습니까?"라고 묻는다. 이 질문에 쉽게 대답을 하기도 하지만, 자신의 답을 쉽게 찾지 못하는 경우도 있다. 후자인 경우, 이 질문에 대해 흔히 리더들이 응답했던 대표적인 생각들을 예를 들어 소개한다. 그 내용은 포용력과 성과지향의 균형 리더십을 갖춘 리더, 효과적인 감정관리, 성공적인 역할전환, 리더십 역향력 제고, 직원몰입 제고, 행복한 일터 만들기, 구성원의 몰입도 / 행복도 높이기, 리더-구성원 간의 신뢰 강화, 팀워크

향상, One-team Spirit 형성과 내재화, 성과를 만드는 긍정적 조직 문화 형성, 사업부/팀 간 열린 소통을 통한 협업 강화, 금년 사업 목표 달성 등이다.

단계 2: **현재의 모습을 객관적으로 확인한다**

현재의 모습을 객관적으로 평가하기 위해 진단 결과와 그간의 노력을 비교하고, 근본적인 변화가 필요하다는 것을 느끼게 한다. 코치는 효과성 진단(예, 효과적 리더십진단, 팀효과성진단, 조직효과성진단)의 결과를 제시한다. 코치는 원하는 결과를 얻기 위해 지금까지 어떤 노력을 하였는지 묻고, 그 노력의 결과를 확인한다.

단계 3: **원하는 결과를 얻기 위한 결정적 행동을 찾는다**

결정적 행동을 찾는 질문을 한다.

"원하는 것을 얻기 위해 지금 반드시 보여야 하는 행동은 무엇입니까? 지금까지 노력한 것과 달리 행동해야 하는데 하지 못한 것이 있다면 무엇입니까? 원하는 결과를 얻을 가능성이 가장 높은 행동은 무엇입니까?"

지금까지 해왔던 행동을 조금 새롭게 하는 것이 아니라, 원하는 결과를 얻을 수 있도록 근본적인 변화를 시도해야 한다고 요청한다.

단계 4: **결정적인 행동을 최종 선정한다**

앞의 3단계에서 도출한 행동을 정리한다. 이어서 "앞으로 어떻게 행동할 때, 원하는 결과를 얻을 수 있다고 생각하십니까?"라고 묻는다.

결정적 행동의 세 가지 속성(맥락성, 예측성, 가치성)의 정도가 높은 행동을 최종 선정한다. 정도를 측정하기 위해 상, 중, 하 또는 5점 척도 등을 사용한다.

지금까지 원하는 결과를 얻기 위한 결정적 행동을 찾는 과정을 개념적으로 살펴보았다. 결정적 행동을 규명하고 이를 코칭과 연계시키는 사례는 제3부에서 다룬다.

제4장
역할 중심의 효과성 코칭 전략

자신을 아는 것은 모든 지혜의 시작이다.

– **아리스토텔레스** Aristoteles, 철학자

이 장에서는 역할 중심의 효과성 코칭을 통해 개인변화를 끌어내는 단계적 코칭 접근과 코칭 대상자의 심리변화를 소개한다. 코칭 대상자가 갖는 문제에 대한 답은 그 자신에게 있다. 생각 파트너인 코치의 역할은 코칭 대상자가 스스로 답을 찾도록 하기 전에 먼저 그와 신뢰 기반의 코칭 대화를 할 수 있는 심리적 안전감을 느낄 수 있는 내부 환경과 외부 환경을 조성해야 한다.

내부 환경 조성은 코치와 코칭 대상자의 신뢰 형성을 위한 조건들을 채워가는 것이다. 코칭 관계를 조성하는 데 있어 코치가 전문가로서 갖춰야 할 코칭 철학, 코치 자격, 코칭 경험, 코칭 방법론과 코칭 대상자와의 친밀도, 코칭 대상자의 변화 요구와 코치의 합치도 등이다. 외부 환경은 명확한 코칭 목적의 설정, 코칭 대화의 기밀성, 코칭 동의와 계약 체결, 코칭을 위한 물리적 공간 등을 갖추는 것이다.

여기에서는 코칭 대상자의 요구–행동–결과를 연결시키는 코치의 코칭 전략과 방법론을 상세하게 알아본다. 여러분은 역할 중심의 효과성 코칭 전략의 전체 흐름을 개념 설명과 코칭 사례를 통해 학습할 수 있다.

→ 1

존재보다 실행을 먼저 다룬다

직업능력개발원이 2018년에 1천 500명을 대상으로 한 '한국의 직업, 한국인의 직업의식' 설문조사와 인터뷰(FGI방법) 분석결과에 따르면, 응답자의 88.1%는 자신을 갑이 아닌 을로 인식했다. 이 인식은 학력에 따른 차이나 정규직-비정규직에 따른 차이도 없었다.(한상근, 2018.)

직장인들은 변화무쌍한 상황에 의해 휘둘리고 있다. 자신이 원하는 방향으로 삶을 주관하고 자신이 원하는 방향으로 이끌어 가기보다, 오히려 이끌림을 당하고 있다.

나는 코칭을 통해 사람들이 자신의 삶에 주인이 되도록 도울 수 있다고 믿는다. 쉬운 일은 아니지만 가능하다고 생각한다. 구체적으로 어디에서부터 시작할 것인가?

나는 다년간 행동변화를 끌어내는 방법을 개발하는 과정에서 시행착오를 겪었으며, 마침내 역할 중심의 효과성 코칭 접근법을 개발하였다.

여러분은 이 방법을 통해 변화를 끌어내는 효과성 코칭의 기본 원리를 알게 될 것이다. 효과성 코칭은 실행doing 영역과 존재being 영역을 구분하고, 단계적으로 접근한다. 각 단계에는 코칭 대상자의 심리 변화를 자극하는 강력한 코칭 질문이 있다.

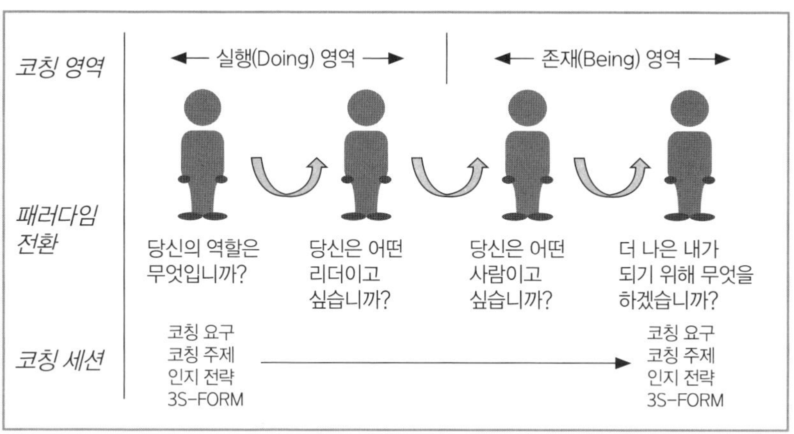

[그림 2] **역할 중심의 효과성 코칭 전략**

1) 역할자에 초점 두기

코칭은 개인의 생각과 행동변화를 다룬다.

코칭에 참여하는 리더들에게 소감을 물으면, 한 목소리로 이렇게 말한다.

"지금 이 나이에 변화한다는 것이 가능하겠습니까? 정말 달라지는 것이 가능하다고 생각하십니까? 저는 그렇게 생각하지 않습니다."

그들의 말이 옳을 수 있다. 불혹의 나이인 40세 전후라면, 세상의 온갖 풍파를 헤쳐 나가면서 삶의 지혜를 터득했을 가능성이 높다. 그들은 코칭에 참여하면 본래의 자기가 변화되어야 하는 것으로 생각한다.

코치가 코칭 기법을 통해 자기를 변화시킬 것으로 가정한다. 이러한 가정을 한 대부분의 코칭 대상자는 자기방어적인 입장을 취한다. 코치에 대해 적대감을 갖거나 코칭에 무관심한 태도를 보인다.

나도 처음에는 상대방을 근본적으로 변화시켜야 한다고 생각하였다. 그러나 코칭에 실패하면서 한 가지 사실을 깨달았다. 적극적으로 자기의 삶을 구상하고 만들어가려는 의지를 가진 사람을 코칭하기가 쉽지만, 방어적인 입장에서 자신을 지키고 보호하려는 사고를 가진 사람을 코칭하기가 쉽지 않다.

나는 코칭을 통해 상대방에게 어떤 도움을 줄 것인가는 코치가 정하는 것이 아니라 코칭 대상자가 정하는 것이라는 사실을 나중에 깨달았다.

코치는 그 도움 행위를 어떻게 제공할 것인가에 대한 전문가이다. 이는 전술적이며 전략적인 요소이다.

나는 단계적으로 도움 주기를 해야 한다고 결론 내렸다. 그 시작은 바로 역할이다.

조직의 리더를 대상으로 코칭할 때, 나는 코칭 초반에 "당신의 역할은 무엇이라고 생각합니까?"라고 묻는다. 팀장인 경우, "팀장의 역할은 무엇입니까?" 임원의 경우, "사업부장의 역할은 무엇입니까?"라고 질문한다.

코치는 코칭 대상자가 맡은 역할을 성공적으로 수행하도록 도우려

한다는 점을 명확히 한다. 그리고 그가 맡은 역할을 성공적으로 수행할 때의 모습과 현재의 모습을 비교하고, 두 모습 간의 차이를 인식하도록 돕는다. 다음에 "어떻게 하면, 맡은 역할을 성공적으로 수행하는 리더가 될 수 있습니까? 그 리더가 되기 위해 지금 할 것은 무엇입니까?"라고 묻는다. 코칭을 통한 변화의 대상이 코칭 대상자가 아니라 그가 맡고 있는 역할에 있다는 것을 분명히 한다.

2) 객관적으로 자기를 돌아보기

코칭 대상자는 본래의 자기가 변화되어야 하는 것이 아니라, 자신이 맡은 역할을 성공적으로 수행하는 데 필요한 생각과 행동을 보여야 한다는 점에 안도한다. 그래서 일부 자기방어적인 보호막을 거둔다. 이때 코치는 코칭 대상자와 신뢰관계를 맺어야 한다. 그리고 코칭 대상자가 역할을 수행하는 데 필요한 역량이나 스킬을 객관적으로 진단하고, 그의 역할이 팀이나 조직에 어떤 영향을 미쳤는지를 객관적으로 파악한다. 그런 후 수집된 자료를 구조화하여 코칭 대상자에게 피드백을 한다.

코칭 대상자는 자신의 역할 수행에 대한 피드백을 들으면서 자기지각과 타인 지각을 비교하고, 인식의 차이가 있다면 그 원인을 분석하고 인과관계를 추론한다.

나는 객관적인 정보에 기초한 피드백을 제공하기 위해 외국에서 개발된 역량진단도구를 사용한 적이 있다. 코칭에 활용할 수 있는 역량진단도구가 제한적이기도 했지만, 사용하는 도구들이 서로 다른 개념적인 틀을 가지고 있어서 결과들을 연계시켜 종합적으로 활용하기가 쉽지 않았다.

나는 이러한 곤란을 해결하기 위해 효과적 리더십진단ELA, 팀효과성진단TEA, 조직효과성진단OEA을 직접 개발하였다.

마치 건강진단을 통해 자신의 신체적 건강을 확인하는 것처럼, 효과성진단을 통해 리더의 역할을 어느 정도 효과적으로 수행하는지를 확인한다. 온라인으로 실시한 진단 결과를 '효과성 기상도'라는 분석도구를 통해 종합적으로 요약해 보고, 변화의 방향과 내용 및 코칭의 전과 후의 결과를 비교해 볼 수 있다.

진단은 자신을 거울에 비춰보는 것과 같다. 진단 도구를 통해 보이지 않는 역량과 그 영향을 객관화시켜 본다. 진단의 결과를 통해 코칭 대상자는 자신의 모습을 보게 된다. 자기 지각을 통해 개인적 자아와 만나고, 타인의 눈에 비친 자신의 또 다른 모습인 사회적 자아를 만난다. 자신의 겉과 속을 한 번에 조망하는 기회를 갖는 것이다.

자기 지각과 타인 지각 간의 차이가 있을 때, 사람들은 그 원인에 대해 궁금해 한다. 코치는 이때 코칭 대상자가 내적인 자신과 외적인 자신 모두에 궁금해하도록 돕는다.

자기 지각과 타인 지각의 차이가 어디에 있든, 코치는 이제 코칭 대상자의 내면으로 들어가는 비밀의 문 앞에 서 있다. 이제 코치는 강력한 질문을 통해 그 비밀의 문을 연다.

3) 원하는 리더 모습 그려보기

코치는 초반에 역할에 대해 질문하였다. 이제 그 역할을 수행하는 인물person에 대해 질문한다. 그러나 이때 인물은 여전히 역할을 수행하는 사람이다. 아직, 그 사람의 본래 모습에 대한 것은 아니다.

코치는 코칭 대상자의 사회적 자아와 대화하고 있다. 그러나 '당신은 어떤 리더이고 싶습니까?'라는 질문을 통해 본래의 자기와 만날 수 있는 통로를 만들어 둔다.

이 질문을 받게 되면, 코칭 대상자는 본래의 자기와 리더 역할을 맡고 있는 자기를 연결시킨다. 특히 우리는 직책과 자기의 존재를 동일시하는 경향이 있다. 조직 내에서 어떤 역할과 직책을 맡고 있느냐가 곧 자신의 정체성을 구성한다. 보직 해임이 되는 경우, 급격하게 심리적으로 위축되고 사회적 체면과 위상이 손상을 당하였다고 생각하는 까닭이다.

코치는 코칭 대상자가 다양한 관점에서 어떤 리더이고 싶은지를 생각하도록 이끈다. 코칭 대상자는 리더라는 사회적 얼굴을 통해 자신의 사회적 정체성을 형상화한다. 이 과정에서 코칭 대상자는 개인적 자아와 사회적 자아가 자신을 구성하는 중요한 두 요소라는 것을 인식한다.

자신에 대해 부정적인 내용을 담은 피드백을 타인으로부터 받을 때, 이전에는 자기합리화와 같은 자기방어기제로 자기를 지키고자 애썼다. 그러나 자기 정체성과 사회적 정체성을 연결시키면서 자기방어기제의 보호막을 거두고, 통합된 자기integrated self를 만드는 데 관심을 갖는다.

코치는 코칭 대상자에게 통합된 자기가 어떤 모습인지 상상하고 그려보도록 요청한다. 그리고 더 나은 자기를 완성하는 과정에서 개인적 자아와 사회적 자아가 어떤 변화를 필요로 하는지 질문한다.

코칭 대상자는 자발적으로 개인적 자아의 변화 필요성에 대해 스스로 자문하는 단계에 이른다.

여기까지가 실행doing 영역에 대한 대화이다. 즉, 코칭 대상자가 맡고 있는 역할을 중심으로 내적 자아와 외적 자아를 살펴보았다. 마침내 코칭 대상자는 자발적으로 변화의 필요성에 대해 마음의 문을 열기 시작한 것이다. 이 단계까지 왔다면, 코치로서 1차 관문을 통과한 것이다.

4) 본래의 자기와 만나기

코치는 코칭 대상자에게 진정 어떤 사람being이 되고 싶은지를 질문한다. 어떤 역할을 맡은 사회인이 아니라 자연인인 본래의 자기와 만나도록 한다. 생각 파트너인 코치는 코칭 대상자에게 자신을 탐색할 수 있는 강력한 질문을 한다. 대표적인 질문은 다음과 같다.

- 당신이 지금 힘들어하는 것은 무엇입니까?

- 당신은 어디에 묶여 있습니까?
- 어디에 집착하고 있습니까?
- 그 집착을 내려놓는다면, 당신은 본래 어떤 사람입니까?
- 당신은 진정 어떤 사람이 되고 싶습니까?"

만일 코칭 초반에 코칭 대상자에게 "당신은 진정 어떤 사람이 되고 싶습니까?"라고 질문한다면, 그는 전혀 준비되지 않은 상태여서 매우 어려운 질문으로 생각할 것이다.

기업 현장에서 이 질문을 받은 리더는 코치가 현실적으로 도움이 되지 않는 추상적인 질문을 한다고 푸념한다. 치열한 현실 세계에서 리더의 역할을 수행하고 있는 입장에서 보면, 도를 닦는 것과 같은 질문이라고 느낄 것이다. 따라서 코치는 코칭 대상자에게 단계적으로 접근해야 한다. 자기성찰의 경험이 많은 리더에게는 코칭 초반에 그와 같은 질문을 할 수 있지만, 일반적으로 자기 이해가 깊어지는 과정에서 하는 것이 적절하다.

"진정 어떤 사람이고 싶습니까?"

이 질문은 코칭 대상자에게 울림을 준다. 어느 순간, 자신에게 던져 보았을 듯한 질문이지만, 코칭 대화를 통해 진지하게 생각해 보기는 처음일 가능성이 높다. 특히 많은 직원들을 통솔하고 성장시키면서 지속적인 성과를 만들어 내야 하는 상위 직급의 리더일수록 생각과 행동이 현실 자아real self에 묶여 있다.

이들에게 이상 자아ideal self에 대한 질문은 '나는 누구인가?'라는 철학적인 질문 그 이상의 것이다.

이 단계에서 코칭 대상자의 자발적인 열정과 성취동기, 변화의 필요성에 대한 자각과 실천의지가 가장 강렬하다. 이 단계에서 코칭 대상자들은 자신의 삶을 주도적으로 구성해 가야겠다는 의지를 갖는다. 변혁적 변화는 이 단계에서부터 시작한다. 코치는 깊은 사유를 할 수 있는 성찰질문을 통해 코칭 대상자가 그 답을 찾도록 돕는다.

5) 변화 확인하기

코치는 주도적으로 자기변화를 실천하는 코칭 대상자가 어떤 변화를 실제로 경험하고 있는지 확인한다.

"달라진 점은 무엇입니까?"

이 질문은 상태가 아니라 변화에 대한 질문이다. 자신이 진정 되고 싶은 모습에 어느 정도 다가가고 있는지를 질문하는 것이다.

코칭은 목표지향적인 변화를 다루는 전문 활동이다. 코치는 효과성 코칭을 통해 개인과 팀, 조직의 효과성을 극대화시키고, 이를 상호 연계시킨다.

효과성 향상에는 개인의 근본적인 변화가 기본이다. 개인이 맡은 역할을 성공적으로 수행하기 위한 변화에서부터 타인과의 관계에서 인식되는 사회적 자아를 수용하고, 통합된 자아를 성장시키는 방향으로 변화가 진행된다.

'되고 싶은 자기 모습'을 기준으로 자신에게 어떤 변화가 일어나고 있는지를 관찰하고 자각하는 것은 개인 성장에 중요한 활동이다.

나는 기업의 리더를 대상으로 코칭하면서, 리더들이 직장인의 관점에 묶이지 말고 자신의 삶을 거시적으로 보고 주도적으로 원하는 삶을 만들어 가는 건강한 생활인의 관점을 취하기를 제안한다.

코치는 코칭 대상자가 팀에 있든, 더 큰 조직에 속해 있든 한 개인의 변화를 다룬다. 그가 현실 자아로부터 되고 싶은 이상 자아로 성장하도록 돕는다.

코치는 그 변화의 과정에 함께 하면서 변화되고 있는 모습을 자각하고 진정으로 원하는 모습을 이루도록 돕는다.

코칭 효과는 코치가 코칭 대상자의 내면과 만날수록 커진다. 그러나 코치는 성급하게 코칭 대상자의 내면에 들어가려는 시도를 자제해야 한다. 개인변화의 가장 큰 장애요인은 그 대상자의 내면에 작동하는 자기방어기제이다.

코치는 사람의 심리를 이해해야 한다. 자기방어기제를 작동시키는 코칭 대화를 해서는 안 된다. 코칭 대상자 스스로 자신의 방어기제를 해제하도록 이끌어야 한다.

당면한 문제에 대한 답은 코칭 대상자에게 있으며, 그 답을 찾기 위해서는 먼저 자기방어기제를 풀게 해야 한다.

→ 2

변화 단계별로 접근한다

코칭 대상자가 역할자로서 자기 자신을 점검하고 지금보다 더 나은 내가 되는 성숙의 단계로 변화를 진전시킨다. 이러한 변화는 세 단계를 거친다. 변화 인식, 변화 실행, 변화 유지이다.

다음 6장에서 소개하는 FORM 코칭 프로세스를 변화 단계와 비교하였다. 코칭 프로세스에 관심 있는 경우, 6장을 먼저 살펴보길 바란다. 각 단계에서 일어나는 주요 활동은 다음과 같다.

1) 단계 1: 변화 인식

코칭 대상자가 원하는 결과를 얻기 위해서는 기존의 생각과 행동, 감정 관리 등에 변화가 필요하다는 인식을 해야 한다. FORM 코칭 프로세스에서 변화 필요성을 인식하도록 돕는 시작이 피드백이다.

피드백 단계에 있는 사람들은 자신의 모습을 객관적으로 이해하기 위해 타인으로부터 피드백을 받고 싶어 하고, 자기 내면을 이해하는 활동을 통해 변화의 필요성을 자각한다. 그리고 자신이 맡고 있는 역할을 수행하는 모습을 객관적으로 인식하기 위해 본인과 타인의 피드백을 비교해 본다. 이를 통해 자신의 강점과 부족한 점을 발견하고, 강점은 더 발휘하고 부족한 점은 보완할 필요성을 확인한다.

내 경우 코칭 대상자의 상사와 동료, 부원을 인터뷰하거나, 다면진단도구인 효과적 리더십진단, 팀효과성진단, 조직효과성진단을 하고 그 결과를 피드백한다. 그런 후 객관적인 정보를 통해 자신을 돌아보게 하는 한다. 진단 보고서를 피드백하는 경우, 다음과 같은 순서를 따른다.

개인 피드백을 하는 경우

- 보고서의 분석 단계에 따라 순차적으로 진단 결과를 공유한다.
- 코칭 대상자에게 진단 결과에 대한 자기피드백을 요청한다.
  - 진단 결과를 보고 느낀 점, 생각한 점.
  - 자신의 강점과 개발 필요점.
  - 연상되는 구체적인 직무 상황과 행동 예를 떠올리게 하고, 그 행동의 영향 검토.
- 이후 어떤 변화가 필요하다고 생각하는지를 묻는다.
- 코칭 대화를 통해 코치가 피드백한다. 변화에 수동적이거나 근본적인 변화를 추구하지 않을 때, 피드백을 직설적으로 한다.
- 해당 변화가 실제 일어나도록 하기 위해 필요한 행동을 적도록 요청한다.

- 변화가 필요한 행동에 대한 구체적인 행동실행계획을 수립한다.
- 변화를 주도하려는 노력에 대해 인정하고 지지한다.

집단 피드백을 하는 경우

- 보고서의 분석 단계에 따라 순차적으로 진단 결과를 공유한다.
- 집단의 규모를 고려하여 5명 규모의 소집단으로 편성하고, 구성원들이 진단 결과를 보고 먼저 느낀 점, 생각한 점을 공유한다.
- 코칭 대상자에게 진단 결과에 대한 자기피드백을 요청한다.
  - 진단 결과를 보고 느낀 점, 생각한 점
  - 자신의 강점과 개발 필요점.
  - 연상되는 구체적인 직무 상황과 행동 예를 떠올리게 하고, 그 행동의 영향 검토.
- 각자의 사례와 생각을 서로 공유하고, 집단 차원에서 어떤 변화가 필요하다고 생각하는지에 대해 토론하도록 요청한다.
- 변화의 방향과 내용에 있어 리더들 간의 눈높이가 맞추어 지도록 한다.
- 코칭 대화를 통해 코치가 피드백한다. 변화에 수동적이거나 근본적인 변화를 추구하지 않을 때, 피드백을 직설적으로 한다.
- 해당 변화가 실제 일어나도록 하기 위해 필요한 행동을 개인별로 적도록 요청한다.
- 변화가 필요한 행동에 대한 구체적인 행동실행계획을 수립한다.
- 변화를 주도하려는 노력에 대해 인정하고 지지한다.

2) 단계 2: 변화 실행

코칭 대상자는 피드백을 통해 변화의 기회를 발견하고, 기존의 관점을 바꿔 인식 틀을 재구성한다. FORM 코칭 프로세스에서 두 번째 단계인 기회 발견과 세 번째 단계인 재구성은 변화 실행이 일어나는 중요한 과정이다.

기회 발견 단계에서는 이전 단계에서 확인한 변화의 내용을 실행할 수 있게 구체화한다. 이 과정에서 원하는 결과를 명확히 설정하고, 그 결과를 얻기 위해 실천해야 할 행동을 정의한다.

변화 목표를 구체적으로 세우면서, 목표를 달성하기 위한 실천 행동도 명확히 도출한다. 그리고 도출된 행동을 실행하는 과정에서 기존의 관점을 돌아보고, 관점 변화를 시도해 보다. 이러한 활동은 재구성 단계에 속한다. 실행 면에서는 도전하고 위험을 감수하는 과감한 시도를 한다.

이 변화 실행 단계에서 중요한 것은 변화 목표에 담는 내용과 방향이다. 변화 목표는 코칭 대상자가 추구하는 삶의 목적과 연결되어 있어야 한다. 원하는 결과가 시급히 달성해야 할 것이라고 해도, 그 결과는 목적 있는 삶의 방향으로 나가도록 하는 것이 중요하다. 삶의 목적과 연계될 때, 요구-행동-결과를 이루려는 활동이 의미를 갖는다.

사람들을 변화하도록 동기부여하고 끄는 것은 잘 짜인 코칭 계획보다 그 안에 담긴 내용들이 가지고 있는 가치와 의미이다. 가치와 의미는 삶의 목적으로부터 온다. 삶의 목적은 사람들로 하여금 변화를 주도하게 한다.

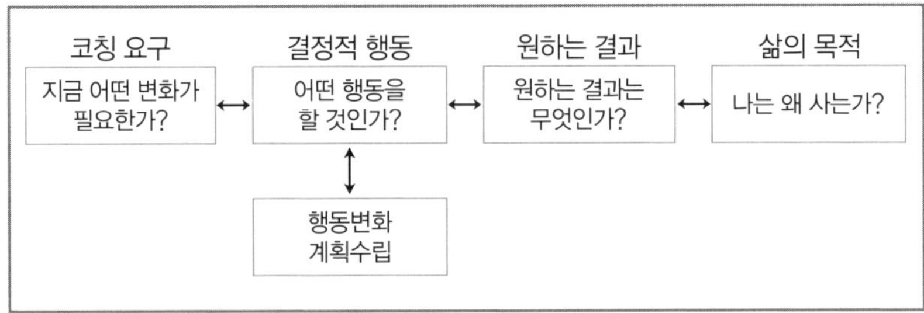

[그림 3] **목적 중심의 행동 분석**

3) 단계 3: 변화 유지

원하는 결과를 얻을 가능성을 높이는 생각과 감정, 행동 등에서 계획한 변화를 완성하고 다음 단계로 나가려면, 성취한 변화를 지속시켜야 한다. 변화를 유지하려면, 코칭 대상자를 만나는 미팅과 다음 미팅 사에 있는 시간을 생산적으로 활용하도록 과정을 관리하는 것이 중요하다. 이를 관리할 필요성은 다음과 같다.

- 코치와의 코칭 대화시간 보다 더 긴 시간이다.
- 코치의 개입이나 도움이 없거나 제한된 시간이기 때문에 자율성과 주도성이 잘 발휘될 수 있다.
- 스스로 변화에 대한 약속과 실천을 책임지는 순간이다.
- 코칭 과제의 실행 과정에서 인지적 및 행동적 변화를 경험한다.

변화의 부가가치를 생각한다

코칭 프로세스에서 마지막 단계는 전진move forward이다. 새로운 목표와 꿈을 향해 나아가는 것이다. 일단 원하는 변화를 이루었다면, 최종 도착점이 아니라 더 전진하기 위한 시작점에 있다고 생각한다. 현재 변화를 통해 얻을 수 있는 가치보다 더 큰 미래 가치를 상상하고, 변화와 연결시켜 본다.

만일 체중을 5kg 줄였다면, 이 결과가 주는 건강이라는 가치에 의미를 부여하고 건강의 가치를 더 높게 설정하고 도전해 보는 것이다. 꿈을 꾼다면, 더 크고 멋진 꿈을 꾼다.

긍정적 보상을 한다

일정한 간격으로 변화의 일관성과 지속을 확인한다. 변화에 실패하는 이유 중의 하나는 이전의 상태로 돌아가려는 경향을 통제하지 못하는 것이다. 우선 변화가 지속되고 있다면, 긍정적인 보상을 한다.

서울 성곽 길을 돌면, 일정한 구간별로 그곳에 도착했다는 도장을 찍어준다. 이 의식은 단순히 그곳에 있었다는 확인도 있지만, 성취를 확인하고 인정해 주는 것이다.

만일 달력에 한 달 간격으로 첫 번째 토요일에 변화가 지속되는지 확인한다고 해보자. 그때 변화의 지속을 확인했다면, 자신에게 선물을 하자. 그 날짜에 이벤트를 하기로 메모를 해두었다면, 그 행사를 멋지게 즐긴다.

과감하게 '안 돼No'라고 외친다

변화를 유지하면서 더 나은 내가 되기에 집중한다. 변화를 지속시키는 것을 방해하는 유혹이 있다면, 과감하게 '여기에서 멈추면 안 돼No'라고 자신에게 외친다. 변화를 거부하는 내면의 부정적인 목소리를 무력화시키는 자기대화를 하는 것이다.

강한 거절은 단호한 심리상태이다. '안 돼'라는 외침에는 울림이 따른다. 그 울림으로 변화에 대한 방해 요인을 억제시키는 것이다.

변화의 목적을 상기한다

타인과 대화중에 욱하는 감정을 다스리고자 변화 노력 중이다. 자신의 기대에 부응하지 못하는 부원의 모습을 보고 실망감을 느끼며 욱하려 할 때, 이성적으로 감정을 통제하기 위한 노력을 한다.

'지금 대화의 목적이 무엇인가?' 하고 대화의 목적을 상기해 스스로 어떤 행동을 보여야 하는지를 되새긴다.

감정을 효과적으로 관리하는 한 방법은 감정이 일어난다는 징후를 느낄 때, 자신에게 강력한 메시지를 보내는 것이다.

자신의 삶을 구상하고 만들어가려는 동기를 가진 사람은 목적 있는 삶을 상기하면서, 목적과 일치된 일상을 보내려고 노력한다.

자신의 한계점을 돌파한다

사람들은 안전지대에 머물려고 한다. 변화를 거부하는 심리이다. 자기 제한적 신념에 따라 미리 변화를 거부하는 자기방어적인 심리를 작동시키는 것이다.

따라서 자기성찰을 통해 변화를 거부하는 심리를 읽고 변화에 대응하는 경향을 탐구해야 한다. 작은 변화라도 자신의 한계점을 넘어서는 진전이 보인다면, 스스로 인정한다. 가족이나 친구, 가까운 사람에게 자신의 성공적인 변화를 알리고 그들의 인정과 응원을 조건없이 있는 그대로 수용한다.

변화는 주어지는 것이 아니라 전략적으로 만드는 것임을 명심한다.

제5장

생각 프레임을 바꾸는 인지전략

우리의 생각을 바꾸는 것이 원하는 결과를 얻는 유일한 방법이다.

– **브룩 카스틸로** Brooke Castillo, 라이프 코치

이 장에서는 변화 요구를 가진 사람들의 강점 발견, 관점 확대, 통찰 심화 및 자기 수용을 이끄는 코치의 네 가지 인지전략을 통해 사람들이 변화 요구를 이루어가는 과정을 다룬다.

변화 요구를 가진 사람들이 원하는 결과를 얻기 위해 결정적 행동을 찾고 원하는 결과를 얻는 모든 과정에서, 코치는 그들의 생각과 행동의 변화를 자극하는 체계적인 방법으로 인지전략을 실행한다. 이들 인지전략은 요구–행동–결과를 연계시키는 활동이 일어나는 코칭 환경을 받혀주는 큰 기둥이다.

네 가지 인지전략은 개별적으로 작동하지만, 일반적인 흐름은 사람들이 자신의 잠재성을 발휘하는 과정에서 강점을 발견하도록 돕고, 긍정적인 자기인식을 바탕으로 목표로 향해 갈 때 관점 확대와 통찰 심화를 체험하도록 돕는다.

변화 요구를 실행하는 과정에서 사람들은 관점 확대를 경험하고, 알아차림과 관점 전환이 일어나는 순간에 통찰을 경험한다.

통찰은 가치를 창출하는 인지활동으로 변화와 혁신의 근간이다.

이러한 일련의 인지적 활동을 통해 코치는 사람들로 하여금 자기 수용에 이르도록 도와준다.

여러분은 이 장에서 4가지 인지전략이 작동하는 심리적 기제와 현장에 적용된 사례를 학습할 수 있다.

→ 1

강점 발견: 자기 확신 높이기

코칭 미팅을 갖기 전에 그룹장과 전화 통화를 하였다. 그는 지금까지의 규모와 업무량은 감당할 만한 수준인데, 앞으로 큰 조직에 대한 경험 부족으로 감당할 수 있을지 염려가 크다고 말했다.

나는 당면한 이슈와 과제들에 집중한 시선을 내려놓고, 먼저 자기 자신에 시선을 두도록 대화했다. 그리고 미팅까지 '더 나은 나는 어떤 모습인가?'에 대해 생각해 볼 것을 요청하였다.

그도 코칭과제에 대해 흡족해 했으며, 더 나은 자신의 모습을 찾게 되면 첫 미팅 전이라도 실천하겠다고 약속했다. 약 2주 후 첫 코칭미팅을 가졌다.

코치: '더 나은 나 찾기'를 통해 알게 된 것은 무엇입니까?

리더: 더 나은 나의 모습을 찾기 위해, 지금까지 저는 어떤 리더였는지 생각했습니다. 정리를 해보니, 긍정적인 마인드를 가지고 있고, 목표 지향적이고, 책임감과 사회성이 좋다고 생각했습니다. 그런데 이것이 전부일까? 더 나를 아는 방법은 없을까? 혹시 나

를 더 아는 방법은 없을까요?

코치: 먼저 요청 드린 사항에 대한 답을 찾아 봐 주셔서 감사합니다. 그동안 나눈 대화에서 말씀하신 특성들을 느꼈습니다. 그럼 자신의 강점을 찾는 방법이 있는데 같이 해 보실까요?

나는 '성공 사례 분석하기' 방법을 통해 그의 강점을 함께 찾아보았다. 나는 먼저 자신의 대표적인 성공 사례를 떠올려 보도록 하였다. 그리고 그 사례가 당시 어떤 상황이었는지[situation], 구체적으로 설명해 줄 것을 요청했다. 이어서 그때 수행한 과제는 무엇이고[task], 그 과제를 수행하기 위해 실제로 한 행동은 무엇인지[act], 그 행동의 결과가 무엇인지[result]를 질문하였다.

나는 그와 원하는 결과를 성공적으로 만들게 한 그의 특성이 무엇인지에 대해 대화를 나눴다. 이러한 STAR 방법을 통해 알게 된 것은 그는 집중력이 뛰어났고, 상대방을 배려하면서 열린 소통을 잘하고 효과적으로 질문과 경청을 하는 탁월한 의사소통 능력을 가졌다는 것을 알았다. 아울러 그가 사회성이 뛰어난 것과 연관이 높아 보였다.

코치: 강점 찾기를 하면서 느낀 점과 생각한 것은 무엇입니까?

리더: 성공 사례를 통해 강점을 찾는 방법이 흥미롭습니다. 저의 내면을 스캔하는 느낌을 받았습니다. 함께 일하는 구성원들에게 해 봐야겠습니다. 목표 달성에 대한 책임감을 느낄 때 일에 집중하고, 그러다 보면 챙겨야 할 것을 놓치는 때도 있습니다.

코치: 챙겨야 하는데 놓치는 것이 있다면, 어떤 것일까요?

리더: 중간 리더나 구성원에게 피드백하고 소통해야 하는데, 일에 집중하다 보면 제대로 못 합니다. 피드백을 미루고 주로 요구사항을 말하게 됩니다.

코치: 그렇군요. 지금까지 나눈 대화를 정리하고 다음 대화를 나눠볼까요? 강점 찾기를 통해 알게 된 것을 포함해 생각하면 됩니다. 정리하는 형식을 알려드리겠습니다. 이렇게 해 보십시오. 현재 나는 어떤 리더인데 앞으로 어떤 리더가 되고 싶다.

리더: 결과 지향적인 리더십은 두드러진데, 일이 바쁘고 제대로 풀리지 않을 때 다른 강점을 제대로 살리지 못했습니다. 일에 집중하느라 상대방을 배려하지 못했고 소통을 더 해야겠습니다. 일 중심의 리더에서 일도 챙기고 사람도 챙기는 균형 리더십을 갖춘 리더가 되고 싶습니다.

코치: 강점과 부족한 점을 균형 리더십과 연결시키셨군요. 잘하셨습니다. 그럼 조직 규모와 업무량은 더 늘었는데 인력 규모는 정체된 현재 상황에서 균형 리더십을 발휘한다고 생각해보십시오. 기존 리더십에서 꼭 달라져야 하는 것은 무엇입니까?

리더: 우선 달라져야 할 것은 조급함을 줄이고 여유를 가져야 하고, 뭔가 지시를 해야겠다고 생각할 때 먼저 경청을 더 해야겠습니다. 혼자서 모든 것을 해결하려고 애쓰기보다 구성원들이 자신의 능력을 발휘하도록 임파워링하고, 맞춤형 교육을 할 필요가 있다고 생각했습니다.

기존에 자신의 강점으로 인지하고 있는 것이 있더라도, 새로운 방법으로 자신의 강점을 더 찾는다면 현실을 다르게 볼 수 있는 시선과 기회를 갖게 된다. 사실 그와 대화를 나누면서 느낀 것은 자기인식이 뛰어난 리더라는 점이다. 작은 주제라도 대화를 시작하면, 그 주제가 갖는 함의를 자신과 연관시키며 성찰하고 통찰하는 능력을 발휘했다. 그는 '나는 누구인가? 어떤 리더인가?'를 자문하며 늘 깨어 있으려고 노력했다. 대개 자기인식을 하는 데 숙련된 리더는 자기관리 능력도 뛰어났다.

1) 약점에 민감해지는 이유

약점에 민감해지는 이유는 승勝해야 한다는 마음으로 패敗를 보고 있기 때문이다. 실패 그 자체를 직면하고 이해하는 훈련이 부족하다.

삶에서 경계해야 할 것은 실패보다 실패에 민감해지는 심리에 있다. 삶을 주도적이며 적극적으로 만들어 가기 위해서는 승패의 패러다임과 실패를 무능으로 귀인하는 심리를 극복해야 한다. 이를 위해서는 근본적으로 원하는 결과를 얻지 못했을 때, 그 상황을 인지적으로 처리하고 그 과정에서 생겨나는 정서를 다루는 법을 알아야 한다.

실패를 부정적으로 보면 부정적 감정이 일어나고, 긍정적으로 보면 긍정적 감정이 일어난다. 실패보다 무서운 것은 그 실패에 민감해지는 것이다. 실패했을 때, 다음에는 더 좋은 결과를 만들어 낼 수 있다는 희망을 선택해보자.

실패할 때 그 원인을 쉽게 내적으로 돌리거나 외부요인으로 돌리며 자신을 방어하면, 자신의 내면을 강하게 할 기회를 놓치게 된다. 실패를 객관적으로 보고 직면하는 용기가 필요하다.

실패를 결과로 보지 않고, 과정의 한 사건으로 본다. 실패로 인해 잃은 것보다 학습한 것을 알아차리는 것이다.

2) 자존감을 키우는 것이 중요하다

마틴 셀리그만Martin Seligman과 같은 긍정심리학자들의 연구에 따르면, 자신의 강점을 받아들이는 것은 자기 확신과 낙관적 시각을 갖는데 결정적인 역할을 한다.

자신의 강점에 대한 이해도가 높은 사람일수록 자신을 긍정적으로 지각하고 도전적이고, 행복감을 느낀다. 낙관적인 사고를 가진 사람은 비관적인 사고를 하는 사람보다 운동경기나 세일즈 등과 같은 다양한 목표 행동에서 더 우수한 성적을 보였다.

일이 성공적으로 이루어졌을 때 자신의 능력을 인정하고, 실패하더라도 자신을 무능한 인물로 보지 않는 낙관적인 사고가 목표를 향해 계속 나아가도록 동기를 부여하는 것이다.

실행doing의 결과를 통해 인정받으려 한다면, 성공과 실패의 관점에서 자신을 보게 되고 강점보다는 약점에 더 주의를 기울이게 된다.

이제 개인의 존재being에 대한 긍정적 인식을 높임으로써 실행력을 높이는 전략이 필요하다. 실행의 결과보다 결과를 만들어 가는 과정에 주목해야 한다. 결과를 만들어 가는 과정에서 필요한 긍정적 인식과 행동은 다음과 같이 요약할 수 있다.

- 실패는 결과가 아니라 더 나은 결과를 만드는 시작이다.
- 나만 실패한 것이 아니라 누구나 실패한다.
- 실패에 묶이기보다 실패로부터 학습하고 극복하려고 노력한다.
- 실패를 두려워하기보다 그 두려움을 극복하고 전진한다.
- 다르게 보려고 한다. 역경을 극복해야 경력이 된다.
- 과정과 결과의 기대 수준에 대한 눈높이를 올린다.
- 원하는 결과를 얻을 수 있는 자원을 확보한다.

원하는 결과를 만드는 잠재성을 가지고 있다는 생각과 그 믿음을 강화시킬 때, 존재감도 높아지고 실행의 성과도 탁월하다. 외부적 요인을 효과적으로 관리함으로써 실행력을 높이려는 교육도 중요하지만, 개인의 존재감을 높이는 교육을 확대해야 한다. 긍정적 존재감의 눈으로 세상을 보도록 도와야 한다.

3) 잠재성이 발휘되는 모습을 분석하라

앞에서도 강조하였지만, 강점은 내적인 특성이나 속성이 아니라 자신의 잠재성에 대한 기능적인 평가라는 점을 기억해야 한다. 자기 관찰과 타인의 피드백에 주목할 필요가 있다. 자기 관찰은 주관적일 가능성이 높은 반면, 타인 피드백은 객관적이다. 다음과 같은 방법으로 자신의 잠재성을 관찰하고 분석해 보자.

칭찬 목록 분석하기

타인은 나를 어떻게 볼 것인가? 타인 피드백을 통해 자신의 강점을 발견하는 방법이다.

최근 1개월간 주위 사람들이 나를 칭찬해 주었던 일을 기억해 보자. 순서와 관계없이 기억나는 대로 적어본다. 한 장의 카드에 하나의 칭찬을 적는다. 더 이상 기억이 나지 않는다면, 2개월 전에 받았던 것도 같은 요령으로 작성해 본다. 작성을 마치면, 칭찬 목록을 공통 주제별로 분류해 본다.

당신의 강점은 바로 그 공통된 주제이다. 다른 사람이 본 당신의 강점이다. 타인의 피드백에 대해 기억하기 어렵다면, 앞으로 1개월 단위로 타인의 칭찬을 정리하고 분석해 본다. 또는 자신을 잘 아는 가족, 친구, 모임 구성원에게 자신의 강점을 무엇이라고 생각하는지 피드백을 요청한다.

강점 집중 탐구하기

당신을 포함해 서로 잘 안다고 생각하는 4명(A, B, C, D)이 한 조가 된다. 먼저 3명(A, B, C)이 나머지 한 사람(D)이 가지고 있는 강점에 대해 돌아가면서 최소 5개를 말해준다. 각자 메모지 한 장에 한 가지 강점을 적는다. 모두 강점을 적었다면, 돌아가면서 적은 내용을 읽어주고 메모지를 당사자에게 전해 준다. 같은 요령으로 나머지 사람들이 모두 피드백을 한다.

당사자는 가장 빈도가 높은 강점을 찾는다. 3명은 은유적metaphor으로 강점을 묘사해준다. 예를 들면, 타인에 대한 봉사와 헌신이 뛰어난 것이 강점이라면, '수녀 테레사'라고 정해본다. 당사자는 이에 동의하면, 그 이름을 받아들인다. 같은 요령으로 참석한 사람의 강점을 찾고 이미지를 만들어 본다.

4) 약점을 달리 보면, 강점이 보인다

사람들은 누구나 약점으로 보이는 특성을 가지고 있다. 그 특성은 사실 약점이기보다는 잠재성이다. 주어진 삶의 맥락에서 중성적인 가치를 지닌 잠재성이 외적인 평가기준에 부합하지 못할 때, 약점으로 평가받는 것이다.

세계적인 비디오 아티스트 백남준은 색각 이상으로 색약이다. 색각 이상은 시세포의 색소 결핍으로 인해 사물의 색을 정상적으로 구분하지 못하는 증상이다.

증상의 정도에 따라 완전한 색맹과 색약이 있다. 예술을 하는 그에게 색약은 분명히 약점이다. 색각 이상자들이 색을 구분하기 어렵기 때문에 도형으로 메시지를 전달하기도 한다. 예를 들면, 고속도로에서 사용하는 안전 신호의 경우 특정 도형을 사용하여 본래 색을 통해 전달하려는 것과 동일한 교통 정보를 전달하기도 한다.

페이스북 창업자 마크 저커버그도 색약자이다. 페이스북의 로고가 파란색인 이유는 그의 색약을 고려한 것으로, 파랑을 기본 색으로 정했다.

야구팀 '공포의 외인구단'의 주인공 까치는 패배할 것을 알면서도 달려드는 의지의 주인공이다. 까치를 그린 만화가 이현세는 1976년 미대에 입학하려고 했다. 색맹검사에서 색약으로 판정받으며 미대를 포기하고, 만화가의 길을 걷는다.

당시 흑백 잉크로 만화를 그렸다. 미대를 가지는 못했지만, 미술에 대한 재능을 살릴 수 있었다. 약점이 강점으로 쓰인 것이다.(김태균·이두걸, 2016.)

5) 자신의 약점을 효과적으로 보완하는 방법

2017년 PGA 소니오픈에서 우승한 저스틴 토머스는 까치발 골퍼로 유명하다. 그는 드라이버샷의 평균 비거리가 300야드에 미치지 못하였다. 그는 평균 비거리를 늘리기 위해 장타가 가능한 요인을 면밀히 분석했다. 마침내 스윙을 하며 공을 치는 순간에 추가적인 힘이 필요함을 알았다.

그는 어느 누구도 시도하지 않는 방법인 까치발 타법으로 우승을 거머쥐었다. 공을 타격하는 순간 오른쪽 발의 뒤꿈치에 반동을 주며 들어 올리는 방법을 고안했다. 힘이 실리도록 하기 위해 물구나무서기와 근력 운동 등 체력강화훈련을 병행했다.

약점이 드러났다면, 어떻게 하면 좋을까? 다음과 같이 생각하고 노력해 보자.

- 약점이라는 생각에 묶이지 말자. 약점은 자신을 평가적으로 단정하는 것이다. 단정적으로 보면, 자신의 잠재성을 끄집어내 활용할 수 있는 중요한 기회를 놓친다.
- 약점이라고 평가된다면, 그 원인을 분석해 보자. 만일 감정 관리를 못해 욱하는 경향이 있다고 가정해 보자. 감정을 촉발시키는 원인을 찾아본다. 기대수준이 높거나 기대에 미치지 못하는 결과를 참지 못한다면, 자신을 관대하게 대해 본다. "그럴 수도 있지."라고 자신을 품어주자.
- 약점을 보완해 줄 파트너를 찾아보자. 주위에 도움을 줄 수 있는 사람은 누구인가? 생각 파트너와 약점에 대해 대화를 나눠보자. 약점을 통해 새로운 가능성을 발견할 수도 있다.

→ 2

관점 확대: 사고의 유연성 키우기

사람들은 자신만의 관점을 갖고 있으며, 그 관점으로 세상을 보고 판단하고 결정한다.

직무 경험과 관련 지식이 쌓이게 되면, 그 분야에 대해 전문성을 갖게 된다. 특정 분야에 전문가라는 것은 그 분야에 관련된 다양한 정보와 지식, 사건과 현상들을 몇 개의 대표적인 개념들의 논리적 관계로 설명할 수 있는 관점을 가졌다고 말할 수 있다.

동양철학의 큰 인물에서 예를 든다면, 마치 인간이 걸어야 할 도덕의 길을 공자는 인仁이라 하고, 노자는 유가의 가치가 배제된 도道라고 한 것과 같다. 학문에서 사물과 현상에 대한 관련 지식을 개념들의 논리적 연관으로 체계화시킨 이론을 바탕으로 사유하고 가정하는 것이다.

전문분야가 아니라도 관점을 가지고 있다는 것은 바라보는 대상에 대해 정리된 생각을 가지고 있다는 것이다. '나는 이렇게 생각해.', '나는 이런 느낌이 좋아.'라는 말은 관점을 뜻한다.

일상에서 다른 사람들과 사회적 관계를 맺는 모든 활동에는 관점이 작동한다. 관점은 대상이나 사건, 현상을 바라보는 태도이며 위치와 방향을 뜻한다. 그 시작은 바로 나 자신이다. 자신의 인지와 정서가 관점을 구성하는 기본 요소이다.

1) 자기중심성의 이중성, 집착과 선한 영향력

사람은 성장하면서 다양한 관점을 갖는데, 그 관점들의 쓰임에 결정적인 영향을 미치는 심리는 자기중심성이다. 자기중심성은 세상을 보는 하나의 관점이다. 관점은 자기만의 삶의 이야기를 만들어가는 생명력을 갖고 있다.

철학적 문제에 대한 것이든 개인의 인식 문제에 대한 것이든 관점은 생각과 행동에 영향을 미친다. 따라서 관점을 바꾸라는 것은 마치 존재의 방식을 바꾸라는 것과 같다.

나는 코칭을 시작하기 전에 코칭 대상자에게 전화를 걸어 코칭에 대해 어떤 이해를 하고 있는지, 기대하는 것은 무엇인지, 코칭 프로그램의 목적과 진행 방식, 전반적인 일정에 대해 대화를 나눈 후 서로의 관점을 조율한다.

이를 통해 코칭 대상자가 앞으로 전개될 코칭에 대해 기본적인 이해를 마쳤다고 확인되면, 첫 코칭 미팅을 위한 일정을 잡는다.

한 대기업의 임원 코칭 프로그램에서 그를 만났다. 그는 이번 코칭이 자신에게 현실적인 고민을 풀어 볼 수 있는 아주 중요한 활동으로 생각하고 있으며 적극 참여하겠다고 다짐했다.

그와의 첫 미팅은 조용한 회의실에서 이루어졌다. 집무실과 가까운 곳에서 미팅을 가질 수 있지만, 조용한 다른 공간을 원했다. 코칭을 진행하기 위해 사전에 실시한 다면진단 결과인 효과적 리더십진단Effective Leadership Assessment: ELA 보고서가 그에게 처음 전달되었다.

나는 결과보고서에 대한 디브리핑을 하면서 그의 느낌과 생각을 물어 보았다.

코치: 진단결과 보고서의 내용을 보셨을 때, 어떤 느낌이었습니까?

임원: 글쎄요. 답답함을 느꼈습니다. 참 답답하네요.

코치: 답답함을 느끼셨군요. 그 답답함에 대해 말씀해 주시겠습니까?

임원: 보고서를 보니, 생각이 서로 다르다는 것이 분명하게 나타났습니다. 이미 알고 있는 것이고, 예상은 했지만 막상 결과를 보니… 더 답답합니다.

사실 나는 진단보고서를 보고, 코칭 대상자는 어떤 리더일지 깊이 생각했다. 미팅을 갖기 전에 어떤 리더인지를 반복해서 생각하면 할수록 실제 만났을 때, 상대방의 말을 이해하는 폭이 넓고 더 공감하는 경험을 했다. 그리고 상대방이 처한 상황을 그려볼 수 있다.

이번 임원에 대해서도 여러 차례 보고서를 읽고, 본인과 타인간의 생각 차이로 인해 갈등을 겪을 것으로 예상했다. 이러한 인식을 활용해 실제 코칭에서 상대방을 단정하지 않는다. 사전 준비를 통해 이해와 공감 영역을 키우는 것이다.

이번과 같은 코칭 사례의 경우, 감정은 공감하는 수준을 유지하고 이성적인 접근을 통해 인식을 차이를 먼저 해소하는 방식을 취했다.

코치: 보고서 전체를 종합해 볼 때, 자신의 생각과 일치하는 것과 불일치하는 것은 무엇입니까?

임원: 평소 알고 있던 점이 그대로 나타났기 때문에 불일치하는 것은 없고, 지금 궁금한 것은 과연 저의 리더십이 맞는 것인지를 알고 싶습니다.

코치: 현재 자신의 리더십과 부원들이 지각하는 리더십 간에 차이가 있는지 확인해 보고 싶고, 또 임원의 리더십 기준과 비교했을 때 차이가 있는지 궁금해 하시는 것으로도 이해됩니다.

임원: 그러네요. 말씀 듣고 보니 둘 다 궁금하지만, 지금은 첫 번째에 대한 것입니다.

코치: 알겠습니다. 앞으로 몇 가지 질문을 연이어서 하려고 합니다. 먼저 어떤 임원이고 싶으십니까?

임원: 좋은 질문입니다. 어쩌면, 바로 질문하신 것이 모든 갈등의 시작일 수 있겠습니다. 저는 지금하고 있는 분야에서 주경야독하는 노력을 했습니다. 주위에 전문가가 없었기 때문에 혼자서 개척하는 입장이었습니다. 누구도 가르쳐주지 않았습니다. 아마 안다고 해도 그것 자체가 개인의 경쟁력이고 자기정체성이기 때문에 알려주지 않았을 것입니다. 그러나 이해가 됩니다. 사실 자기

전문분야를 스스로 개척하지 않으면, 존재감도 없는 것이죠.

코치: 지금 이 자리에 있기까지의 삶을 한마디로 표현한다면, 뭐라고 하시겠습니까?

임원: 치열한 삶입니다. 치열함…….

그는 순간 감정이 벅차올라서 눈시울을 붉혔다. 이내 눈물을 보이며 감정을 추스르려고 했다.

나는 감정을 억누르기보다 느끼는 대로 두라고 요청했다. 감정이 흘러가는 대로 두다 보면, 그 감정이 전하고자 하는 것을 말로 표현하기 때문이다.

코치: 그 치열함이 그간의 리더십과 연관 있을 것 같습니다. 어떠십니까?

임원: 맞습니다. 바로 그렇습니다. 저는 그 경험을 했기 때문에 후배 직원들에게 어렵게 학습하고 경험한 것을 모두 알려주고 싶었습니다. 혼자 끌어안고 있기보다 나눠주려고 했습니다. 후배들의 생각을 들어 보고, 잘못되었다 싶으면 곧바로 바로 잡아주었습니다. 일할 시간은 부족하고 해 봐야 잘못될 것이 뻔한데 그대로 둘 수도 없다고 생각했습니다. 그런데 후배들의 생각은 달랐습니다.

사실 그랬다. 진단보고서에 리더의 리더십 행동에 대해 부원들이 정량적으로 응답한 것과 주관식으로 자신들의 의견을 작성한 내용을 보면, 일관되게 임원의 리더십이 독단적이고 자기주장이 강하다고 나타났다.

다른 사람의 생각을 존중하지 않고 다양한 의견이 존재할 수 있다는 것을 인정하지 않고, 후배 직원들을 육성시키려는 관심과 의욕은 높으나 상사 본인의 의도에 맞게 유도하고 강요한다고 피드백했다. 임원과 부원 간에 인식 차이가 매우 컸다.

나는 두 개의 의자 기법을 사용하여 임원과 부원의 입장에서 갖는 생각을 들어보고, 그때의 정서를 체험해 보도록 했다.

그는 부원의 입장이 되었을 때, 자신이 의도한 리더십이 다르게 읽힐 수 있다는 것을 생각하고 자신이 답답해했던 것처럼 그들도 답답했을 것이라고 공감했다. 그리고 역할 연기를 하면서 감정이 고조되기도 하고, 자신의 내면에 깊이 들어가기도 했다. 마지막 역할 연기를 하면서 임원과 부원 간에 느껴지는 감정에 맞게 두 개의 의자를 위치시켜 보도록 했다. 그는 두 개의 의자를 처음보다 가깝게 가져다 두었다. 그의 얼굴에 옅은 미소가 감도는 듯했다.

코치: 지금 어떤 느낌이 드나요?

임원: 처음 대화를 나눌 때보다 많이 편안합니다.

코치: 그 편안함을 느끼는 곳이 어디입니까? 몸의 어디에 그 느낌이 있는지 그곳에 손을 가져가 보시겠습니까?

그는 가슴의 언저리에 손을 가져갔다.

나는 그 느낌을 가슴 언저리에 두고, 언제가 임원의 생각과 다른 견해 차이로 감정이 격해질 때 지금의 편안함을 불러와 감정을 다스려 보도록 요청했다.

이번 미팅에서 감정을 더 깊게 가져가지는 않았다. 앞으로 동일한 감정을 반복해서 다룰 수 있을 것으로 예상했다. 예정된 미팅 시간을 고려해 리더십에 대한 인식 차이를 좁히는 것을 더 다루었다.

코치: 오늘 아주 중요한 질문을 하려고 합니다. 저의 질문을 잘 들어보시기 바랍니다. 리더십에 대한 인식 차이를 떠올리고 바라보십시오. 자, 그럼 지금 보이는 것은 무엇입니까?

임원: 생각해 보니 상대방은 빠지고 저만의 의도와 생각에 따른 반쪽 리더십을 보았습니다. 지금까지 저의 리더십이 잘못되었다고 생각한 적이 단 한 번도 없습니다. 제가 경험하고 아는 것을 모두 아낌없이 나눠주려고 했으니까요. 저의 말에 집중하지 않고, 그 순간의 소중함을 모르는 젊은 후배들이 안타까웠습니다. 젊어서 아직 세상을 모른다고 생각했습니다. 그래서 제 생각을 더 밀어붙였습니다. 알려주고 가르쳐주고 싶었으니까요.

코치: 저는 이 순간 꼭 말씀드리고 싶은 것이 있습니다. 아낌없이 주는 나무, 정말 그런 분이십니다. 후배들을 아끼고 그들의 성장을 진정으로 도와주고 싶은 사랑이 느껴집니다.

임원: 감사합니다. 저를 그렇게 봐 주시니, 정말 감사해요.

코치: 저도 감사합니다. 흔쾌히 받아들여 주셔서 감사합니다. 한 가지 만 더 질문을 드려보겠습니다. 그럼 앞으로 무엇을 달리하면, 서로의 인식 차이를 좁힐 수 있겠습니까?

그는 자신의 의도가 충분히 공유되지 않았고 당연히 알고 있고 긍정적으로 받아 들였을 것으로 가정하였다. 그는 인식의 차이가 자신으로부터 비롯되었다는 것을 알아차렸다.

아무리 선한 의도를 가지고 있어도 상대방이 원하는 내용이나 방향과 일치하지 않는다면, 상대방은 불편하게 느꼈을 것이다. 애초에 불편하게 느낄 수 있을 것으로 상상하지 못했다. 모두 감지덕지해야 할 것으로 생각했기 때문이다. 몇 번의 미팅은 유사한 내용을 다른 관점과 코칭 기법을 통해 반복해서 다뤘다.

그와의 만남을 통해 알게 된 것은 코칭의 핵심은 관점 변화라는 점이다. 관점을 확대시키고 나아가 관점 전환이 일어나도록 돕는다. 관점을 바꾸게 되면, 동일한 사건과 대상에서 다른 의미와 가치를 찾게 된다. 이때 긍정 에너지를 체험하게 되고 다음 단계로 나아가는 원동력이 된다. 이것 하나만 제대로 되어도, 코칭 대상자가 나머지를 주도적이며 자발적으로 만들어 나갈 수 있다. 코치의 후속 역할은 변화된 관점이 일회적인 것이 아니라 일관되게 지속되도록 팔로업하며 돕는 것이다.

2) 다양한 관점 체험은 자기인식을 키운다

그의 사업부 규모가 커지면서 책임 맡은 업무량도 많아졌으나 인력의 증가는 미미하였다. 업무에 대한 전문성을 갖춘 인재를 찾으면서 실질적인 충원은 계속 미루어지고 있었다. 그는 새로운 인력을 충원하는 것도 좋지만, 기존 사업부 인력의 역할과 책임을 조정하고 사업부 내에서 이직 가능성이 높은 인력을 찾아 이직하지 않도록 하는 것도 현실적으로 중요하다고 판단했다. 이러한 업무 환경에 변화가 있을 때, 코칭에서 그를 만났다.

몇 번의 코칭 미팅이 있은 후 그가 마지막으로 고민하고 있는 인재관리 이슈를 털어놓았다. 그의 사업부원들의 평균 나이는 30대 중반이었고 대부분 직무전문성을 갖추고 있으며 유능한 인재들이었다. 그중에 업무 성과도 탁월하지만, 이직 가능성이 높게 분류되는 연장자가 있었다. 현재 맡은 직무에 대한 전문성도 높았다. 이직 면담도 두 차례 가졌다. 사업부장도 이직하는 것으로 거의 확정을 하고 새로운 인재를 찾고 있던 중이다.

코치: 사업부장님의 고민을 들으면서 그 인재를 떠나보내고 싶은 마음은 없는 것으로 느껴집니다. 어떻게 생각하십니까?

리더: 저도 더 이상 붙잡아 두려는 노력은 하지 않겠다고 마음을 먹었습니다. 그런데 코치님과 다른 주제 대해 대화를 나누면서 더 나은 결정을 할 수도 있겠다고 생각했습니다. 그리고 지난 주말

에 그 부원이 전화를 했는데 가능하다면, 이직하지 않았으면 한다는 뜻을 넌지시 비쳤습니다. 본인도 두 차례나 이직 면담을 하고 난 이후이기 때문에 조심스러웠을 것입니다.

코치: 그런 일이 있었군요. 이직 결정은 상대방이 한 것이라고 생각했는데 이직에 대한 논의에는 다른 배경이 있을 수 있다는 생각이 문득 들었습니다. 이직과 관련해 실제 이슈는 무엇일지 궁금한데요. 부원과 이직을 떼어 놓고 생각해 보시기 바랍니다. 사업부장님은 그의 이직을 어떻게 생각하십니까?

리더: 이직 자체에 대해서 저는 불편한 마음을 가지고 있습니다. 업무 수행에 공백이 생기니까요. 어떤 면에서는 막막합니다. 경력 있는 인재가 이직하면, 아무래도 사업부 내에 분위기는 좀 쳐질 가능성도 있지요.

코치: 또 어떤 생각을 하십니까? 긍정적인 면을 생각한다면, 떠오르는 생각은 무엇입니까?

리더: 새로운 기회라고 생각합니다. 새로운 업무능력을 가진 인재, 젊고 유능한 인재를 채용할 수 있는 기회가 열린 것이니까요.

나는 사업부장에게 이직에 대해 다양한 관점을 가져 보도록 하였다. 사업부장과의 대화에서 이직에 대해 생각하고 느낀 것은 이미 들어 알고 있었기 때문에, 완전히 새로운 관점에 볼 수 있도록 다양한 관점들을 제시하였다. 이때 사용한 관점은 효과성 코칭 모델에 있는 7가지 변화 요구(구성, 시선, 인식, 협업, 희망, 동기, 탐구)였다.

나는 사업부장에게 살펴보고 싶은 관점을 선택하도록 했다. 그가 선택한 관점들은 그에게 미처 생각하지 못한 것을 끄집어내는 데 효과적이었다. 그는 자신의 생각을 말하면서 내면을 관조하는 시간을 가질 수 있었다. 관점 확대를 위해 사용한 일곱 가지 관점도 있지만, 사업부장과 브레인스토밍 기법을 활용하여 찾기도 했다. 갈등 관점이 대표적이다. 다양한 관점에서 이직을 살펴 본 후, 관점 별로 그동안에 떠오른 생각과 느낌을 차분히 돌아보도록 했다.

코치: 이직에 대해 여러 관점을 취해 보았고 관련 생각과 느낌을 되새겨 보았습니다. 사업부장님, 지금 가장 울림을 준 관점은 무엇입니까?

리더: 두 가지인데요. 협업과 희망입니다.

코치: 어떤 울림을 느꼈습니다. 그 울림은 사업부장님에게 무엇을 말해준다고 생각하십니까?

리더: 사업부장으로서 제가 놓치고 있던 것을 생각하게 했습니다. 사실 그는 저의 후임자였습니다. 원래 저는 다른 업무를 맡아보고 싶었습니다. 제가 이동하면, 그가 저의 역할을 맡게 되는 것이죠. 어떻게 알게 되었는지 모르지만, 그는 내심 승진을 생각했을 것입니다. 그런데 자리 이동이 없는 것으로 최종 결정되다 보니, 현재 상황이 불편해진 것입니다. 그는 희망도 없고 협업하고 싶은 마음도 없을 것입니다. 그의 이러한 심정을 깊게 헤아리지 못했습니다. 그의 이직 의사를 처음 들었을 때, 그의 심

정을 헤아리기보다는 괘씸하다는 생각만 했습니다. 후임이라는 말은 못 했지만, 후임으로 생각하면서 그간 들인 노력과 배려가 한순간에 사라졌으니까요. 그의 입장에서 그의 심정을 헤아리고 공감하지 못했습니다.

코치: 그러셨군요. 처음 이직 얘기를 들었을 때, 사업부장님의 심정이 공감됩니다. 그럼, 이제 할 수 있는 것은 무엇입니까?

리더: 주말에 전화 연락도 있었고, 그와 미팅을 갖고 그의 심정을 공감하는 대화를 나눠야겠습니다. 후임자를 양성하는 데 있어 저의 실수도 있으니까요.

그 다음 미팅에서 사업부장은 대화가 성공적으로 이루어졌다고 말했다. 자신도 신중한 편이라고 생각했는데 예기치 못한 실수를 하였고, 그의 이직 면담에 대해 감정적으로 대응한 것을 되돌아보았다고 말했다.

코치: 사업부장님, 이번 이직 사례를 통해 학습한 점이 있다면, 무엇입니까?

리더: 사건을 대할 때 제한적인 관점을 가지고 있으면, 현명한 판단과 결정을 하기 어렵다는 것입니다. 좀 더 사려 깊게 생각했어야 하는데 감정에 치우쳤습니다. 그리고 이 건을 통해 호감을 가졌던 인물로부터 반대 감정을 겪게 될 때, 그 감정을 잘 처리하지 못한다는 것을 알고 놀랐습니다. 괘씸하다는 생각에 불편해

지고, 쉽게 그 불편한 감정에 매몰되었습니다. 감정에 매몰되니 그 이후의 사고가 협소해지는 경험을 했습니다. 행동도 부정적이고 거칠게 나왔습니다. 얼굴에 짜증 섞인 표정이 드러났을 것입니다. 앞으로는 부정적 감정에 끌려갈 때, 한 발 물러나 다양한 관점 취하기를 해봐야겠습니다.

코치: 사업부장님의 성찰과 통찰이 훌륭하십니다. 말씀해 주셔서 감사합니다.

사업부장의 사례에서 보듯이 한번 부정적 감정이 일어나면, 그 이후의 감정이나 생각, 행동은 부정적이 될 가능성이 높다. 이와 같은 이슈에 직면하면, 문제의 사건이 어떤 주제를 담고 있는지 주제에 이름을 붙여본다.

이번 사례의 경우, 코치는 사업부장에게 이름을 붙여 보도록 하지 않고, 바로 이직과 사업부장을 분리하고 이직으로 정하였다. 관점 주제에 대한 사업부장의 주인의식과 몰입을 끌어내기 위해서는 스스로 이름을 붙여보도록 해도 좋다.

3) 이직과 직무 전환, 관점 확대로 답을 찾다

사회생활을 하다 보면, 여러 가지 이유로 새로운 일터를 찾게 된다.

나는 이직을 심각하게 고민하고 있는 한 엔지니어를 코칭에서 만났다. 그가 일하고 있는 직장은 신기술을 활용해 다양한 인터넷 기반의 솔루션 서비스를 개발하는 곳이다. 처음 그가 입사했을 때 석사 학위를 취득한 상태로 직무전문성을 가지고 있었다. 입사하고 몇 년은 버틸 수 있었으나, 직무관련 기술의 진화가 빠르게 진행되면서 업무에 필요한 기술적 진화를 따라가는 것도 쉽지 않은 일이 되었다. 특히 그가 맡은 업무가 회사의 핵심 직무가 아니기 때문에 기술적인 전문성을 쌓는다고 해도 엔지니어로서의 경쟁력은 뒤쳐질 가능성이 높다는 것을 잘 알고 있다.

삼십 대 중반이 되었을 때, 인사부서에서 코칭에 참여할 기회를 주었다. 기존에 코칭에 참여했던 사례를 수소문하면서 프로그램의 취지를 알게 되었다. 공식적인 코칭 프로그램의 목적은 엔지니어의 자기개발을 통한 기술 리더십 향상이었다. 그러나 그가 이해한 것은 회사에서 기술직 전문가들을 대상으로 경력관리 차원에서 기술직과 관리직을 고민해 보도록 기회를 제공하는 것이었다.

코치: 처음 코칭 프로그램에 참가 대상자라는 연락을 받았을 때, 당시 느낌과 생각은 무엇입니까?

리더: 올 것이 왔구나 하고 생각했습니다. 사실 소문을 듣고 저도 참가해 보고 싶었습니다.

코치: 이미 프로그램에 대해 알고 있으셨군요. 이 프로그램에 참가하고 싶은 마음을 갖게 한 것은 무엇일까요? 말씀해 주실 수 있겠습니까?

리더: 그럼요. 당연하지요. 저는 이 프로그램에 참가한 분들에 대해 좀 알아보고 만나기도 했습니다. 참가한 분들이 저와 거의 비슷한 고민을 하고 있었고, 생각을 정리할 수 있는 좋은 시간이라고 말하였습니다.

코치: 그럼 앞으로 이 프로그램을 어떻게 활용하면 좋겠습니까? 이미 생각하셨거나 지금 떠오르는 생각이 있으신지요? 편안하게 말씀 나누셔도 좋겠습니다. 이 프로그램에서 나눈 대화는 절대 비공개입니다. 회사의 어느 누구와도 공유되지 않습니다. 비공개는 회사와도 약속된 사항입니다.

리더: 안내받았습니다. 감사합니다. 저는 요즘 두 가지를 고민하고 있습니다. 하나는 이직을 하는 것이고, 다른 하나는 기술직에서 관리직으로 직무 전환을 하는 것입니다. 아직 결정은 못 했습니다. 앞으로 저의 고민을 코치님과 나누고 싶습니다.

코치: 마음속에 있는 말씀을 공유해 주셔서 감사합니다. 말씀을 들으면서 저를 신뢰하고, 이 시간을 귀한 시간이 되도록 하고 싶다는 동기가 느껴집니다. 지금까지 생각하셨을 때 두 주제를 어떻게 보셨습니까? 주제의 관련성은 어떻게 보십니까?

리더: 둘 다 진지하게 고민하고 있는데, 결국 관련이 있을 것으로 보입니다. 그래도 첫 번째 것에 대해 먼저 말씀을 나누고 싶습니다.

코치: 알겠습니다. 이직이란, 현재 하시는 일에서 어떤 변화를 뜻하는 것이라고 생각하십니까? 이직을 하면, 달라지는 것은 무엇입니까?

리더: 현재 하는 일에서 달라지는 것… 쉬운 질문이지만, 코치님과 대화를 하려니 달라진다는 것에 깊은 의미가 있는 것으로 생각합니다. 막상 답을 하려니 쉽지가 않은데요.

코치: 그렇죠? 제가 제안을 해보겠습니다. 제가 사용하는 기법 중에 관점 코칭이라는 것이 있습니다. 지금과 같은 상황에 적용해 본다면, 이직이라는 주제에 대해 어떤 관점이 가능한지를 알아보고 그 관점을 통해 이직을 더 깊게 생각해 보는 것입니다. 어떻게 생각하세요?

리더: 좋습니다. 코치님께서 안내하시는 대로 해보겠습니다.

코치: 이직을 생각한다는 것은 현재 생활에 변화가 발생하는 것을 뜻합니다. 먼저 이직을 했다고 생각해 보십시오. 가장 가고 싶은 곳을 생각해 보십시오. 그곳에서 어떤 지위와 역할을 맡게 될지를 생각해 보시오. 마음속에 새로운 직장을 떠 올려 보십시오. 자, 이제 현재 생활하는 모습과 비교해 달라지는 것은 무엇인지 말씀해 주십시오.

리더: 먼저 회사가 달라집니다. 달라지는 것은 회사 규모는 비슷한데 조직문화가 다릅니다.

코치: 그럼 달라진다고 보는 것을 관점이라고 부르겠습니다. 그 관점에 이름을 붙여 보십시오. 달라지는 것의 관점 이름은 무엇입니까?

리더: 조직문화입니다.

코치: 잘하셨습니다. 앞으로도 계속 달라지는 것에 대해 생각하고 이

름을 붙일 것입니다. 그럼 조직문화에 대해 생각해 보겠습니다.

조직문화에 대해 생각한 것은 무엇입니까?

그는 이직하는 직장의 조직문화가 지금보다 개방적이고 수평적이어서 다양한 이해관계자들과의 소통이 훨씬 활발한 것으로 알고 있고, 특히 상사의 눈치를 보고 긴장하지 않을 것 같다고 생각했다. 이 외에 조직문화와 그의 가치관, 생활방식과의 관계, 이직 결정에서 중요한 정도 등도 살폈고, 조직문화 이 외에 달라지는 것들에 대해 관점 탐구를 계속하였다.

나는 그에게 7가지 변화 요구를 소개하며, 그 요구의 관점에서 달라지는 것을 살펴보도록 했다. 이직과 관련해 그가 깊이 있게 살펴본 요구 관점은 구성, 희망, 동기였다.

구성 관점에서 이직을 주도적으로 삶을 구성하는 활동으로 보았다. 그때 그는 긴장했던 얼굴이 밝아졌다. 말도 많아지고 적극적으로 자신의 생각을 풀어냈다. 이미 많은 생각을 했던 주제로 보였다. 나는 그의 밝은 표정과 적극적으로 대화하는 모습을 관찰했다고 알려줬다.

희망 관점에서 그는 이직이 어떤 기회를 줄 수도 있지만, 반드시 긍정적일 수만은 없을 것으로 생각했다.

나는 그에게 희망을 생각할 때, 가장 먼저 떠오르는 것은 무엇인지를 물어 보았다. 그는 급여가 올라갈 것이라고 말했지만, 이내 거둬들였다. 희망은 긍정적이고 기대를 품게 하는 것이었지만, 막상 생각해 보니 대부분 주관적인 것이었다.

동기 관점을 생각할 때, 그는 분명히 지금보다 더 성장했으면 하는 바람을 가졌다. 더 나은 자신을 만드는 것은 경력관리나 자신의 미래 삶을 놓고 볼 때 중요했다. 나는 그에 지금까지 다룬 관점들을 다시 살펴보도록 하였다.

코치: 여러 관점에서 이직을 살펴보았습니다. 그중에서 가장 울림을 주는 관점은 무엇입니까?

리더: 구성과 동기입니다. 엔지니어로 성장하면서 이루고 싶은 것은 지금 하고 있는 관련 분야에서 마스터로서의 지위와 평판입니다. 다른 기업들을 보면 관리직이 아니라 기술직의 경우 일정한 직급 이상은 연구직으로 구분되면서 전문위원, 마스터 등 다양한 이름을 사용하고 최고의 전문가로 인정합니다. 저도 그런 인정을 받고 싶습니다.

코치: 이직해서 마스터의 지위에 올랐다고 생각해 볼까요? 마스터의 눈으로 지금 현재의 위치를 생각해 보십시오. 현재의 위치를 볼 때, 어떤 생각이 드십니까?

그는 마스터의 지위에 올랐을 때, 자신의 변화된 모습을 상상하고 그때의 느낌을 사실적으로 느껴보았다. 사무실과 각종 집기들, 독립된 사무공간, 기타 근무 환경과 사회적 이미지도 생각해 보았다. 마스터의 눈으로 현재 자기의 모습을 보았던 것이다.

과연 미래 모습은 이직을 통해서만 가능할 것일까? 그는 이직을 통해 정말 달라지는 것이 무엇인지에 대해 스스로 확신하는 것이 없다는 것을 알았다. 그 확신에 대해서는 결정적인 판단을 내리기보다 더 생각해 보기로 하였다.

그의 최종 결정을 확인했지만, 이직을 생각하게 된 근본 원인이 무엇인지는 아직 분명하지 않았다.

나는 그에게 기술직에서 관리직으로 직무 전환을 선택하는 것에 대해서도 이직과 같은 요령으로 먼저 생각해 보도록 하였다. 그가 현재 있는 기술직에서 관리직으로 전환한다면, 달라지는 것은 무엇인가? 그 달라지는 것에 대해 관점 이름을 붙이고, 자신에게 어떤 가치와 의미를 갖는지를 살펴 볼 것을 요청했다. 관점을 취할 때, 앞서 소개한 7가지 변화 요구를 관점으로 사용할 수 있다고 추천했다.

그와는 2주가 훨씬 더 지난 어느 날 만났다.

코치: 그동안 생각을 정리하셨습니까? 지난 미팅에서 정리된 내용과 지금을 비교할 때, 달리진 것은 무엇입니까? 어떻습니까?

리더: 이직에 대해 생각하면서 많이 정리가 되었습니다. 왜 이직할 생각을 했을까 하고 돌이켜보니, 많이 불안해한다는 것을 알았습니다. 직무전환에 대해 생각해 봐도 불안하기는 마찬가지였습니다. 불안하다 보니 모든 가능성을 생각하게 되었는데, 이직도 그중에 하나였습니다. 지금까지 정리된 것으로 이직은 아니라는 결론을 내렸습니다.

코치: 그 결론에 대해 어느 정도 확신하십니까?

리더: 지금은 고민거리가 아닌 것으로 보시면 되겠습니다. 결심했습니다. 오늘은 직무전환에 대해 말씀을 나누고 싶습니다.

코치: 알겠습니다. 한 가지 결심을 한 것을 축하합니다. 지금까지 직무전환에 대해서는 어떤 생각을 하셨습니까?

리더: 알려주신 방법을 적용하였습니다. 7가지 변화 요구에서 지난번처럼 구성과 동기 관점에서 가장 진지하게 살펴보게 되었습니다. 또 탐구 관점에서도 어떤 삶을 살 것인지 깊이 생각했습니다. 지금까지의 답은 지금 하고 있는 분야의 전문가가 되는 것입니다. 일단 직무전환보다는 현재 직무에 충실하면서 더 나은 나를 만드는 것입니다.

코치: 지금의 결정에 대해 어느 정도 확신하십니까?

리더: 글쎄요. 70% 정도 확신합니다. 앞으로 조직개편이나 사업부별로 인력 조정이 있을지도 모른다는 얘기도 들립니다. 그것 또한 확정된 것은 아니지만, 불안 요소인 것은 분명합니다.

코치: 기술직에서 성장하겠다는 계획이 100%는 아닌 것으로 들리는데요.

그는 자신이 통제할 수 있는 이외의 환경 요인들에 의해 자신의 삶이 흔들리고 있다는 현실에 무력감을 느꼈고 불안했다. 이러한 현실을 있는 그대로 받아들이기에는 자존감이 강하지 않았다. 지금의 불안 요소를 완전히 제거할 수는 없지만, 그가 어디에 시선을 집중해야 하는지는 자신의 선택이라는 것을 받아들이기 시작했다.

그는 자신의 삶을 만들어 가는 과정에서 아무런 조건 없이 현실을 있는 그대로 받아들이는 마음의 성장이 있으면 좋겠다고 생각했다. 그는 자신에게 더 당당하고 자신을 믿고 긍정적으로 봐야겠다고 생각을 정리했다.

4) 일과 삶의 균형, 목적 있는 삶에서 답을 찾다

조직 내에서 리더로 성장하면서 흔히 갖는 고민은 일과 삶의 균형, 성과doing와 존재being의 균형을 잡는 것이다.

이 여성 팀장은 육아의 문제는 거의 벗어났지만 여성이라는 존재감과 성과를 내야하는 리더로서의 역할 수행이 늘 갈등이었다. 특히 팀장 경력과 연차가 쌓이면서 임원으로 승진할 수 있는 기회를 가질 수 있고, 내심 더 성장하고 싶기 때문이다.

자신이 여성 리더로서 역할을 잘해낼 수 있을지에 대해 진지하게 고민을 하기 시작했다. 마침 외부 전문코치가 진행하는 코칭 프로그램에 참여할 수 기회를 갖게 되었다.

사는 매년 소수의 인원을 대상으로 자기개발을 위한 코칭 프로그램을 개설한다. 참가자는 부서장의 추천을 받거나 본인이 자원한 신청자를 대상으로 한 1차 심사를 거쳐 최종 선정된 리더들이다.

어느 화창한 날 팀장과의 첫 미팅이 이루어졌다.

코치: 이번 코칭 프로그램이 어떻게 운영되면, 팀장님에게 도움이 될 수 있겠습니까?

팀장: 여성 리더로서 계속 성장하고 싶은데 어떻게 하면 좋을지, 지금 고민하고 있는 것에 대한 답을 찾을 수 있으면 좋겠습니다.

코치: 말씀에서 여성 리더로 성장하고 싶은 바람과 고민의 정도가 함께 느껴집니다. 저와의 코칭 시간을 통해 원하시는 답을 찾으면 좋겠습니다. 두 가지가 궁금한데요. 되고 싶은 여성 리더란 어떤 모습일까? 또 지금 고민은 어떤 내용일까? 이 두 가지 이외에 또 말씀 나누고 싶은 것이 있으십니까?

팀장: 아니요. 현재 두 가지가 전부입니다. 앞으로 고민되는 것이 있으면, 말씀드리겠습니다.

코치: 잘 알겠습니다. 그럼 먼저 되고 싶은 여성 리더란, 어떤 모습을 생각하십니까?

팀장: 사실 제가 생각하는 것은 선한 영향력을 가진 리더입니다. 성별의 구분이 없이, 여성은 저의 정체성이기 때문에 붙인 것입니다.

코치: 여성은 나중에 관련성이 있으면 다루기로 하고, 선한 영향력을 가진 리더란 어떤 사람이죠?

팀장: 팀장의 역할을 수행하면서 성과를 만드는 방법을 고민하였습니다. 어떻게 성과를 만들 것인가? 성과를 앞에 내세우니, 나머지는 모두 방법이나 도구가 되더군요. 여성도 그중 하나죠. 그때 육아 문제가 컸었는데, 성과를 내는 데 큰 장애가 되었습니다. 엄마가 자식을 장애라고 하면 벌 받겠지요? 당시에는 경제적으

로 일을 해야 했고 경력을 놓고 싶지는 않았습니다. 솔직히 말씀드리면, 일 욕심도 컸습니다. 성과를 내기 위해 나머지를 관리할 때 그 비용이 너무 큰 거죠. 감당하기 어려웠습니다. 저뿐만 아니라 팀원들도 마음의 상처를 많이 받았습니다. 그때 깨달았죠. 팀장이 성과를 주도해서는 안 되겠다. 선한 영향력은 모두가 성과 만들기를 주도하도록 참여시키는 리더십입니다.

코치: 깊은 뜻이 있군요. 선한 영향력에 팀장님의 가치관과 신념이 담겨 있다고 생각했습니다. 대단하십니다. 지금은 어떠세요? 팀장님의 고민이 점점 궁금해집니다.

팀장: 그런데 모두를 참여시킨다는 것이 쉽지 않았습니다. 어떤 때는 제가 주도하는 것보다 더 힘든 것 같습니다. 어떻게 하면 모두를 참여시킬 수 있을까?

코치: 말씀을 들으면서 지금까지 많은 시도를 하셨을 것으로 생각합니다. 좀 전에 쉽지 않다고 하셨는데, 쉽지 않은 것은 뭘까요? 가장 어렵게 느낀 것은 무엇입니까?

팀장: 처음에는 팀원들의 문제점을 찾았습니다. 팀원에서 찾다 보니 팀원을 대하는 호불호가 생겼습니다. 팀원이 문제가 아니라 호불호를 갖는 제가 더 문제죠. 가장 어려운 것은 팀원의 문제라고 보지 않고 저의 문제라고 생각을 바꾸는 것이었습니다. 내 문제라고 생각하면 쉬울 줄 알았는데, 자꾸 원인을 밖으로 돌리더군요. 그래서 저의 내면이 정리되지 않고는 달라질 것이 없다고 결론을 내렸습니다.

코치: 자신의 내면을 정리하고 달라진다는 것은 무슨 의미일까요?

팀장: 팀장 역할을 하는 나는 누구인가? 나는 어떤 사람이어야 하는가에 대해 답을 찾아야겠다고 생각했습니다. 코치님은 이런 질문을 가진 리더들을 많이 만나셨을 것 같은데요. 이럴 때는 어떻게 하세요?

코치: 저는 답을 제시하지 않고 찾도록 도와드리죠. 지금 팀장님과 관점 코칭 대화를 나눠보면 좋다고 생각했습니다. 관점 코칭 대화는 답을 찾고 싶은 주제를 정하고 그 주제를 여러 관점에서 바라보는 것입니다. 그 과정을 거치다 보면, 해당 주제에 대한 답을 찾거나 답을 찾는 길이 더 명료하게 보이죠. 같이 해볼까요?

팀장: 지금까지 코치님과 대화한 것과는 다른 것인가 보죠? 좋습니다. 알려주시면 따라가겠습니다.

코치: 지금까지의 대화를 정리해 보면, 팀장으로서 나는 어떤 사람이면 좋겠는가? 이것에 대한 답을 찾고 싶으신 것이죠?

팀장: 맞습니다.

코치: 그럼 이 주제에 대해 이름을 붙여 보는 것입니다. 이름을 정해보시죠.

팀장: 글쎄요. 정체성 발견, 자기발견… 쉽지 않은데요. 나는 누구인가? 이렇게 해도 되지요?

코치: 그럼요. 주제의 이름은 나는 누구인가? 좋습니다. 다음 단계는 이 주제에 대해 어떤 관점을 가지고 있는지를 알아보는 것입니다. 주제를 바라보고 어떤 생각을 하십니까?

팀장: 어떤 생각? 가장 중요하면서도 답하기 어려운 것, 본질적인 것, 중심을 잡아 주는 것, 뭔지 잘 모르니까, 답하기 어려우니까 … 안개 이런 생각도 듭니다. 중요한 질문, 죽기 전에는 꼭 답을 알아야 할 것.

코치: 지금 어떤 느낌이세요?

팀장: 생각하면서 무척 진지함을 느꼈습니다. 주제를 바라보지만 내면과 대화하는 느낌이었습니다. 저한테 정말 소중한 것이라는 생각이 듭니다.

코치: 이 주제가 팀장님의 내면과 깊이 연결되어 있군요. 그 연결을 느껴 보십시오. 이제 그 연결에 이름을 붙여 보십시오.

팀장: 내면의 자기와 만남을 연결시켜주는 것, 자기가 누구인지를 알아가게 해주는 길… 만남의 길로 이름 붙이겠습니다.

코치: 팀장님은 작명도 잘하십니다. 멋진데요. 좋습니다. 만남의 길, 관점 이름은 만남의 길입니다. 만남의 길 관점 이렇게 불러도 됩니다. 이번에는 이 관점을 떠나 다른 관점으로 가 보려고 합니다. 이 관점을 떠나기 전에 느낌이나 생각을 더 나누고 싶은 것이 있습니까?

팀장: 아니요, 없습니다.

코치: 자, 주제를 바라다봅니다. 이번에는 어떤 생각이 떠오릅니까? 천천히 생각하셔도 됩니다.

팀장: 여러 생각들이 많이 떠오르는데 그 생각 중에 어떤 것을 꺼낸다는 것이 쉽지 않습니다. 생각을 빨리 정리하는 방법도 있을까

요? 혹시 코치님께 결례가 아닌지 죄송합니다.

코치: 그렇지 않습니다. 여러 접근 방법이 있기 때문에 잘못이나 결례는 없습니다. 처음 어떻게 하는지 아셨으니, 이번에는 주제를 보는 데 도움이 되는 여러 관점을 제시하겠습니다. 그 관점들을 보고 선택해 보시기 바랍니다.

팀장: 네, 좋습니다.

코치: 코칭에서 만난 리더들의 변화 요구를 분석한 것입니다. 모두 7개의 변화 요구가 있는데 저는 이를 삶의 주제라고 이름을 붙였습니다. 요구를 간단한 명사로 표현했는데요. 구성, 시선, 인식, 협업, 희망, 동기, 탐구입니다.

나는 팀장에게 7가지의 요구가 갖는 정의를 간략히 소개했다.

관점 코칭에 참여하는 리더들은 처음에 자신의 생각을 끌어내고 관점으로 정리하고 이름 붙이는 것을 흥미롭게 참여했다. 그러나 대개 다음 단계로 진행되면서 코치의 도움을 받고 싶어 했다. 이는 제한된 코칭 시간에 진행할 때 효과적이었다.

나는 팀장에게 7개의 관점에서 필요한 관점을 선택한 후 주제를 바라보고, 떠오르는 생각과 의미들을 찾아보도록 하였다. 자신이 선택한 관점에 포함된 생각과 느낌을 깊이 살펴보면서 주제에 대해 깊게 들어가 보는 것이다. 마치 서울에서 부산까지 가는데, 교통수단을 다양하게 선택할 수 있고, 가는 길을 동해 중앙, 서해 등 선택할 수 있는 것과 같다.

주제를 다양하게 바라보면, 주제에 대한 자신의 전체 사고를 이해할 수 있고 그 과정에서 원하는 답을 찾을 수 있게 된다.

2주 후에 팀장과의 미팅을 가졌다.

코치: 지난 미팅에서 나는 누구인가에 대한 주제를 여러 관점에서 살펴보는 코칭 대화를 나눴습니다. 그리고 추가 활동은 코칭 과제로 정하였는데요. 지난 미팅 이후 더 알게 된 것은 무엇입니까?

팀장: 주말에 저만의 시간을 내어 7가지 관점을 모두 해 보았습니다. 상당히 흥미로웠고, 저를 많이 살펴볼 수 있었습니다. 또한 7가지 관점이 큰 도움이 되었습니다. 주제를 서로 다르게 깊게 살필 수 있었습니다. 생각들을 모두 정리해 보니, 삶의 목적이 중요하다는 생각을 했습니다. 추상적일 것이라고 생각했는데, 오히려 구체적으로 설정할 필요가 있었습니다. 오늘은 삶의 목적을 어떻게 정할 수 있는지를 알고 싶은데, 가능한 것인가요?

코치: 그럼요. 주말에 귀한 시간을 만들고 생각을 잘 정리하셨습니다. 우선 다음 단계로 진행될 수 있도록 코칭 과제를 해주셔서 감사합니다.

팀장: 당연히 해야 할 저의 일인데요. 감사합니다.

나는 팀장과 삶의 목적을 정하는 대화를 나눴다. 첫 코칭 미팅에서 그는 이미 선한 영향력을 가진 리더가 되고 싶어 했다. 이 생각은 순간적으로 떠오른 것이 아니라 팀장의 역할을 하는 시행착오 체험에서 나온 삶의 이야기이다. 그 이야기 속에 팀장의 자기발견, 성찰과 통찰의 결과가 녹여져 있다.

삶의 목적 찾기는 오히려 쉽게 진행될 수 있었다. 나는 그에게 삶에서 추구하고자 하는 가치, 그 가치를 일상에서 실천했을 때의 결과물, 그 결과물이 가치와 일치하는지에 대해 이야기 나눴다. 그리고 그 가치 실현을 자기의 것만이 아닌, 가정과 타인, 사회에 어떤 영향을 미칠 수 있는지에 대해 대화를 나눴다.

팀장은 삶의 가치를 봉사와 기여로 정했다. 삶의 목적은 자신의 삶을 통해 타인에게 봉사하고 기여하는 것이다.

코치: 삶의 목적을 세우면서 알게 된 것이 있다면, 무엇입니까?

팀장: 삶의 목적에 맞는 삶을 산다는 것이 어떤 의미일지, 그 점을 다시 생각해 보았습니다. 생활하는 언행이 삶의 목적과 일치해야 한다고 생각했습니다.

코치: 그렇습니다. 일치성이 삶의 목적에 따른 삶을 살고 있는지를 보여주는 것이죠. 그럼, 그러한 삶을 살고 있다는 것을 어떻게 알 수 있을까요?

팀장: 어떻게 알 수 있을까요? 저도 질문해 보고 싶습니다. 회사에서는 매년 상반기와 하반기에 성과 피드백도 하고, 일 년에 한 번은 리더십 피드백도 합니다. 특히 리더십 피드백의 내용을 보면, 직장에서의 생활은 어떤지 알 수 있겠는데요. 그럼 가정생활에서는 어떻게 하죠?

코치: 직장 생활과 가정생활은 어떤 차이가 있다고 생각하십니까? 두 생활을 구분해서 말씀하시니, 두 생활의 차이를 분명히 정의하면 좋겠습니다.

팀장: 다르지 않을까요? 환경 자체가 다른데…….

코치: 환경은 다르네요. 그럼 그 생활의 주체인 주인공은 어떨까요?

팀장: 당연히 같은 사람이지요. 그러나 생각해 보니, 같은 사람인데 다르다고 생각하는군요. 가정에서 아내이며 아이들의 엄마로 직장에서는 팀장으로, 역할은 다르지만 같은 사람이죠.

나는 누구인가를 생각할 때, 그동안 저는 역할을 가지고 저를 생각했군요. 정작 주인공인 자기 자신은 빠져 있었습니다. 역할이 주인공이다 보니, 다중 역할을 하느라 힘들었군요. 코치님의 질문이 핵심이군요. 생활의 주인공은 누구인가?

코치: 역시 팀장님은 자기인식이 훌륭하십니다. 그럼 그 생활의 주인공 눈으로 지금의 삶을 바라볼 때, 달라지는 것은 무엇입니까?

팀장: 이제 답을 찾은 것 같습니다. 저는 같은 사람이어야 합니다. 가정과 직장은 다른 환경일 뿐입니다. 그 환경을 중심에 놓고 보니, 일과 삶, 존재와 성과의 균형을 맞추는 것이 풀어야 할 숙제였습니다. 나를 주인공으로 놓고 보면, 직장과 가정 그 이외에도 많은 삶의 환경이 있고 그 모든 것의 균형과 조화를 이루는데 집중한다는 것은 맞는 말 같지만 맞는 사고방식은 아니라고 생각합니다.

코치: 그럼 생활환경이 다른 문제를 어떻게 풀면 좋을까요? 다양한 삶

의 환경에서 삶의 목적과 일상의 모습을 일치시키려면, 필요한 것은 무엇이겠습니까?

팀장: 코치님이 갈수록 어려운 질문을 하시는데, 답을 생각할수록 정리가 되어 좋습니다. 감사드려요. 나는 누구인가의 주제에 대해 관점으로 사용한 7가지 변화 요구가 그래서 나온 것일까요? 지금 생각해 보니, 삶의 목적에 맞는 생활을 하려면 그 변화 요구들이 채워져야 하는군요. 삶의 목적이 없다면, 그 요구들을 어떻게 채울지 모르겠지만 목적이 분명히 서 있다면 답을 찾는 방향이 있으니 그 방향으로 가면 되겠는데요.

코치: 삶의 목적 방향으로 간다면, 그 삶의 모습이 시사하는 바는 무엇일까요? 봉사와 기여의 삶을 사는 팀장님의 모습을 떠올려 보십시오.

팀장: 삶은 결과가 아니라 과정이라는 생각을 했습니다. 현재의 삶은 결과를 원하지만, 목적 있는 삶은 과정을 바라보라고 말하는 것 같습니다. 팀장의 역할을 하면서 성과를 내야하는 결과를 생각하면서 저를 잃어버렸습니다. 팀원들도 저와 같은 삶을 사는 사람인데, 그렇게 보지 못했습니다. 결과도 챙겨야 하지만, 이제 과정을 중시하는 삶을 선택하고 싶습니다. 선한 영향력을 가진 리더라는 것은 결과도 챙기지만, 과정을 중시하는 리더이군요. 저의 리더십에서 달라져야 하는 점은 바로 과정을 놓치지 않는 것입니다.

코치: 결과도 챙기지만, 과정을 놓치지 않는 리더십 행동은 구체적으

로 무엇일까요? 달라져야 하는 리더십 행동은 무엇입니까?

팀장: 달라져야 하는 것은 리더십에서도 봉사와 기여를 실천하는 것입니다. 팀원들이 자신의 삶을 주도적으로 살도록 저의 성찰과 경험을 공유하고, 그들이 일터에서 성과를 내도록 업무환경을 만들어주고 그들의 일하는 과정에 대해 대화를 나눠야겠습니다.

코치: 팀장님, 지금까지 말씀 나눈 것을 잠깐 정리해 볼까요? 봉사와 기여하는 삶의 목적을 정하였고, 가정과 직장을 포함한 다양한 삶의 환경에서 목적에 일치하고 일관성 있는 생활을 하는 주인공으로 사는 것이 중요했습니다. 결과도 챙기면서 과정을 중시하는 삶의 태도와 리더십 행동도 살펴보았습니다. 지금까지의 대화에서 팀장님에게 가장 울림 있는 내용은 무엇이었습니까?

팀장: 저는 가정생활과 직장생활을 구분했는데 결국 일과 삶의 균형이라는 사고가 중요하지 않다는 것, 더 중요한 것은 결과도 챙기지만 과정이 삶의 가치와 부합되는 의미를 가져야 한다는 것입니다. 나는 누구인가? 어떤 삶을 살아야 하는가에 대한 답을 얻었습니다.

코치: 지금 느낌은 어떠세요?

팀장: 마음이 무척 홀가분합니다. 저의 삶이 눈앞에 있습니다. 삶의 목적도 분명하게 인식했고, 팀장으로서 달라져야 하는 리더십 행동도 살펴보았습니다. 이제 저는 삶의 목적과 일치하는 삶을 어떻게 살 수 있을지, 삶과 씨름하는 저의 진짜 모습에 대해 말씀 나누고 싶습니다. 그런데 코치님, 제가 철학자가 된 것 같습

니다.

관점을 확대하면 생각이 깊어진다. 하나의 관점을 가지면, 그 관점에 대해 세밀한 느낌과 생각을 가질 수 있다. 그러나 다른 관점을 만나면, 부딪히고 깨어지기 쉽다. 관점을 확대하면, 그만큼 생각할 수 있는 다양성을 갖게 된다. 다양성은 생각이 풍부하고 유연해지도록 돕는다. 관점 확대는 인식 능력을 향상시킨다.

팀장과 코칭 주제인 나는 누구인가에 대해 다양한 관점에서 탐구하면서, 자기인식 능력이 향상되는 것을 알아 차렸다. 자기의 관점에서 코칭 대화를 재빨리 정리하고 시사점을 찾아 요약하고 다음 대화를 준비하는 스킬도 키웠다. 그는 대화의 말미에 목적 있는 삶을 살기 위해서는 자기 수련과 관리가 꼭 필요하겠다고 생각했다.

평소 자기인식을 하는 사람은 관점이 확대될 때, 순간의 통찰을 경험한다.

5) 관점을 변화시키는 효과적인 방법

관점에는 자기중심성이 깊게 자리 잡고 있다.

나는 코칭을 하면서 어떻게 하면 코칭 대상자의 관점을 바꿔 볼 수 있을지에 대해 고민했다. 반복된 시행착오를 겪으면서 결국 단계적으로 접근해야 한다고 생각했다. 그동안 성공적으로 진행한 관점 변화는 다음과 같은 4단계를 거친다.

앞에서 소개한 자기중심성이 확고했던 임원 코칭의 대화로 돌아가 보자. 그리고 각 단계에서 사용하는 핵심 질문을 중심으로 4단계가 어떻게 진행되는지를 알아보자. 진행의 흐름과 질문에 주목한다면, 여러분은 실제 현장에서 성공적으로 코칭 대상자의 관점을 바꿔 볼 수 있을 것이다.

단계 1 달리 보도록 한다

나는 그에게 '그럼 앞으로 무엇을 달리 하면, 서로의 인식 차이를 좁힐 수 있겠습니까?'를 질문하였다. 이때 주목할 것은 임원의 관점을 변화시키려는 어떠한 시도가 포함되어 있지 않다는 것이다.

임원의 관점을 바로 바꾸려 시도한다면 그의 방어기제가 작동할 것이다. 방어기제는 당면한 문제에 대한 해결이나 개선 등에는 관심이 없다. 오로지 변화 시도에 자동적으로 작동하는 심리기제이다. 그의 관점을 그대로 가지고 있는 상태에서 인식의 차이를 좁히는 과제를 제시했다. 과제는 코칭의 목적에 부합하는 것이면 좋다.

달리 보도록 하는 것은 열린 질문이다. 무엇을 어떻게 달리 볼 것인가는 오로지 임원이 선택하는 것이다. 그 선택에는 자기중심성이 여전히 작동할 수 있다. 그러나 자기중심성이 살아 있을 때, 자신이 달리 해볼 수 있는 것으로 생각하고 선택하면 실행할 가능성이 높다.

이 단계는 준비단계이다. 관점의 변화를 끌어낼 수 있는 유연한 마음의 상태를 만드는 것이다. 다음 질문은 유연한 마음을 갖게 하는 데 도움이 된다.

- 지금 가능한 것은 무엇입니까?
- 이전에 해보고 싶었지만, 하지 못한 것은 무엇입니까?
- 지금 이 상황에서 당신에게 가장 중요한 것은 무엇입니까?
- 지금 중단해야 할 것과 계속해야 할 것은 무엇입니까?
- 이전에 해왔던 것보다 한 발 앞으로 더 나아가는 것은 무엇입니까?
- 당신이 존경하는 사람은 어떻게 할 것으로 생각합니까?

단계 2 자신의 관점을 버린다

다르게 말하면, 자기중심성을 내려놓는 것이다. 함께 일하는 부원의 관점을 파악하기 위해서는 먼저 자신의 관점을 버려야 한다. 자신의 관점을 버린다는 것은 먼저 평가하고 판단하고 심판하지 않는 것이다. 타인의 관점과 생각을 있는 그대로 받아들이는 마음의 준비를 하는 것이다.

자신의 관점을 내려놓을 때, 부원의 관점에서 그가 말하고 느끼고 행동하는 것을 읽을 수 있다.

임원은 자신과 가장 갈등관계에 있는 한 부원을 떠 올렸다. 임원은 그를 자신의 후계자 후보로 생각하고 있다. 직무전문성이 탁월하고 결과 지향적이다. 일에 대한 욕심이 많다. 임원의 자리에 오르면 많은 일을 할 것이다. 그러나 임원과 자주 부딪힌다. 자기주장이 강하고 자신의 존재감을 드러내고 싶은 욕망이 크다. 임원은 그의 태도가 문제라고 생각하였다.

코치: 지금 그 부원을 어떻게 생각하는지 자세히 말씀해 주셔서 감사합니다. 그 부원에 대한 고민을 이해하는 데 도움이 되었습니다. 이렇게 생각해 보시겠습니까? 머릿속에 큰 상자를 한 개 준비합니다. 지금까지 말씀하신 그 부원에 대한 모든 생각을 그 상자 안에 넣으십시오. 그리고 상자를 닫습니다. 자, 이제 그 상자를 내려놓으십시오. 그에 대한 생각을 모두 내려놓았을 때, 지금 당신은 어떤 리더입니까?

임원: 치열한 삶을 살아왔고 여전히 리더로서 치열하게 맡은 역할과 임무를 수행하고 있습니다. 저도 치열하게 사는 것처럼 그도 치열하게 살고 있다고 생각합니다. 그런데 그의 치열함을 다른 관점에서 해석했다는 생각이 듭니다. 그를 성장하도록 돕고 있는 게 아니군요. 저의 틀에 맞지 않는 부분들을 보고 제가 불편해하고 있습니다. 제가 그와 갈등하는 원인은 제 불편함을 스스로 해결하지 못한데 있군요. 제가 원래 되고 싶었던 리더는 진심을 다해 후배들을 성장시키는 리더입니다.

고대 그리스의 철학자 에픽테토스Epictetos는 “사람을 고통스럽고 힘들게 하는 것은 사건이 아니라, 그 사건에 대한 우리들의 생각이다.”라고 말했다.

사건에 대해 생각한다는 것은 곧 의미를 부여하는 과정이다. 그리고 이 과정을 통해 그 사건을 경험하게 된다. 따라서 상대방에 대해 부정적인 사건의 경험을 갖게 한 생각들을 모두 내려놓는 것은 자신의 관점을 버리는 효과적인 방법이다. 자기의 관점을 완전히 내려놓은 상태가 되면, 거울과 같은 존재가 된다. 이 상태에서 상대방을 보면, 상대방에 대한 기존의 관점이 질적으로 달라진다. 상대방의 모습과 자신의 모습을 있는 그대로 보게 되고, 인식의 차이를 해소할 수 있는 길을 발전적으로 보게 된다. 다음 질문은 자신의 관점을 파악하고 버리거나 개선시키는 데 도움이 된다.

- 부원과 대화할 때 내가 가장 힘들어하는 것은 무엇인가?
- 내가 부원과의 대화에서 일관되게 피하려는 것이 있다면, 무엇인가?
- 부원과의 대화에서 내가 주저하는 것은 무엇인가?
- 부원의 말을 듣지 못하도록 방해하는 나의 습관은 무엇인가?
- 내가 대화하기 싫어하는 부원은 어떤 사람인가?
- 부원과 이전보다 효과적인 대화를 하려면, 나의 어떤 부분을 바꾸어야 할까?

단계 3 상대방의 입장을 취한다

상대방의 입장을 취하는 것은 상대방의 관점을 공감하는 적극적인 방법이다. 부원들과 대화를 하면서 부원이 가지고 있는 관점을 전환시키거나 당면한 상황에서 부원과의 시각 차이를 좁힐 필요가 있을 때, '입장 바꾸어 보기' 코칭 스킬을 활용할 수 있다.

입장立場은 사전적인 의미로 '당면하고 있는 상황'이다. 상황은 객관적인 것이다. 그러나 그 상황을 어떤 시각에서 볼 것이냐는 주관적이다. 입장을 바꾸어 놓고 생각해 보라는 것은 사건을 해석하는 시각을 달리 취하라는 것이다.

입장을 바꾸어 보는 것은 두 가지 측면에서 가치가 있다. 하나는 시각 차이가 생기는 원인을 알게 되어, 시각 차이를 좁힐 수 있고, 다른 하나는 새로운 정보를 얻기 때문에 기존의 시각을 확대시킬 수 있다. 코칭 장면에서 코치는 코칭 대상자가 가지고 있는 시각을 확대시키거나 당면한 상황에서 다른 사람과의 시각 차이를 좁힐 때 활용할 수 있다.

입장의 차이를 알아차리고 관점의 변화를 체험하도록 코치는 다음과 같은 단계를 따르면서 코칭 질문을 한다.

● 상대방의 입장을 취해보도록 한다.

"상대방은 이 상황을 어떻게 보고 있다고 생각합니까? 상대방이 원하는 것은 무엇입니까? 상대방이 중요하게 생각하는 것은 무엇입니까? 상대방은 어떤 측면에서 이 상황을 불편하게 생각하고 있을까요?"

● 제3의 입장을 취해보게 한다.

"두 사람의 대화를 듣고 있던, 관찰자가 있다고 생각해 보십시오.

그 사람은 이 상황을 어떻게 보고 있을까요? 그 사람은 두 사람 간의 관계를 어떻게 본다고 생각합니까? 그 사람이 두 사람의 관계가 개선되길 바란다면, 어떤 의견을 줄 것으로 생각합니까?"

- 입장을 바꾸어 봄으로써 학습한 것을 확인한다.

"입장을 바꿔보면서 당신이 알게 된 것은 무엇입니까? 새로운 정보는 무엇입니까? 각 입장들이 보이는 주된 차이는 무엇입니까? 그 차이가 갈등과 어떤 관련성이 있다고 생각합니까?"

입장을 바꾸어 보는 것은 다른 관점이나 사고의 틀을 경험하는 것이다. 역지사지는 나를 포기하는 것이 아니라 나를 확장시키고 성숙시키는 인지전략이다.

단계 4 관점 변화 계획을 수립한다

지금까지 관점 변화가 필요한 상황을 인식하고 관점의 차이를 줄이고자 자신의 관점을 내려놓고 상대방의 입장을 취해 보았다. 다음과 같은 질문은 구체적인 관점 변화를 위한 계획을 세우는데 도움이 된다.

- 현재의 상황을 해결하기 위해 이전과는 다르게 행동해 볼 것은 무엇입니까?
- 그 행동을 하는 데 어떤 어려움이 있습니까?
- 예상되는 장애요인은 무엇입니까?

- 당신이 선택한 것을 실행으로 옮기기 위해 무엇을 하겠습니까?
- 언제까지 해보겠습니까?
- 당신이 그렇게 하였다는 것을 코치가 어떻게 알 수 있겠습니까?"

→3
통찰 심화: 더 나은 해법 찾기

통찰은 일반적으로 사람들이 직면한 특정 상황이나 문제의 본질을 깨닫는 인식 능력이나 그 능력이 발휘된 모습을 말한다. 흔히 즉각적인 이해나 '아하'라는 순간적인 돌발 경험과 '유레카'라는 경이로운 정서 경험이 일어난 경우를 뜻한다.

이와 같은 결과가 나타나기 위해서 당면한 상황이나 문제를 관찰하고 숙고하고, 재해석을 통해 기존의 상황 인식과 문제해결을 재구조화하는 인지적 활동이 있어야 한다.

통찰이 일어나기 전에 무관해 보였던 많은 개념들을 새로운 의미 차원에서 통합적으로 연결하게 된다. 통찰이 일어나면, 새로운 생각이 찾던 답이라는 인식이 확고해지고 기존의 사고 틀에서 벗어나게 되어 자유로움과 같은 정서를 체험하게 된다.

통찰은 문제에 대한 부분적인 해결이 아니라, 문제의 전체적인 해결을 이룬다. 당면한 문제에 대한 해결방안들을 전체적으로 조망하면서 가장 실현 가능성이 높은 것을 찾아낸다. 이런 상황에서 문제해결자는 해결방안을 이전보다 더 명확하게 하고, 그 과정에서 또 다른 통찰이 일어날 수 있다.

통찰은 창의성이 결합될 수 있는 인지적 상태며, 경영적 가치를 찾고 혁신을 이루는 근원적 자원이다.

2장에서 코칭에 참가하는 사람이 가지고 있는 변화 요구를 소개하였다. 이들 변화 요구는 삶을 주도적으로 살려는 사람들에게 삶의 주제이다. 변화 요구에 대한 자각으로 생각과 느낌에 있어 변화가 일어나고, 순간 통찰을 경험할 수 있다.

여기에서는 변화 요구에 대한 답을 찾아가는 과정에서 리더들이 경험한 통찰을 소개한다. 여러분은 리더들의 사례를 보면서 자신의 모습을 투영할 수도 있을 것이다. 사례 속의 주인공이 되어 보자. 여러분은 어떤 통찰을 경험할지 상상해 보자. 이를 통해 개념적인 통찰을 삶의 현장에서 간접적이지만 현실감 있게 체험하는 기회를 가져보자.

1) 정체성의 본질에 대한 통찰

시선은 정체성과 밀접한 관련이 있다. 개인이 조직의 일원이 되면, 조직이 가지고 있는 경영 철학, 가치와 신념에 따른 행동 규범을 배우게 된다.

개인의 시선과 조직의 시선을 조율한다. 개인이 자신의 가치와 신념에 따라 사고하고 행동하는 것처럼 조직도 거대한 하나의 생명체이다. 필연적으로 개인이 조직의 구성원이 되면, 개인 정체성과 조직 정체성이 만나게 된다. 조직 정체성을 중심으로 시선을 한 방향 정렬을 하는 기업 활동이 웨이way 또는 신조credo의 선포와 기업가치 내재화이다. 이 과정에서 개인과 조직 간의 갈등이 존재한다. 조직 정체성과 개인 정체성에 대한 시선의 충돌이다.

조직 정체성의 명암

어느 날 박기홍 상무는 자신의 승진의 배경에 기업 신조를 일관되게 실천한 이력에 대한 긍정적 평가가 있다는 사실에 놀랐다. 그리고 기업 신조는 회사의 것이 아니라 자신의 생활 신조였다는 것을 통찰했다. 아울러 자신도 알게 모르게 내재화된 생활을 하였다는 것을 알게 되었다. 또한 최고 경영진으로부터 그러한 삶의 내용에 대해 인정을 받은 것이다.

그는 자신의 지난 생활을 신조의 관점에서 돌아보면서 직장생활의 의미를 새롭게 새겼다. 그는 사업부 구성원들에게 신조를 내재화하고 실천할 때, 직장생활은 어떤 의미를 갖게 될 수 있는지를 진심으로 알려주고 싶었다.

나는 코칭 미팅에서 그가 체험한 삶의 이야기와 꿈에 대해 들었다.

"저는 이 회사에 마지막으로 봉사한다는 생각으로 일하고 있습니다. 사회인으로서 첫 출발을 그룹 관계사에서 했고, 가정을 꾸리고 지금까지의 삶을 함께 해왔습니다. 저에겐 직장이라기보다 삶의 한

부분이지요. 지금까지 성장하면서 학습하고 경험한 모든 것을 후배들에게 돌려주고 싶습니다. 어떻게 그들을 도와줄 수 있을까요?”

그는 조직 리더에 의한 하향식 변화가 아니라, 구성원들이 주체가 되는 자발적인 변화를 만들어내고 싶어 했다.

나는 그에게 ‘작은 영웅들 찾기’ 프로그램을 제안하였다. 성과 중심의 조직에서는 높은 인사평가를 받는 직원이 주인공이다. 하지만 인사평가 점수는 높지 않아도 전체 업무의 어느 한 부분을 성공적으로 수행하는 일꾼이 있다.

나는 그를 작은 영웅이라 불렀다. 프로그램의 핵심은 작은 영웅은 어떤 사람이며 조직에 대해 어떤 인식을 가지고 있는지를 찾아내 공식적으로 인정해 주는 것이다.

조직 차원에서 작은 영웅에 대한 인정은 자기인식의 범위를 조직으로 확대시키는 효과가 있다. 이 과정에서 개인적인 자아뿐만 아니라 타인과 조직에 비친 사회적 자아의 중요성을 인식하고, 조직 속에서 자신의 존재 가치와 의미를 정립하는 계기가 된다. 다른 구성원들은 작은 영웅을 한 인간으로서 이해하고, 자신도 그와 같은 영웅의 일원임을 자각하게 된다. 조직 구성원들이 자신과 조직을 동일시할 때 조직 효과성은 높아진다.

그는 작은 영웅들 찾기 프로그램을 실행하였고, 결과는 대성공이었다.

이제 다음 과제는 조직의 정체성에 담긴 내용을 효과적으로 전파

하는 것이다. 그러나 이 과제는 임원 개인의 리더십 영향력의 범위를 넘어서는 부분이 있다. 조직이 지향하는 가치와 신념이 경영 전반의 활동에서 일치되고 일관성 있게 관찰되어야 한다.

최근 정보기술업, 식품업, 가구업, 생필품업 등 다양한 기업의 최고경영자가 사회적 물의를 일으키며 조직 정체성을 훼손시키고 있다. 구성원에 의한 조직 정체성의 내재화는 조직 정체성의 특징처럼 가변적이다.

개인 정체성의 명암

“내 삶의 가치는 무엇인가?”

누구나 한번쯤은 생각해봤을 질문이다.

첫 직장에서 인사업무를 시작한 그는 임원이 되어 전사 조직문화 혁신을 담당하였다. 그가 삶의 가치에 대해 고민하기 시작한 것은 팀장 때이다. 그는 존경하는 선배나 직장 내 멘토, 사회적 명망이 높은 사람들의 가치관을 살폈다. 그리고 그가 찾은 답은 공정성이다.

인사업무를 담당하면서 직원들의 요구도 들어야 하지만, 상사와 경영진의 요구도 들어야 했다. 그는 이러한 상황을 줄타기에 비유했다. 외줄을 잘 타려면, 균형을 잡고 떨어지지 않는 방법을 터득해야 한다. 그에게 공정성은 균형을 잡고 유지하는 방법이었다.

그는 인사업무를 담당하면서 중차대한 의사결정에 영향을 미칠 수 있는 문서를 작성하거나 그러한 결정권을 사용할 때에는 공정성을 기준으로 삼았다.

사회생활을 하면서 확고한 신념을 갖는 것과 유연성을 발휘하는 것은 동전의 양면처럼 그 경계를 관리하기 쉽지 않다.

그는 공정성의 기준에 부합하지 않으면, 경영진의 지시사항이든 직원의 의견이든 받아들이지 않았다. 이러한 그의 생활은 긍정적으로 보이기도 했지만, 상황과 주제에 따라서는 빈축을 사기도 했다. 중앙 무대에서 승승장구하며 활동한 때도 있지만, 멀리 지방에서 근무하기도 하였다. 그는 지방근무를 좌천이라고 생각했다. 당시 그와 같은 해석을 할 만한 사건이 있었기 때문이다.

어느 날 그는 다시 본사 근무를 하게 되었다. 노조의 임금협상을 담당할 최적의 인물로 경영진은 그를 선택했던 것이다. 특히 당시에 임금협상은 사회적으로 민감한 주제였다. 이 어려운 과제를 풀기 위해서는 공정성이 중요한 업무수행의 기준이 된다고 판단한 것으로 보였다.

임금협상은 난항을 겪었고 어느 날 그는 신변의 위협을 느끼기도 했다. 그러나 그는 공정성을 기준으로 흔들림 없이 임금협상을 진두지휘하면서 경영진과 노조를 모두 만족시키는 협상을 끌어냈다.

그는 그때를 회상하며 개인차원의 삶의 가치가 개인생활의 영역을 넘어 조직의 중차대한 의사결정에도 영향을 미칠 수 있는 힘을 가졌다는 것을 통찰했다. 그는 삶의 가치가 자신이 누구인가를 말해주는 정체성의 본질이라고 생각했다.

나는 어느 늦은 저녁에 그의 사무실에서 코칭 미팅을 가졌다. 그는 중요한 협상을 마무리했지만, 한편 자신이 추구하고 지켜온 삶의 가치가 존중받지 못한 적도 있다는 사실에 아쉬워했다. 회사의 가치와 개인의 가치가 연결될 수 있는 고리를 찾지 못했기 때문이다. 구성원 각자가 자신의 삶을 주도할 수 있는 가치를 가지고 있다고 해도 조직의 가치와 연결되지 않는다면, 조직 가치를 내재화 할 가능성은 낮다고 보기 때문이다.

개인의 효과성이 조직의 효과성으로 연결되고 시너지를 내기 위해서는 정체성의 정렬이 있어야 한다. 정렬이 이루어지려면 조직 정체성의 내재화가 필요하다. 이를 위해서는 개인이 조직의 정체성을 동일시하는 심리가 작동해야 한다.

정체성은 가치 중심적이다. 개인과 조직의 가치가 연결되지 않는다면, 효과성도 연계되지 못할 가능성이 높다. 조직이 탁월한 성과를 창출하는 한 방법은 개인과 조직의 정체성을 연결하는 것이다.

나는 이를 심리적 정렬이라고 부른다.

2) 협업을 주도하는 과정에서 체험한 통찰

협업은 구성원 간의 상호의존성이 대한 인식이 높아지고, 공동의 목표를 달성하고자 할 때 효과적으로 발휘된다. 개인의 자기중심성을 넘어 상호의존성을 생각하기 위해서는 긍정적인 자기 지각도 중요하다. 자기인식이 긍정적일 때, 더 열린 마음과 수용의 심리를 가질 수 있다.

협업을 통해 숨은 가치 찾기

고객사의 인사부서에서 해결하고 싶은 과제에 대해 협의를 요청하였다. 나는 담당 임원과 미팅을 통해 풀고 싶은 과제의 내용을 알게 되었다.

회사 내에는 직무 기능이 다르지만, 가치사슬로 연결된 독립된 부서들이 있다. 각 부서는 자체 경영 성과를 내기 위해 집중한다. 각 부서의 회의나 경영 회의에서 논의되는 현안과 미래 과제 등에 대한 의견을 전사 차원에서 보면, 경영 가치가 있는 아이디어들이 있다. 회의기록에는 남아 있지만, 누군가 챙기지 않는다면 사장되기 쉽다. 누군가 제3자의 시각에서 이런 아이디어를 직접 챙긴다면 더 나은 경영 성과를 만들 수 있다. 누군가 두세 개의 부서를 연계하여 논의된 아이디어를 풀어본다면, 상상 속에서나 가능했다는 것을 현실화시킬 수 있을 것이다. 이 생각을 어떻게 실현시켜 볼 것인가?

코칭에서 한 임원은 이러한 생각들에 대한 답을 찾기 위해 신설된 조직을 맡게 되었다. 이를 위해 가능한 해결 방안이 무엇인지를 협의하는 것이었다.

나의 제안을 수용하고 바로 실행으로 들어갔다. 사업부 내의 모든 리더들을 대상으로 리더십다면진단ELA을 하고, 조직효과성진단OEA을 통해 조직 전체의 운영 현황을 파악했다. 진단 결과를 활용하여 하루 워크숍을 진행했다.

"우리 조직은 누구인가?, 각 팀의 핵심 기능은 무엇인가?, 숨은 가치를 발견하기 위한 결정적 행동은 무엇인가?"

이러한 질문에 대한 답을 찾는 과정에서 사업부장과 각 팀장은 자신의 결정적 행동을 찾고 이를 실행하는 계획 수립도 병행했다.

워크숍을 통해 도출한 결정적 행동은 '주도적으로 행동하기'였다.

각 리더들은 모두 자신과 팀 차원에서 주도적으로 행동한다는 것은 어떤 의미인지를 정의하고, 그에 맞는 구체적인 실천 행동을 도출하였다.

리더들은 구체적인 실행 방안을 찾아 가는 과정에서 조직 차원의 주도적 행동이란 협업 없이는 불가능하다는 것을 통찰했다.

협업은 시너지를 낳는다. 그 시너지를 필요로 하는 조직 차원의 행동을 구체화하지 않으면 협업은 가치를 창출하는 활동이 되지 못한다는 것을 알아차렸다.

조직 차원에서 필요한 결정적 행동과 팀 차원에서 필요한 결정적 행동, 개인차원에서 필요한 행동들이 서로 연계되어야 한다. 협업이 이루어지려면, 결정적 행동들이 수평적인 관계뿐만 아니라 수직적인 관계에서도 연결되어야 한다.

구체적으로 실행할 방향이 정해지자, 리더와 사업부원들은 모두 일사분란하게 움직였다. 사업부 내에 어떤 역동이 있어야 하는지에 대해 사업부원들이 분명하게 이해했기 때문이다.

조직 내 숨은 가치는 미래 저 먼 곳에 있기도 하지만, 경영활동이 이루어지는 지금 이 순간에 조직 어딘가에서 생성되고 있을 수 있다. 시선을 밖에 둘 수도 있고 조직 내부에 둘 수도 있다. 협업은 현재의 업무 가치를 높이는 활동일 수도 있고, 숨은 가치를 찾는 활동일 수도 있다.

협업을 통한 가치 만들기

사업부장은 전국 대리점의 판매 실적을 제품의 모델별, 기능별 등으로 세분화하였다. 기존에는 한 대리점에서 생산된 모든 제품을 판매하였다. 대리점의 영업전략이 모든 제품에 대해 수립되면서 대리점의 역량이 분산되었다.

사업부의 전략은 제품의 판매 유형을 분석해서 대리점 중심의 기존 영업전략을 클러스터 중심으로 바꾸는 것이다. 전국을 판매 유형에 따라 클러스터cluster로 묶고, 클러스터별로 대리점의 판매 제품도 분할하고 그에 따른 영업전략을 차별화하는 것이다.

이러한 접근을 했을 때, 클러스터별로 공급되는 제품의 종류와 수량이 달라졌다. 대리점 중심의 판매망관리가 클러스터 중심으로 바뀌면서 마케팅 전략과 영업전략에 변화가 필요했고, 영업 인력도 클러스터별로 전문화가 필요했다.

사업부장은 경영진 회의에서 이러한 경영전략을 발표하였다. 다른 사업부의 협업이 절실히 필요했던 것이다. 그러나 수차례의 경영진 회의에서 토의되었지만, 결론이 나지 않았다. 이 과정에서 사업부간의 소통 벽과 부서이기주의가 혁신적인 전략을 실행하는 데 현실적인 장애라는 것을 확인할 수 있었다. 다행인 것은 단계적인 접근에 대해 경영진의 동의를 끌어냈다. 사업부장이 풀어야 하는 과제는 사업부 내에도 있었다.

협업을 통한 벽 허물기

사업부장은 소속 팀들을 관찰했을 때, 각 팀은 목표 지향적으로 움직였고 성과도 기대 이상으로 나타났다고 진단했다. 그러나 팀 간 소통은 저조했다. 사업부의 성과가 더 향상되기 위해서는 각 팀의 성과를 합친 것에 팀 협업을 통한 시너지가 만들어 내는 성과가 합쳐져야 한다. 지금의 팀 간 활동으로는 시너지에 의한 성과를 기대하기 어렵다. 사업부의 문화도 개선될 필요가 있었다.

또 다른 이슈는 팀장들의 대화가 자기 팀의 운영에 초점을 두고 있다는 점이다. 어느 누구도 사업부의 성과 향상을 위해 각 팀이 어떻게 협업해야 하는지에 대한 논의가 없다. 팀장들은 이에 대한 책임과 역할은 사업부장에 있다고 생각했다. 그러나 사업부장은 팀장들이 미래의 리더로 성장하기 위해서는 팀 리더로서의 역할 수행뿐만 아니라 시야를 거시적이며 폭넓게 보면서 일하는 자세와 구체적인 활동을 해야 한다고 보았다. 어떻게 하면, 팀장들로 하여금 팀 간의 소통 장벽을 허물고, 팀 회의에서 사업부의 성장에 필요한 아이디어도 내고 토의하도록 할 수 있을까?

나는 각 팀을 대상으로 팀 효과성진단TEA을 실시하였다. 이 진단은 팀이 원하는 결과를 얻기 위해서는 생산성뿐만 아니라 생산성을 촉진하는 긍정성이 팀 내에서 작동하는지를 본다. 생산성을 구성하는 요인과 긍정성을 구성하는 요인의 결과를 보니, 사업부장의 판단대로 각 팀의 생산성은 높게 나타났으나 긍정성은 낮게 나왔다.

긍정성은 팀 문화를 보여준다. 이 결과를 근거로 각 팀의 긍정성을 높이는 워크숍과 코칭을 설계하고 계획대로 실시하였다. 일일 워크숍에서는 사업부의 긍정성을 높이기 위한 결정적 행동을 도출하였다. 먼저 긍정성 면에서 원하는 사업부의 모습에 대해 의견을 교환하고 최종 확정하였다.

이어서 긍정성이 높은 사업부의 모습을 만들기 위한 팀장들의 결정적 행동을 도출하였다. 팀장으로서 공통적인 결정적 행동도 있고 각 팀장의 개별적 요구에 따른 결정적 행동도 개발되었다. 이러한 논의 과정에서 팀장들은 전혀 생각하지 못한 통찰을 했다. 지금까지 성과를 내기 위해 열심히 노력했지만, 어느 누구도 자신들의 마음속에 사업부의 발전을 위한 의견이나 제안, 구체적인 활동이 없었다는 점이다. 모두 팀 리더로서는 충실했지만, 그 영역을 넘어서는 이슈에 대해서는 관심을 갖지 않았다는 것을 알았다. 자신의 미래 역할을 수행할 수 있는 역량을 키우는데 전혀 관심을 보이지 않은 것이다.

이러한 역할 인식은 새로운 행동변화를 필요로 하는 것이었지만, 팀장들은 기꺼이 행동변화에 동참하기로 합의했다. 팀장들은 팀장으로서 공통적으로 관심 갖고 실행할 결정적 행동을 도출하였고, 이어서 개인별 실천 행동을 도출하였다.

워크숍이 종료된 후 팀장들은 그룹코칭을 통해 공통 행동변화과제의 실천을 점검하였고, 개인코칭을 통해 개인별 행동변화과제의 실천을 점검하였다. 사업부의 분위기나 팀장들의 행동변화는 사업부장의 기대를 충족시켰다.

3) 상자 속에서 밖으로 나올 때의 통찰

인식은 인간의 내적 변화나 외적인 환경을 직접 지각하고 느끼고 아는 능력이다. 인식은 심리적으로 각성과 집중한 상태에서부터 일반적인 상태, 깊은 수면과 혼수상태까지 폭넓게 일어난다. 인식이 일어나는 정신 상태가 의식이다.

정상적인 상태에서 인식은 논리적이고 합리적이다. 그러나 주의집중이나 계획적인 의도, 깊은 생각, 정신 상태에 위협과 충격을 가하는 사건을 접하면 왜곡이 일어난다. 삶의 뷰카 환경에서 자기중심을 잡고 주도적이며 적극적으로 자신의 삶을 만들어 가기 위해서는 인식이 늘 깨어 있어야 한다.

왜곡된 자기인식

이성적이며 합리적이고 전략적인 마인드를 갖추었다고 하더라도 예기치 못한 사건에 의해 건강한 인식 능력을 잃어버리고 중심을 잃는 경우도 있다.

그 팀장을 처음 만났을 때 무력한 모습에서 심리적으로 안정적이지 않다는 느낌을 받았다. 그는 예기치 못한 실패를 경험하기 전까지는 실패를 모르고 살았다. 정규 고등교육과 대학, 대학원 교육을 소위 명문이라는 곳에서 이수하였다. 회사 내에서도 핵심인재로 선발되어 다양한 직무 경험을 쌓는 과정에 있었다.

지난 1997년 11월 외환위기로 국내 경제가 흔들리고 있을 때 그는 외국에서 신규 시장을 개척하고 있었다.

외환위기가 올리라고는 아무도 예측하지 못했다. 원자재 가격이 상승하고 해외 지점의 직접 경비 등 비용이 늘어나면서 사업을 접고 귀국 길에 올랐다. 그가 경험한 첫 번째 실패였다.

그는 깊은 무력감에 빠졌다. 그는 자신에게 실패자라는 주홍글씨를 새겼다. 그리고 실패를 심리적인 한으로 마음 깊이 담아 두었다. 풀지 못한 한은 그의 업무능력과 조직관리능력, 의사소통과 사회관계망을 무력화시켰다. 직장뿐만 아니라 가정에서도 대화가 위축되고 부족했다.

나는 그에게 한의 실체를 찾아 볼 것을 제안하였다. 한과 같은 상처받은 정서를 탐색하는 데는 심리치료법인 포커싱focusing 기법이 효과적이다. 나는 포커싱 기법을 통해 그의 한을 찾아보았다. 그의 몸 어디에서도 찾아 볼 수 없었다.

나는 코칭 과제로 자신의 몸 어디에서 한을 느껴볼 수 있는지 포커싱 기법을 사용하기 쉽게 알려주었다.

몇 주가 지난 후 그를 만났다. 그의 표정은 몹시 밝았다. 그는 한을 찾기 위해 여러 시도를 해 보았지만 어디에서도 찾을 수 없었다고 말했다. 한 찾기를 통해 그가 알게 된 것은 한은 실체가 아니라 실패자라는 자기인식이 만든 허상이었다는 점이다. 그 순간 삶의 주인공이 자신이 아니라 허상인 한이라는 것을 통찰했다. 삶의 주인 자리를 허상에게 내어준 것이다.

그는 내가 코칭 초반에 질문했던 '소중한 것의 재발견'이라는 4가지 질문을 자문했다. 관점 전환을 위해 개발한 것으로 1) 당신은 어디에 묶여 있습니까?(기존의 생각) 2) 그 묶임으로 인해 당신이 잃고 있는 것은 무엇입니까?(새로운 생각), 3) 그것은 당신에게 어떤 의미를 갖습니까?(관점의 발견과 전환), 4) 그 의미를 얻기 위해 오늘 할 수 있는 것은 무엇입니까?(행동 변화)로 구성되어 있다.

그는 소중한 가족과의 대화 부족으로 그들에게 마음의 상처를 주었고, 일터에서는 주위 사람과 대화를 기피하거나 수동적인 자세로 임했고 자신의 역할을 제대로 수행하지 못했다.

그는 자기인식을 되살리고 자신과 유사한 경험을 했던 동료나 후배 직원을 재기하도록 돕는 코칭을 하였다.

인식은 자기 존재감을 키우고 자기 삶을 주도하는 에너지원이지만, 인식이 왜곡되면 스스로 그 굴레에서 벗어나기 쉽지 않다. 생각 파트너인 코치는 인식이 좌초된 경우, 강력한 자기발견 질문과 성찰 질문을 통해 자기인식이 깨어나도록 돕는다. 자신이 원하는 결과를 얻기 위해서는 인식이 건강하게 늘 깨어 있어야 한다.

생각의 함정

사람들은 어려운 문제에 직면했을 때, 그 문제로 고민한다. 그리고 문제를 해결하는 방법으로 여러 정보를 수집하고 분석하고 종합하는 데 많은 시간을 투자한다. 과연 이 방법이 항상 효과적일까?

당시 세계적인 인지도를 지닌 정보통신서비스를 제공하던 한 외국계 기업의 임원은 심각한 고민에 빠졌다. 벤처기업을 창업해 엄청난

돈을 벌었지만 자금관리에 실패하면서 그는 기업을 청산하고 기술적인 면에서 자신과 경쟁도 되지 않았던 기업에 임원으로 들어갔다.

생각만 해도 분통이 터지는 일이었다. 가까운 사람에게 돈을 빌려주었던 것이 화근이었다. 회사를 정리한 이후 더 큰 문제는 다른 곳에 있었다. 바로 자기 자신이었다.

그는 자금관리에 실패한 무력감을 처음에는 간단히 생각했다. 그러나 실패와 무력감을 생각하면 할수록 무관해 보였던 다른 사건 사고가 모두 자신의 무능력과 연결되기 시작했다. 무관했던 정보들은 의미 있는 정보가 되고, 본래의 뜻이 왜곡되면서 무능력과 한 덩어리가 되었다. 생각을 하면 할수록 무력감은 커지고 견고해졌다. 왜곡된 생각이 설득력을 갖고 그렇게 믿기 시작했다. 생각을 반복하다 보니, 그 생각을 자극하는 단서들도 생활 주변에 쉽게 생겼다.

우울한 기분, 슬픈 드라마와 음악, 사무실에 널려 있는 정보통신기기, 성공한 사람에 대한 이야기 등이 모두 무력감을 상기시키는 단서로 작용하였다. 기술전문가로서 평판이 높았고 벤처기업을 키우면서 자존감은 치솟았지만, 실패 앞에서는 너무 쉽게 무너져 내렸다. 어느 때는 삶을 포기하고 싶었다.

나는 그에게 감사 일기를 쓰도록 권하였다. 매일 출근해서 노트북을 켜고 지금 이 순간이 감사한 이유를 찾아 작성해 보도록 하였다. 밤에는 취침에 들기 전에 감사 일기의 내용을 읽어 보고, 감사를 깊이 받아들이는 의식을 취하도록 했다.

그는 감사 일기를 쓰고 이메일을 통해 아내에게 보냈다. 가정을 지켜준 아내에게 감사를 전하고 싶었다. 때로는 자녀에게 보내기도 했다. 감사 일기를 쓰면서 그에게 통찰이 일었다. 진정한 작은 감사가 생명력을 가졌다는 것이다. 이 순간이 감사한 이유를 적는 것은 그날 하루의 삶을 시작하는 닻anchor 역할을 하였다.

일기를 쓰고 난 이후 일어나는 사건들을 바라보는 시선이 달라졌다. 무력감에 젖어 있던 때의 좁은 관점이 긍정적인 방향으로 넓어졌다. 자존감을 지탱했던 기술전문가에서 후배들의 성장을 돕고 조력하는 형님 리더십을 발휘하는 모습에 더 큰 자존감을 느꼈다. 그리고 지금의 일터와 이 순간을 있는 그대로 받아들이게 되었다. 그가 무력감을 느끼게 한 많은 돈도 중요하지만, 이 순간을 기쁨과 감사로 채울 수 있다는 생각이 더 가치 있게 느껴졌다.

4) 관점 변화에 따른 통찰

실패로 인해 좌절하고 추진이 중단되는 경우가 있다. 가능한 이유 중의 하나는 실패를 결과로 보는 것이다. 관점을 바꾸어 결과가 아니라 과정으로 보자.

실패를 다음 단계로 나가는 새로운 시작으로 보는 경우, 중단하지 않고 일어선다.

관점 변화를 실행으로 연결시키는 것은 희망이다. 원하는 결과를 얻을 수 있는 희망이 있을 때, 실패를 새로운 시작으로 본다. 희망은 원하는 결과를 얻을 가능성에 대한 긍정적 기대이다. 희망은 긍정적 기대를 가진 심리상태이지만, 또한 그 결과를 만들어 가는 결정적 행동을 촉진시키는 요인이다. 실질적인 결과물을 만들 수 있는 행동이 있을 때, 희망이 힘을 발휘한다. 성장 비전 만들기, 이해의 축적과 창의적 재구성이 그 예이다.

성장 비전 만들기

코칭에서 만난 한 임원은 개인 비전을 명확하게 설정한 인재는 결국 그 비전을 달성하는 결과를 만들어낸다는 신념을 가지고 있다. 인재를 키우면 개인도 성장하지만, 조직의 성과도 향상되고 조직이 지속적으로 성장하는 중요한 동력원을 확보하는 것이라고 믿는다. 그는 사업부의 리더로 성장하는 과정에서 뿐만 아니라 사업부장의 지위에 올라서도 그의 신념에 따른 인재 육성을 하고 있다.

나는 그 임원이 새로운 사업부를 맡으면서 만나게 되었다.

새해가 시작되면서 그가 성취하고 싶은 목표는 크게 두 가지였다. 하나는 신제품의 글로벌 경쟁력을 향상시키는 것이다. 다른 하나는 직원 몰입을 촉진시키고 일터에서 행복감을 느끼도록 하는 것이다. 두 가지 목표를 성공적으로 추진하기 위해 사업부의 구성원들이 모두 각자의 성장 비전을 명확히 세우고 실천하는 프로젝트를 진행하였다.

나는 코치로서 그의 계획과 실행을 경청하고 실제 작동할 수 있도록 도왔다. 먼저 모든 사업부원들은 개인별로 향후 5년의 성장 비전을 만들고 구체적인 실행계획을 담은 비전계획서를 작성하여 사업부장에게 제출하였다.

사업부장은 모든 부원을 개인별로 면담을 통해 계획서의 완성도를 높였다. 사업부원 전체를 개인 면담을 한 후, 그 이후부터 조직의 위계에 따라 면담을 진행했다. 사업부장은 그룹장을 대상으로 한 미팅을 갖고, 그룹장은 팀장, 팀장은 팀원을 대상으로 개인 미팅을 가졌다.

나는 원하는 결과를 얻는 데 필요한 개인별 결정적 행동을 명확하게 정의해 보도록 요청하였다. 개인별 미팅에서는 각자의 경력개발과 성과 향상을 위해 육성이 요구되는 잠재성을 찾고, 이를 육성시키는 개발계획과 팔로업 계획을 일관성 있게 세웠다.

사업부장의 인재육성 전략은 여러 해를 거치면서 검증되었기 때문에 치밀하고 구조화되어 있었다. 인재육성 목표를 달성할 가능성을 최적화하는 프로그램이었다. 코칭이 진행되는 동안 임원은 자신의 육성 프로그램과 코칭 목표와의 연계성을 수시로 체크하였다.

효과성 코칭 방법론의 관점에서 임원이 추진 중인 프로그램에 대해 피드백을 공유했고, 그는 목표를 달성할 수 있는 정교한 전략과 방법을 사용할 필요성을 통찰했다.

"성장 비전 프로그램을 통해 원하는 결과를 얻을 가능성을 높이는 요인은 과연 무엇일까?"

육성 프로그램을 여러 차례 운영했지만, 프로그램의 목적을 달성할 가능성을 높이는 요인을 추가로 탐색할 필요성을 처음 느꼈다. 목표를 이룰 수 있는 가능성은 희망을 담은 비전만으로는 부족하다. 그 비전을 현실화할 수 있는 구체적인 장치가 프로그램에서 작동해야 한다.

이해의 축적

당면한 상황이나 문제를 이해하는 데 작은 정보라도 쌓이게 되면 이해가 깊어지고 새로운 관점을 갖게 되어, 통찰을 통해 문제를 해결할 가능성이 높아진다. 작은 정보 하나에 의해 상황 지각이 명료해지고 즉각적으로 이해할 수 있게 된다. 예를 들면, 다음과 같다.

- 코칭 대상자가 속한 조직의 과거 역사를 알게 되면, 당면한 상황에서 그가 고민하는 주제의 맥락과 잠재적 원인에 대해 폭넓게 이해하게 된다.
- 고민이 많은 사람의 주변 사람들을 만나 코칭 대상자가 처한 상황에 대해 인터뷰하면, 그가 말하지 않은 속마음이나 예상하지 못한 언행을 하게 된 심리를 추론할 수 있다.
- 고민하고 있는 주제에 대해 경험을 했던 사람이 자신의 이야기를 들려준다. 그리고 "내 경험이 당신에게 어떤 시사점을 줍니까?"라고 질문한다. 그의 선행 경험은 통찰을 자극할 수 있다.
- 일을 시작했지만 앞으로 어떻게 해야 할지 고민하는 사람에게, "당신이 지금 그 일을 한 이유는 무엇입니까?"라고 물어 본다. 그 사람의 설명을 잘 듣게 되면, 그 일을 하게 된 첫 동기를 알

수 있다. 이를 통해 가야 할 방향을 찾게 된다.

- 통찰을 통해 무관해 보였던 정보들의 인과관계를 명확하게 도출할 수 있다.

창의적 재구성

애플의 수석디자이너 조나단 아이브Jonathan Ive는 직관적이며 혁신적이라는 애플 제품의 디자인에 대한 자신의 생각을 다음과 같이 요약했다.

"디자인은 경험을 디자인하는 것이며 복잡성을 진정한 단순성으로 배열하는 것이다. 그 배열은 지극히 명료하고, 효율성이 높고 시스템을 구성하는 각 요소의 특성을 전체 시스템의 관점에서 조화롭게 통합한 것이다. 그 결과물은 혁신적이다."

관점 변화는 통찰을 자극하고 통찰은 관심과 호기심을 갖고 주의 깊게 살피던 것을 이전보다 명료하게 이해하도록 돕는다. 통찰의 의미를 깊게 파고들어갈 때 더 나은 결과를 만드는 길을 알게 된다. 나이와 관계없이 자신이 하는 일을 창의적으로 재구성하며 생활하는 사람들에게서 긍정에너지를 얻는다. 그 에너지원은 사람에서뿐만 아니라, 생활환경인 경우도 있다. 상상을 자극하는 공간에서 자유롭고 창의적으로 생각해 본다.

5) 통찰을 촉진시키는 효과적인 방법

조용한 환경이 적합

뇌과학자들은 자기 통제가 강하게 작동할 때에는 의식이 활성화되어 있어, 기존에 고민하고 있는 문제에 대한 적절한 답을 찾는데 실패한다는 사실을 밝혔다. 수식을 활용해 문제를 풀거나 논리적인 사고에 집중할 때, 많은 정보를 한꺼번에 처리해야 할 때, 작업기억 working memory이 활용된다. 이때는 통찰이 일어나지 않는다. 오히려 통찰은 뇌 속의 뉴런들이 상호 연결성이 적은 상태에서 갑작스럽게 연결과 통합이 일어난다.(Kounios & Beeman, 2014; 2015.) 통합에 사용되는 기억은 단기 기억이 아니라 장기 기억이다. 잊혀진 기억이지만 희미하게 남아 있던 몇 개의 기억, 장기 기억에 있던 정보가 갑자기 연관성을 갖고 결합된다. 의식의 수준이 낮은 단계에서 뉴런들 간에 미세한 신호가 전달되고 서서히 그 소통 에너지가 커진다. 어느 순간 갑자기 뉴런들이 연결되고 통찰이 일어난다.

"맞아, 그렇지. 그렇게 하면 되겠구나."

통찰은 차분하고 조용한 마음에서 순간적으로 일어난다.

떠도는 생각, 내면 요구에 집중하기

Smallwood와 Schooler(2015)의 연구에 따르면, 사람들은 당면한 문제에 집중하지 않고, 전혀 무관한 떠도는 생각들에 빠져 있을 때 통찰을 경험했다. 백일몽 상태처럼, 이런저런 생각에 배회를 하던 중에 번뜩 통찰이 일어난다. 어려운 문제를 해결하기 위해 집중해 있을 때는 뇌 환경이 통찰에 부적합하다. 집중하던 일을 내려놓고 있을 때, 통찰이 일어날 가능성이 높다.

어려운 문제를 풀기 위해 계속 집중하지 말고, 잠시 하던 일을 덮고 휴식하며 각성된 뇌에 휴식을 주는 것이 좋다. Kounios와 Beeman(2014)은 통찰을 갖기 전에 시각과 청각 뇌 피질에서 알파 효과가 나타나는 것을 밝혔다. 즉, 사람들이 외부 요구가 아니라 자신의 내면 요구에 집중할 때 통찰이 일어나는 것이다. 통찰을 위해서는 자신의 내면을 성찰할 수 있는 안전하고 여유로운 시간을 가져야 한다.

옅은 행복감의 상태

뇌 과학에서 통찰의 작동 원리를 연구한 결과를 보면, 통찰은 긴장되거나 불안할 때가 아닌 긍정적 정서를 옅게 체험한 상태에서 일어났다. 정서가 통찰에 미치는 영향을 파악하기 위해 f MRI로 뇌를 촬영하였다. 행복하게 느낄 때, 통찰에 관여된다고 추정하는 뇌 부위가 활성화되었다. 또한 부정적 정서보다 긍정적 정서를 체험할 때, 사람들은 더 창의적인 능력을 발휘했다.(Subramaniam 등, 2008.)

→ 4

자기 수용: 지금의 나를 받아들이기

뷰카 환경에서 자기 수용self-acceptance은 건강한 삶을 사는 인지전략이며 행동이다.

건강한 삶을 살기 위해서는 숙련된 자기관리가 필요하다. 숙련된 자기관리는 자신이 생각하는 삶의 목적에 맞게 자기인식, 자존감, 자기 수용의 역동적인 관계를 합리적으로 만들어 가는 것이다. 자기인식은 자신이 처해 있는 삶의 맥락과 사회적 관계에서 일어나는 변화를 잘 읽고, 자기 존재와 연계해 해석할 수 있는 인지 활동이다. 숙련된 자기관리를 위해서는 자기인식이 늘 깨어 있어야 한다. 자기인식이 기능을 못 하면, 자존감과 자기 수용은 긍정적이지 못할 가능성이 높다.

자존감은 특정 삶의 조건 속에서 자기를 긍정적으로 의식하고 평가하는 개념이다. 예를 들어 "나는 성공했다. 그 결과로 나의 자존감이 높아졌다."와 같은 것이다.

높은 자존감은 사회적 통념으로 볼 때 바람직한 모습이다. 이러한 시각에서 사람들은 높은 자존감을 갖기 위해 그 체험을 충족시키는 삶의 조건을 만들려고 애쓴다. 앞의 예시에서 삶의 조건은 성공이다. 이 조건을 만들기 위한 우리의 삶은 어떠한가? 기쁨과 행복도 경험하지만 고뇌와 스트레스, 갈등, 타인과의 경쟁 속에서 상처를 주고받는다. 이러한 것들이 심리적인 건강을 해친다. 이러한 문제를 어떻게 해결할 수 있을까? 자기 수용의 삶을 사는 것이다.

자기 수용은 조건 없이 있는 그대로의 나를 받아들이는 것이다.(Ellis, 1994.)

주어진 삶의 맥락에서 사회적 관계를 유지하면서 자기인식과 자존감을 포함해 체험하는 모든 것을 있는 그대로 받아들이는 것이다. 자신의 긍정적인 것과 부정적인 것, 강점과 약점, 가지고 있는 것과 가지고 있지 않은 것 등에 따라 흔들리지 않고 현재의 자기 자신을 온전한 존재로 받아들이는 것이다. 자기 수용을 통해 인간은 지속적으로 성장하고 진화하면서 변화를 만들어 낼 수 있다.

1) 자기한계를 극복한 경험은 자기 수용의 씨앗

그의 상사는 성과 지향적이며 조급하고 욱하는 성격의 소유자이다. 프로젝트의 진행 현황과 관련 이슈를 토의하는 회의가 있을 때는 늘 고함을 질렀다. 고함은 단순히 욱하는 감정의 표현이 아니라 거친 언사가 포함되었다.

어느 날 코칭 미팅을 하기 위해 그의 집무실로 갔다. 집무실 옆에 있는 회의실에서 미팅이 진행되고 있었다. 회의실 밖에서 듣기에 거북한 대화를 쉽게 들을 수 있었다. 예정된 미팅 시간을 몇 분 지났을 즈음 회의가 종료되고 상기된 얼굴을 하고 나오는 상사를 힐끗 볼 수 있었다. 그 회의실은 바로 코칭 미팅이 진행되는 곳이다.

잠시 후 코칭 대상자인 임원과의 미팅이 시작되었다.

나는 그의 얼굴을 보고 깜짝 놀랐다. 그의 표정이 아주 평온했기 때문이다. 보통 이런 상황이라면, 불편함이 어떤 형태로든 감지되는데 그에게는 전혀 그런 기색을 찾을 수 없었다. 지난 코칭 미팅에서 다룬 주제에 대한 후속 대화를 마치고, 조심스럽게 그의 심정을 물어보았다.

코치: 좀 전에 상사의 고함 소리가 회의실 밖에서도 들리던데, 불편하지 않으세요?

임원: 늘 있는 일인데요. 요즘 프로젝트가 더디게 진행되고 있습니다. 예상하는 결과가 나와야 하는데, 전혀 진척이 없습니다. 원래 이 프로젝트의 성공률은 매우 낮기 때문에 상사는 독촉하고 부원들은 스트레스를 겪고 있습니다. 이해가 됩니다.

나는 그의 말을 듣고 직관적으로 자신의 안전지대를 벗어나본 경험을 가지고 있을 것으로 생각했다. 그는 지난 미팅에서 자신의 성격을 소개할 때 다른 사람은 자신을 차분하고 온화한 사람으로 보지만, 자신은 다른 사람들이 생각하는 것보다 깐깐하고 소신이 있다고 말했다. 겉보기에는 부드럽지만, 내면은 강건한 리더로 느껴졌다. 오늘도 그의 대화에서 그만의 독특한 경험과 생활 철학이 있을 것으로 여겨졌다. 이에 대한 그의 생각을 들어보면, 지금 보인 그의 말을 이해할 수 있을 것이다.

코치: 지금 상황을 이해합니다. 상황을 긍정적으로 해석하십니다. 상황은 긴장되고 불편하지만, 긍정적으로 볼 수 있는 힘은 어디에서 오는 것일까요? 코칭에서는 자신이 안주하고 도전하지 않는 경계까지의 영역을 안전지대라고 표현합니다. 상무님의 삶을 돌아볼 때, 안전지대를 벗어나 본 경험이 있으십니까?

그는 어려운 상황에 직면했을 때 그 상황을 바라보는 자신만의 방식이 있다고 소개했다. 그 방식은 우연한 기회에 학습하게 되었다. 평소 다니던 직장을 그만두고 유학을 떠났다. 급여나 근무환경은 좋았지만, 공부를 더 하고 싶은 마음을 지울 수 없었다. 젊은 시절에 스스로 안전지대를 벗어나기로 한 첫 번째 선택이었다.

박사 과정을 시작한 지 2년 정도가 지났을 때였다. 이미 국내에서 석사 학위를 취득하고 유학을 떠났기 때문에 박사과정의 내용이 생소하지는 않았다. 그러나 생각만큼 쉽게 진행되지 않았다. 과정을 이수하기가 점점 벅차고 무력감에 빠졌다. 좋은 직장을 그만두고 고생을 사서 한다고 생각했다. 학업을 포기하고 귀국을 해야겠다고 생각하기도 했다

임원: 어느 날 문득 이런 생각이 들었습니다. 자문자답을 했습니다. 내가 극한 상황까지 가본 적이 있나? 지금이 극한 상황이고 지금의 내 모습이 나의 한계일까? 아니면, 지금의 어려움을 극복할 수 있는 내가 알지 못하는 능력이 있나? 지금의 어려움은 앞으로 겪을 것들에 비교할 때, 과연 어느 수준일까? 지금 상황이 어려운 것은 사실이지만, 포기하는 자신의 모습을 인정하기가 어려웠습니다. 자신의 한계라고 생각하지 않았습니다. 그때 저한테 안전지대는 자신의 한계였습니다.

코치: 그 한계를 벗어나 학위를 성공적으로 마쳤을 때, 알게 된 것은 무엇입니까? 학위는 어떤 의미입니까?

임원: 학위를 마치면서 저의 또 다른 모습, 이전에는 몰랐던 모습을 보았습니다. 저도 이 점이 참 값진 경험으로 생각합니다. 어려운 상황을 헤쳐 나가는 자신에 대해 자긍심이 생기고 믿음이 생겼습니다. 저는 그때 어려운 상황을 보지 않고 그 상황을 풀어가는 저의 성장 과정을 보았습니다. 그때 깨달은 것은 나의 능력은 나도 모른다는 것입니다. 상황이 어려울수록 그 상황을 극복하면, 그만큼 내가 누구인지를 더 알게 된다는 것입니다. 저의 학위는 자기발견의 결과물입니다. 박사학위를 하는 정도의 어려움은 극복할 수 있는 사람이라는 것을 인증해 준 증표, 인증서입니다.

코치: 상무님, 참 대단하십니다. 자신의 한계에 도전하면서 자기를 알아간다. 그러한 노력을 하는 모습에 자긍심과 자기 확신을 한다

는 말씀에 울림이 있습니다. 자기성찰과 통찰이 뛰어나십니다. 지금 자신의 한계에 도전하는 모습을 보인다면, 무엇입니까?

임원: 감사합니다. 저는 지금도 저를 알아 가는 과정에 있습니다. 함께 일하는 부원이나 상사를 볼 때도 같은 눈으로 봅니다. 저는 부원들을 질책하거나 화를 내지 않습니다. 프로젝트의 진행과 결과를 철저히 챙기지만, 그들도 자신의 한계에 도전하라고 말합니다. 그 길을 가도록 도와주려고 합니다. 우리 회사의 조직문화로 보면, 아주 온건한 행동입니다. 그런 면에서 도전적인 역할로 제가 선택한 것입니다. 상사의 독려와 질책, 거친 언사는 그분의 것이고 저한테는 감당하고 극복해야할 환경 같은 것입니다. 상사의 언행에 의해 상처받지 않습니다. 다만, 부원을 대할 때는 상사의 언행이 부원까지 가지 않도록 우산 역할을 합니다. 이 또한 저의 선택입니다.

그는 자신의 한계를 스스로 극복하는 성공 체험을 통해 자신이 직면한 현실을 부정적으로 보지 않고 있는 그대로 받아들이는 자기 수용을 학습하였다. 자신이 겪는 현실적 어려움은 장애물이라기보다 자기를 발견하는 과정에서 풀어야 하는 과제로 인식하였다. 그 과제를 풀어가는 자기 자신에 대한 믿음과 더 나은 자아를 경험하고 싶은 동기, 주도적이며 도전적인 선택, 자기 발견과 성장의 탐구 활동이 자신의 중심에 확실히 자리 잡고 있었다.

그의 자기관리 능력은 탁월했다. 지난 코칭 경험을 돌아볼 때, 이

처럼 자기인식과 자존감, 자기 수용이 긍정적인 사례는 드물다.

자기관리 능력이 뛰어난 리더는 조직 내에서 성공 가능성이 높다. 과연 그는 자기관리능력을 성과와 어떻게 연계시키고 있을지 궁금했다. 그의 코칭 주제도 상사의 기대를 충족시키기, 부원의 몰입을 끌어내는 것, 자기존재감을 반영한 임원 리더십 만들기, 부원에 대한 차별적인 동기부여 방안 개발이었다.

2) 상호이해를 통해 자기 수용의 가능성을 높이기

그는 임원 코칭에 참여하면서 부원의 존재감을 더 키우고 그 과정에서 체험되는 긍정성을 활용해 더 나은 성과를 만드는 자원으로 사용한 것이 가능하다는 체험을 했다.

그는 부원들이 긍정성을 체험하도록 그들의 성장을 돕고, 칭찬과 인정, 생산적인 피드백을 하고 상사의 질책을 방어하는 우산 역할을 하는 데 충실했다. 그러나 코칭에 참여하기 전에는 이러한 과정에서 생성되는 긍정성을 성과와 연계시키는 전략적 활동은 부족했다. 부서의 긍정성을 향상시키는 것과 프로젝트의 생산성을 높이는 활동을 독립적으로 관리하였다. 특히 임원과 부서의 중간 리더, 부원 간의 개별적인 소통은 활발히 이루어졌지만 집단 역동을 활용하는 사례는 없었다.

코치: 상무님께서 자기한계를 극복하면서 원하시는 결과를 얻었고 부원들에게 같은 경험을 하도록 도와주고 있습니다. 부원 개인으로 보면, 자기 성장의 기회를 만들어 주고 부원 육성을 지원한다는 측면에서 도움이 될 것입니다. 부원들의 관계에서 그들이 서로를 더 이해하는 경험을 하는 것은 현재 조직관리에서 어떤 도움이 되겠습니까?

임원: 일이 바쁘다 보니 개인도 잘 챙기지 못하고 있습니다. 프로젝트 팀 내와 팀 간에 업무 외에는 별다른 활동을 전혀 못하고 있습니다. 서로를 이해하는 시간을 갖는다면, 아마 처음일 것 같은데요. 내용과 방법을 알려주시면, 다음 미팅 전까지 실행해 보겠습니다.

나는 '상호이해 높이기'라는 소그룹 활동을 팀 활성화를 위한 방법으로 활용하였다. 팀이 구성되고 6개월 이상이 경과하였으나 팀의 역동성이 부족한 경우, 팀 역동이 활발하지만 새로운 비전이나 도전적인 목표가 제시되면서 하나의 팀으로서 응집력을 키울 필요가 있을 때 주로 활용하였다. 다음의 운영 절차를 따르면 된다.

진행 준비

- 리더와 구성원이 원을 그리고 앉는다.
- 참여 인원은 7명 이내가 적절하다.
- 각자 메모지(예, Post-It)와 필기도구를 준비하고 참여한다.

진행 방법

- 리더가 이번 활동의 취지를 설명한다.
- 구성원 ①에 대해 참가자들이 각자 함께 일하면서 경험한 그의 긍정적인 모습에 대해 메모한다.(예, 그는 OOO한 사람입니다.) 긍정적인 측면은 장점, 강점, 인성, 행동 등으로 표현하며, 최소 3개 이상을 적는다. 부정적인 내용은 절대 포함하지 않는다.
- 모두 작성을 마치면, 돌아가면서 구성원 ①에게 피드백을 한다. 피드백을 받는 사람은 피드백의 내용을 부정하지 않고 있는 그대로 나의 모습이라고 받아들인다.(수용한다.)
- 리더도 피드백에 참여한다. 피드백을 모두 마치면, 각자 작성한 메모를 구성원 ①에게 전달한다.
- 위와 같은 요령으로 참여한 모든 사람(리더 포함)이 다른 사람으로부터 피드백을 받는다.
- Wrap-up 시간: 참가자 전원이 피드백을 받은 후, 리더는 '다른 사람으로부터 피드백을 들을 때 경험한 느낌과 생각을 자유롭게 이야기하도록 요청한다.'
- 리더는 주요 시사점을 정리하고 참여자와 공유한다.

이 활동의 결과는 아주 긍정적으로 나타났다. 처음에는 프로젝트를 할 시간도 부족하다는 이유를 들어 진행에 부정적인 의견도 있었다.

임원은 부정적인 의견을 참고하였으나 계획대로 진행하였다. 소그룹 활동이 진행되면서 처음에는 서로 서먹해했지만, 이내 활발한 대화가 오고 갔다. 활동의 후반에 각자 피드백을 들을 때의 느낌과 생각을 자유롭게 이야기하도록 요청하였을 때, 기대 이상의 반응에 모두 놀랐다. 주요 내용은 다음과 같다.

- 무심코 도움을 준 것인데 고마운 일로 기억해 주어 놀랐다.
- 자기 일에만 관심을 가진 줄 알았는데, 서로 소통을 원한다는 것을 알았다.
- 이전보다 더 가까워진 느낌이다. 자주 이런 활동이 있으면 좋겠다.
- 동료나 선배의 눈에 비친 내 모습을 육성으로 직접 들어서 좋았다.
- 나에 대한 피드백을 들으면서 내 자신에 대한 이해가 더 넓어졌다.
- 다른 사람의 일부만 알면서도 전부라고 생각했다는 것을 알게 되었다.

3) 일터에서 자신의 진정한 가치를 알아보자

자기 수용은 현재 있는 그대로의 나를 받아들이는 인식이며 행동이다. 자기에 대한 인식은 존재being로서의 자기도 있고, 원하는 결과를 만드는 실행doing을 통해 이루는 성취와 그에 따른 긍정적 자기도 있다.

두 가지의 내용이 상호 연결되고 균형을 이룰 때, 자기 수용의 가능성은 높아진다.

원하는 결과를 만들기 위해 노력하는 과정에서 실패를 거듭하고, 반복된 실패를 통해 무력감이 커진다면 무력감을 해소시킬 에너지원이 있어야 한다. 존재에 대한 가치와 긍정적 인식만으로 실행에서 결손 된 자기를 치료하고 보듬을 수는 없다.

자기 수용은 자신의 긍정과 부정, 강점과 약점 등에 대한 조건 없이 자신의 전체를 있는 그대로 받아들이는 것이다. 역설적이지만 긍정적 자기지각이 객관적으로 확실히 존재할 때, 사람들은 자기 판단을 멈춘다. 자기 자신에 대해 평가하고 판단하기를 멈출 때 자기 수용이 가능하다.

자존감을 높이는 한 방법은 자신을 수용할 수 없는 점을 찾아 개선시키는 것이다. 자기 수용이 일어나면, 자존감이 향상되는 이면에는 자기 수용의 조건이 충족되면서 작동하는 심리가 있다. 여기에서는 일터에서 자신의 가치를 객관적으로 알아보는 것이다. 자신의 진정한 가치를 파악하는 것은 삶의 주체인 자기 자신의 책임이다.

- 자신이 잘하는 것이 무엇인지에 대한 타인의 피드백을 통해 찾아본다. 성과 피드백 자료, 각종 다면진단 결과 등을 통해 가장 높게 평가된 자기 잠재성을 찾는다. 잠재성의 가치를 알아 볼 수

있는 진단을 활용해 본다.

- 자신의 잠재성이 일의 성과와 어떤 관계인지를 객관적으로 파악한다. 자신의 가치는 스펙이 좋다고 확보된 것이 아니다. 잠재성은 외부의 요구와 평가 기준에 부합하는 결과로 나타나야 한다.
- 자기평가를 통해 자신의 가치를 가름해 본다. 자신에게 나는 어떤 존재인가? 어떤 가치를 실현시킬 수 있는지를 자문해 본다. 자기 내면의 목소리가 이에 대해 답을 줄 수 있다.
- 진정한 자기 가치를 높일 수 있는 구체적인 활동이 있는지를 본다. 지속적인 학습과 성장 노력은 자신의 가치를 높이는 효과적인 방법이다.

4) 적극적으로 자기 수용을 실천하기

국내 영업을 담당했던 한 임원은 소속 부원에게 고함을 치는 자기 모습을 보고 순간 놀랐다. 영업실적이 부진한 것도 아니고 향후 시장의 흐름을 전망하면서 영업전략을 논의하는 자리였다. 특별히 문제될 것이 없는 상황이라 그 자리에 있던 회의 참가자들은 모두 긴장했다. 임원이 고함을 치게 된 것은 회의에 집중하지 못하는 모 차장의 시선 때문이었다. 특히 임원이 그를 쳐다보며 대화를 할 때에도 시선을 다른 곳에 두는 빈도가 높았다. 어느 순간 그가 시선을 다른 곳에 돌렸을 때, 임원은 "똑바로 회의에 집중하지 못해, 지금 이 중요한 자리에서 뭐 하는 거야. 모두 진지하게 토론을 하고 있잖아."라고 소리쳤다.

다른 사람들이 놀란 것은 고함 때문이 아니라 평소 임원의 모습과는 너무 달랐기 때문이다.

임원 코칭에서 알게 된 것은 그의 엄격한 부모의 양육과 무관하지 않았다. 어린 시절 부모의 질책이나 교훈을 담은 훈육이 있을 때는 자세를 바로 잡고 부모님의 말씀에 집중해야 했다. 자세가 흐트러지거나 집중하지 않으면, 몸가짐과 태도에 대한 훈육이 추가되었다. 임원이 가장 싫어하는 부분이고 임원으로 승진할 때는 부원의 입장을 배려하고 포용하는 형님 리더십을 발휘하겠다고 다짐하기도 했다. 그러나 회의에서 겉으로는 태연한 모습을 보였지만 영업실적을 더 올려야 한다는 심적 부담을 갖고 있는 상태였다. 임원의 내적 긴장감이 모 차장의 집중하지 못하는 회의 태도와 자세에 대한 불만으로 전이된 것이다. 나는 그에게 적극적으로 자기 수용을 하는 방법을 알려주었다.

코치: 상무님, 잠시 지난 과거로 여행하면서 기억에 있는 내용을 이미지로 떠올려 보려고 합니다. 편안한 자세를 취해보십시오. 지그시 눈을 감아 봅니다.

좋습니다. 자, 그럼 기억 여행을 떠나 볼까요. 임원으로서 상대방을 배려하고 포용하는 형님 리더십을 가장 열정적으로 발휘했던 때를 떠올려 보십시오. 그때로 돌아가 그 순간을 그려봅니다. 그때 상무님의 모습을 떠올려 봅니다. 그때 대화나 몸짓, 표정, 주위의 모습을 떠올려 봅니다.

자, 이제 상무님이 보였던 형님 리더십의 열정과 사랑을 느껴보십시오. 그리고 그 사랑과 열정을 끄집어냅니다. 나머지는 모두 내려놓고 오직 상대방을 배려하고 포용하는 상무님의 사랑과 열정을 마음속에 남겨 두십시오. 사랑과 열정이 느껴지는 곳으로 오른 손을 가져가 봅니다. 그곳에 사랑과 열정을 머무르게 합니다.

자, 이제 모 차장에게 고함을 쳤던 그때를 떠올려 보십시오. 아주 생생히 그때의 상황과 상무님의 모습이 떠오릅니다. 그 모습에서 고함을 친 그 격한 감정을 끄집어 내보십시오. 그 감정이 느껴지는 곳에 왼손을 가져갑니다. 그 감정을 충분히 느껴봅니다.

이제 상무님의 사랑과 열정으로 격한 감정을 용서하고 품어 안아주십시오. 무조건, 조건 없이 그 격한 감정을 품어 안아줍니다. 오른손과 왼손을 포개고 끌어 앉는 자세로 가슴을 감싸주십시오. 상무님의 사랑과 열정으로 격한 감정을 용서하는 것입니다. 이제 격한 감정은 사랑과 열정 속으로 스며들어 갑니다. 모두 용해되어 사라지는 것을 느껴 보십시오. 사랑과 열정도 상무님의 몸으로 퍼져갑니다. 퍼져가는 파장을 느껴보십시오. 아주 깊은 곳으로 스며드는 것을 느껴보십시오. 그렇게 잠시 머무르겠습니다.

이제 눈을 뜨셔도 좋습니다. 잘하셨습니다. 지금 어떤 느낌과 생각을 갖고 있는지 말씀해 주시겠습니까?

임원: 마음이 편안하고 온기가 전율로 남아 있습니다. 뭐라고 할까요. 사랑과 열정, 격한 감정 모두 하나로 녹은 것 같습니다. 어떤 구분 없이 사라졌습니다.

코치: 상무님, 형님 리더십의 사랑과 열정으로 격한 감정을 조건 없이 있는 그대로 받아들이는 자기 수용의 과정을 경험해 보셨습니다. 이 활동을 조용한 시간에 또 해보시기 바랍니다. 반복하다 보면, 이 방법에 익숙하게 됩니다. 격한 감정처럼 다른 불편함이 있을 때 적용해 보시기 바랍니다.

5) 자기 수용을 효과적으로 하는 방법

자기 수용은 긍정적 자기와 부정적 자기를 포함하는 자기 전체에 대한 지각과 인식이다. 자기 수용은 자기에 대한 평가와 판단, 심판을 멈췄을 때 의식될 수 있는 개념이다. 지금 여기, 이 순간에 자신을 바라보는 관점에 대한 것이다.

발달심리학자들의 연구에 따르면, 8세 이전의 아동은 자아를 형성하기 어렵다. 그전에는 주로 부모, 형제 등이 인정하는 자아상이 아동의 자아형성에 기준이 된다. 따라서 이 시기에 형성된 자아의 모습이 성인이 되어 자기를 수용하는 데 영향을 미친다. 여기에서는 이에 대한 심리학적 논의는 다루지 않는다.

자기인식에 대한 이해 높이기

자기 자신을 어떻게 지각하고 이해하고 있는지는 자기 수용의 과정에서 중요한 출발점이다. 예컨대 자기인식과 자기에 대한 타인인식에 균형감이 있는지를 알아본다든지, 자신의 강점과 성취에 대해 정리해 본다든지, 주위 사람들이 자신을 어떻게 지각하고 있는지에 대해서도 객관적으로 파악해 보는 것이다.

오른 손에는 자기인식, 왼손에는 타인인식을 올려놓는다.

긍정적인 자기인식도 있고, 부정적으로 자기지각을 하거나 자기제한적 신념에 따라 자신의 의지와 능력에 한계가 있다고 단정할 수 있다. 타인인식에 부정적인 내용이 있다면, 그 원인을 분석해 본다.

주위 사람이 나를 신뢰하지 않는다면, 그 이유는 자신의 불안한 마음으로 인해 나에 대해 확신을 갖지 못하기 때문일 수 있다. 내가 신뢰할 수 없는 존재가 아니라, 나에 대해 확신을 갖고 있지 못한 그의 불안이 문제이다. 따라서 나에 대한 그의 인식을 고려할 필요가 없다. 두 손에 있는 내용을 바라보며, 어떻게 받아들이고 있는지를 확인해 본다. 타인이 나와 다름을 인정하고, 그 다름이 갖는 다양성의 가치와 의미를 존중한다. 두 손이 균형을 유지하기보다 어느 한쪽으로 기운다면, 그 이유를 찾아본다.

자기비판에 대응하기

자기 자신에 대해 부정적인 생각을 가지고 있다면, 그 생각을 갖게 된 심리를 분석해 본다. 자신에게 엄격한 잣대를 적용하고 있는지, 완벽주의적인 신념 또는 높은 기대를 갖는지 등을 찾아본다. 만일 그와 같은 생각을 가지고 있다면, 자기비판은 존재에 대한 것이라기보다 인식의 문제이다. 높은 기대를 가지고 있다면, 현실적인 기대로 바꿔본다.

실패한 일에 민감하고 무력감과 좌절감을 갖는다면, '그럴 수도 있지.'라고 자신을 관대하게 대해 본다. 그리고 자신을 부정적으로 대하는 기본가정을 갖고 있는지 확인해 본다.

'나는 지적이지 않다.'라고 가정하면, 작은 실수도 자신의 지적 능력을 저평가하는 근거로 과대하게 해석할 수 있다. '모든 사람들은 누구나 실수를 한다.'라고 생각하며 과대하게 해석하지 않는다. 그 가정을 검증해 본다. 또한 지금까지 성공적으로 일을 마무리했던 경험을 상기해 본다. 또 다른 면에서 전문성과 재능, 능력이 있다는 것에 자부심을 가져 보자. 이러한 대응을 통해 작은 실수를 지적 능력을 부족으로 단정하지 않게 될 것이다.

자기 자신을 품기

사람들은 각자 고유한 존재적 가치를 가지고 있다는 신념을 받아들인다. 자기 자신에 대한 생각과 느낌, 정서의 선택은 바로 자신의 것이다.(Glasser, 1998.)

자신에 대해 연민하고 긍휼하는 감정을 갖고, 자신을 품어 준다. 다른 사람에게 화를 내고 상처를 주는 말을 했다면, 그 사실에 대해 인정한다. "그와 같이 화를 내고 상처를 주는 말은 나 자신에게도 불친절하고 불편함을 주는 것이다."라고 인정한다.

이때 자신에게 솔직하고 진정성을 갖는다. 거울에 비친 자신을 보듯이 화를 내고 상처를 주는 말을 한 자신을 보고, 그 모습에 연민을 가져 본다. '지금은 감정이 격해져서 실수를 했지만, 같은 상황이 다시 일어난다면 더 지혜롭게 대처할 수 있다. 지금 이 순간에 알아차림을 갖게 된 것에 대해 감사한다.'라고 생각한다. 자신을 관대하게 대하고 잘못을 용서하는 마음은 자기 자신을 품는 바탕이다.

타인의 도움과 지지 받기

행복을 연구하는 심리학자들은 행복한 삶을 누리고 싶다면, 주위에 긍정적이고 행복을 누리는 사람들을 두라고 권고한다. 행복감을 느낄수록 자기 수용의 가능성은 높다. 나를 이해하고 지지하고 응원해 줄 수 있는 사람들과 사회적 관계망을 구축한다.

주위 사람과 갈등이 생겼다면, 갈등을 회피하기보다 그 사실을 인정하고 직면한다. 갈등관계에 있는 사람에게 열린 대화를 나눠본다. "지금 이 사건으로 인해 서로 불편함을 느끼고 있습니다. 나는 이 불편함을 풀기 위해 노력하고 있다고 생각하지만, 당신에게 만족감을 주지 못하고 있다고 생각합니다. 어떻게 하면, 이 갈등을 해결할 수 있겠습니까?"와 같이 말해 본다.

제3부

시스템적 접근으로 변화를 완성한다

자신의 삶을 주도적으로 구상하고 만드는 것은 21세기에 필요한 삶의 방식이다. 어떻게 원하는 삶을 만들 것인가? 생각 파트너인 코치는 사람들이 자신의 변화 요구를 관념적인 수준에서 상상하는 것이 아니라, 내면의 잠재성을 활용하여 직접 계획하고 현실에서 실천하도록 돕는다. 변화에 성공하려면, 구조화된 프로세스를 활용해야 한다. 코칭 대상자에게 변화 요구가 있다면, 코치는 변화 요구를 성공적으로 돕기 위한 인지 전략과 코칭 프로세스를 갖고 있다. 코치는 변화를 끌어내기 위해 구조화된 FORM 코칭 프로세스를 사용한다. 이에 대응해 코칭 대상자는 내면의 인지적 활동인3S를 주도적으로 사용해야 한다. 3부에서는 구조화된 대화 프로세스에서 코치가 변화를 끌어내는 방법과 코칭 대상자가 변화를 끌어가는 방법을 소개한다.

제6장

변화를 끌어내는 코칭 프로세스

움직임이 없다면, 아무것도 일어나지 않는다.

– **앨버트 아인슈타인** Albert Einstein, 물리학자

이 장에서는 생각 파트너인 코치가 개인변화를 끌어내는 3S-FORM 코칭 모델과 코칭 프로세스를 소개한다. 이 모델의 개념을 이해하는 것은 코치가 실제 코칭 현장에서 효과성 코칭을 전개하는 상세한 과정을 명확히 알기 위한 기본과정이다. 코치는 코칭 프로세스를 전개할 때 앞서 소개한 네 가지 인지전략과 역할 중심의 코칭 접근을 사용하며, 코칭 대상자가 요구-행동-결과의 관계를 완성하도록 돕는다.

여기에서는 보다 구조화된 접근 방법을 소개한다. 코칭 모델에 대한 세부적인 설명에 들어가기 전에 먼저 독자의 이해를 돕기 위해 코칭 모델을 구성하는 두 개념인 3S와 FORM의 의미를 순서대로 살핀다.

3S의 의미

코칭 대상자가 개인변화에 성공하려면, 코칭 전 과정을 통해 자기인식self-awareness, 자기대화self-talk, 자기성찰self-reflection을 순차적이며

반복적으로 해야 한다. 이 세 가지 인지적 활동은 FORM 코칭 프로세스를 작동시키는 내면의 엔진이다.

자기인식은 사고와 변화를 주도하는 과정에서 자신이 처해 있는 환경과 자신의 위치를 파악하는 인지적 활동이다. 자기대화는 변화 시도에 대한 내면의 목소리를 다루는 것이다. 원하는 결과를 얻기 위해 변화를 시도할 때, 변화에 저항하는 내면의 목소리가 있다.

변화에 성공하려면 자기대화를 통해 주도적으로 변화를 완성하겠다는 다짐을 하고 내면의 부정적인 목소리를 통제해야 한다. 자기성찰은 변화의 과정을 돌아보며 점검하고, 더 나은 진전을 위해 생산적인 변화 과제를 찾는 활동이다.

FORM의 의미

효과성 코칭에서 변화를 끌어내는 기본 프로세스는 FORM이다. FORM의 사전적인 의미는 사물의 형태, 물건이나 건물의 모양을 결정하는 기본 틀이다. 나는 기본 틀을 맥락이라고 부른다. 이 맥락에 대응하는 개념은 내용이다.

코칭에서 맥락은 코칭 대화가 일어나는 공간이며, 그 공간에 담기는 내용은 코칭 대화다. 코칭이 시작될 때, 코치는 맥락을 만들고 코칭 대상자는 내용을 가져온다. 코칭이 전개되면, 코칭 맥락과 코칭 내용은 상호작용한다. 코치와 코칭 대상자는 맥락과 내용을 함께 발전시켜간다.

효과성 코칭에서 FORM은 코칭 프로세스의 의미도 갖는다. 코칭은 4단계, 즉 피드백feedback–기회 발견opportunities–재구성reframe–전진move forward 순으로 진행된다. 코칭 대화는 일련의 단계별 흐름으로 구성되며, 대화 흐름이 미리 정해진 코칭 설계는 구조화된 접근방법으로 기업 코칭에서 주로 활용된다. 코칭 대화를 숙련되게 할 수 있게 되면, 코칭 상황과 주제에 따라 코칭 단계는 순서에 관계없이 유연하게 활용할 수 있다.

지금까지 3S–FORM의 의미를 살펴보았다. 여기에서는 3S–FORM 코칭 모델의 근간이 되는 피드백, 기회 발견, 재구성 및 전진의 각 단계별 주요 특징, 대표적인 코칭 사례와 활용된 코칭 스킬을 소개한다. 코칭 사례에 등장하는 코칭 대상자의 이름은 가명이며, 신원을 확인할 수 없도록 직무나 역할을 필요에 맞게 변경하였다.

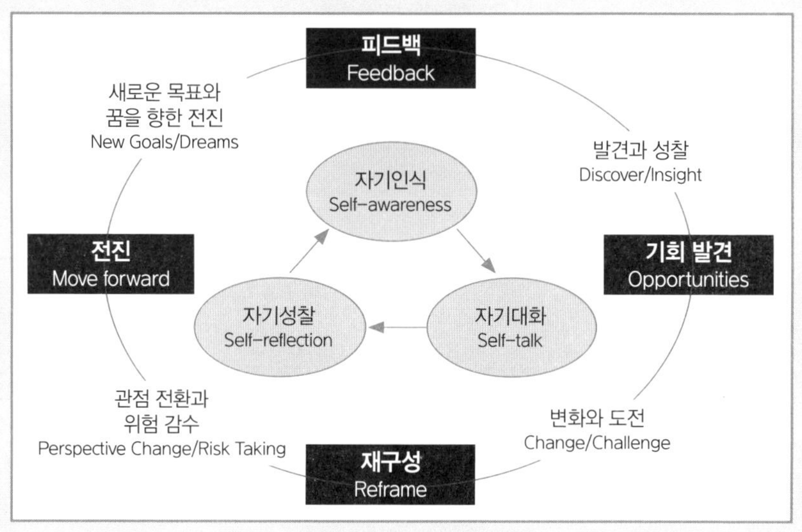

[그림 4] 3S–FORM 코칭 모델

→ 1

피드백: 발견과 통찰

사람들은 언제 자신의 생각과 행동을 바꿔야겠다고 생각할까? 일반적으로 자기지각과 타인지각 간에 차이가 객관적으로 있을 때이다.

자신의 신념과 사고체계가 옳다고 생각하면 쉽게 바뀌지 않는다. 생각과 행동의 결과가 바람직할 때, 그 생각과 행동 간에 긍정적 연합이 강하게 형성되기 때문이다. 또한 자기방어심리가 기존 학습을 견고하게 만든다. 그러나 내면의 자기에게 질문하고 답을 찾는 사람은 외부로부터의 변화 요구가 감지될 때 쉽게 대응방식을 찾는다. 자신의 방어기제에 대해 성찰한 사람일수록 막연히 저항하기보다 변화의 요구에 적절한 답을 찾으려 한다.

피드백은 객관적인 시각에서 자기 자신을 들여다보게 하는 대화 기법이다.

피드백 단계에서 코치는 다양한 코칭 스킬과 정보를 사용해 코칭 대상자가 자신을 객관적인 시각에서 보도록 돕는다. 각종 진단을 통해 수집된 객관적인 정보, 다면인터뷰를 통해 수집된 정성적인 자료와 코치 의견, 인사평가에서 수집된 각종 정보 등을 제공한다. 내면의 자기를 분석해 본 경험이 적은 사람은 이러한 정보를 대할 때, 자기를 조망하고 자기이해를 심화시키지 못한다. 피드백을 통해 자신을 돌아보는 훈련이 부족하고, 방어기제의 영향을 통제하는 능력이 떨어지기 때문이다.

피드백 단계에서 코치는 자동적으로 작동하는 자기방어기제를 무력화시키지 않는다. 효과성 코칭에서 코치는 피드백을 통해 코칭 대상자가 자기발견과 통찰을 경험하고, 자기를 더 이해하도록 돕는다.

여기에서는 피드백 단계에서의 코칭 활동에 대해 독자들이 이해할 수 있도록 대표적인 코칭 스킬과 코칭 대화 사례를 소개한다.

1) 코칭 스킬 1: 탐구 질문

임원 코칭을 진행할 때 주로 다면진단도구인 효과적 리더십진단(ELA)을 실시하고 첫 코칭 세션에서 진단결과를 피드백한다.(이석재, 2006.)

이때 코칭 대상자에게 먼저 진단 결과를 보고 자기 피드백을 하도록 요청한다. 스스로 진단 결과를 보고 느낀 점, 생각한 점을 말하도록 하는 것이다. 임원의 말에는 리더십을 발휘하는 그의 생각이 담겨 있다. 자신의 생각과 타인의 생각이 다를 때, 코치는 그 차이에 대한 답을 스스로 찾도록 하는 탐구 질문을 한다.

코치: 진단 결과에서 나타난 리더 모습과 지금까지 알고 있었던 자신의 모습과 비교해 보십시오. 일치하는 모습과 불일치하는 모습은 무엇입니까?

상무: 전반적으로 일치하게 나타났습니다. 다만, 부원과 원만하게 생각을 공유하고 있다고 생각하는데, 부원의 피드백을 보니 부족하다고 나왔습니다.

코치: 부원과 원만하게 생각을 공유하는 모습이란, 어떤 것이라고 생각하십니까?

코치는 임원의 생각을 다른 관점에서 조망하고 탐구하도록 질문할 수 있다. 질문에 대한 답을 찾는 과정에 관점이 바뀌면, 동일한 대화 내용에 포함된 다른 의미를 탐색하게 한다. 탐구 질문을 통해 코칭 대상자의 관점을 바꾸고, 관점의 변화를 통해 동일한 생각에 담긴 다른 의미를 알아차리게 한다.

상무: 저는 달성하려는 결과를 먼저 말하라고 요청합니다. 예를 들면, 주간회의에서 무엇을 하겠다는 계획이 아니라 그 계획의 결과를 발표하도록 합니다.

코치: 원만하다는 것은 결과를 분명히 요청한다는 것이군요?

상무: 그렇습니다.

코치: 부원의 입장에서 원만하다는 것은 어떤 의미일 것으로 생각하십니까?

관점을 바꾸기 위해서는 상대방 대화의 맥락을 고려하며 경청하고 질문한다. 임원은 일의 과정보다 결과에 관심을 두고 있다.

동일한 대화를 과정에 두고 살펴보면, 어떤 의미일까?

임원은 결과에 관심을 갖지만, 그 결과를 만드는 부원은 과정에 관심을 둔다. 부원의 입장을 생각해 보도록 질문하고, 임원이 알아차려야 할 것은 자신이 결과를 중시하는 소통을 하면서 과정을 챙기지 못했다는 것이다.

2) 코칭 스킬 2: 입장 바꿔보기

입장을 바꿔보면, 주관적인 시각이 객관적인 시각으로 바뀌게 된다. 상황을 해석하는 내용이 달라질 수 있다. 해석이 달라지면 시각 차이가 생긴 원인을 알 수 있고, 그 과정에서 새로운 정보를 얻을 수 있다. 위의 사례에서 임원은 관점 차이가 서로의 관심 차이 때문이며, 서로의 관심이 다르다는 정보를 알게 된다.

코치: 상무님과 부원의 대화를 상사는 어떻게 보겠습니까?

상무: 지난 상반기에 '본인과 타인의 관점 차이가 전반적으로 큽니다. 잘 챙기세요.'라는 상사의 피드백을 받은 적이 있습니다. 이제 그 피드백의 의미를 알겠습니다.

3) 코칭 스킬 3: 명확화

상황에 대한 해석이 모호하고 혼란과 오해를 낳을 수 있을 때, 더 나은 이해와 효과적인 대응을 할 수 있도록 모호한 정보원을 제거하고 사실을 확인하는 기법이다. 명확화clarifying하기 위해 탐구 질문과 성찰, 재구성을 함께 사용할 수 있다. 자신이 한 말을 자신이 잘 안다고 생각하지만, 확인하지 않고 사용하다 보면 중대한 의사결정에서 실수한다.

코치는 코칭 대상자에게 자기성찰의 기회를 제공하고 명확화를 돕는다. 이 스킬은 코칭을 준비하는 단계나 진단결과를 피드백하고 코칭 목표를 도출하는 과정에서 유용하다.

코치: 상무님, 좀 전에 말씀 나눴던 '원만하다'는 의미를 좀 더 살펴볼까요? 계획의 결과를 발표하도록 할 때, 결과가 '원만하다'는 어떤 의미입니까?

상무: 글쎄요. 팀마다 업무 내용이 다르기 때문에 결과를 보는 관점도 다를 수 있습니다. 저는 결과를 볼 때, 계획-실행-결과-평가의 흐름에서 봅니다. 현재 진행되는 업무의 흐름을 알고 있기 때문에, 예상할 수 없는 결과는 잘못된 업무 계획입니다. 팀 별로 발표하는 결과를 보면, 한 주간 업무가 어떻게 진행될지 예측할 수 있고, 업무 진행에 대한 팔로업과 피드백을 할 수 있습니다.

코치: 그러니까, 계획-실행-결과-평가의 흐름을 따른다는 뜻이군요.

상무: 그렇습니다. 원만하다는 의미를 명확히 하다 보니, 저의 생각도 명확해졌습니다.

피드백 단계에서 본인과 타인의 인식 격차를 해소하는 대화는 리더십의 효과성을 높인다.

사람들은 정보를 해석하고 뇌에 저장하는 것은 객관적인 사실이 아니라 자신의 관점에서 해석하고 의미 부여한 이야기이다. 객관적인 사실을 소통의 소재로 하는 것 같지만, 자신의 이야기를 말하는 것이다.

바람직한 의사소통은 대화에서 서로 같은 의미로 말하고 이해하는 면적을 키우는 것이다. 위의 사례에서 '본인과 타인의 소통 격차 줄이기'는 임원 코칭에서 다룰만한 주제이다.

코치는 명확화를 위한 질문을 하고, 코칭 대상자는 질문에 담긴 주제를 탐구하고 명확화 한다. 명확화를 위한 대표적인 질문은 다음과 같다.

- 지금 원하는 것은 무엇입니까?
- 저는 거절로 들었습니다. 제가 제대로 들은 것인지요?
- 지금 혼동하는 것은 무엇입니까?
- 지금 하신 의사결정의 기준은 무엇입니까?
- 지금까지 찾은 해결책 말고 가능한 것은 무엇입니까?
- 그 뜻 이 외에 다른 뜻이 있습니까?

- 지금 난처한 것은 무엇입니까?

4) 코칭 스킬 4: 소중한 것의 재발견

관점의 전환을 경험한 코칭 대상자는 스스로 기존의 행동을 바람직한 방향으로 바꾼다. 코치의 직관적인 질문은 관점을 전환시키는데 효과적이다. 코칭 대상자가 전혀 생각해 보지 못한 관점에서 자신을 살피도록 자극한다. 코치가 구조화된 질문을 사용하면 코칭 대상자의 생각을 의도된 방향으로 끌어 갈 수 있다.

나는 관점 전환을 이끄는 간단한 대화 틀을 찾고자 애썼다. 오랜 시행착오 끝에 구조화된 질문을 개발하고 '소중한 것의 재발견'이라는 이름을 붙였다. '소중한 것의 재발견'을 위해 다음 질문들을 순차적으로 한다.

- 당신은 어디에 묶여 있습니까?(기존의 생각)
- 그 묶임으로 인해 당신이 잃고 있는 것은 무엇입니까?(새로운 생각)
- 그것은 당신에게 어떤 의미를 갖습니까?(관점의 발견과 전환)
- 그 의미를 얻기 위해 오늘 할 수 있는 것은 무엇입니까?(행동변화)

→ 2
기회 발견: 변화와 도전

코칭 대상자가 피드백 단계에서 자신을 객관적으로 보고 새로운 준거 틀을 경험하였다면, 기회 발견 단계에서는 그 준거 틀을 토대로 변화와 도전을 시도한다.

코칭 대상자는 인식 변화에 따른 기대와 의욕을 갖지만, 시행착오와 갈등도 겪는다. 코치는 변화와 도전이 필요한 기회를 포착하고 성공 체험을 할 수 있도록 상황을 조정하고 도와준다.

이 단계에서 자기방어기제는 변화와 도전을 저해하는 대표적인 장애물이다. 변화와 도전이 동전의 한 면이라면, 다른 면은 변화와 도전에 저항하는 방어기제이다. 코치는 코칭 대상자가 사용하는 방어기제를 찾아내 무력화시킨다.

그가 변화의 초입에서 이전 상태로 돌아가는 것을 저지하고, 작은 성공 체험을 통해 성장 가능성에 집중하게 한다.

"지금 가능한 것은 무엇입니까?"

이전에 머물렀던 상자에서 나와 새로운 상황에 직면할 때, 코칭 대상자에게 필요한 것은 변호와 도전을 시도할 기회를 찾는 것이다.

자기 효능감self-efficacy, 즉 자기 자신과 외부환경을 통제하는 능력에 대한 자신감이 높은 사람은 어떠한 상황에서도 목표를 달성하는 자신의 노력과 상황대응력을 확신한다.(Bandura, 1997.)

자기 효능감이 높은 사람은 급속한 환경변화에 대응하는 과정에서 기회를 포착하고 이에 몰입한다. 성공을 예측할 수 있는 기회가 있다면, 선택하고 도전한다. 이 과정에서 코칭 대상자는 긴장과 스트레스를 체험하고, 코치는 이를 극복할 수 있는 에너지원을 만들도록 도와준다. 에너지원을 갖는 것은 불확실한 기회를 확실한 기회로 전환시키는 훌륭한 전략이다.

기회발견 단계에서 코칭 대상자가 역할변화를 체험하고 도전하도록 코치는 다음과 같은 코칭 스킬을 사용한다.

1) 코칭 스킬 1: 선택에 직면하기

사람들이 주도적으로 자신의 삶을 만들어 가는 과정에 다양한 선택에 직면하게 된다. 선택은 삶에 대한 주인임을 자각하고 체험하는 행동이다. 원하는 결과를 얻을 가능성이 높은 행동들 중에 어떤 행동을 선택할 것인가? 가치는 삶에 방향성을 준다. 어떤 가치를 선택할 것인가? 지금 이 순간 맞닥친 상황의 긍정적인 면을 볼 것인가? 아니면, 부정적인 면을 볼 것인가? 실패를 결과로 볼 것인가? 아니면, 더 나은 결과를 만드는 과정의 시작으로 볼 것인가?

행복감과 충만함을 느끼는 선택을 하기 위해서는 두 가지 요소를 고려해야 한다. 하나는 다양한 상황에서도 일관된 선택을 하는 '상황적 일관성'이다. 상황적 일관성은 상황 자체가 다양하고 변화무쌍하지만, 일관된 판단 기준이 적용되고 유지되는 것이다. 여러 상황을 관통하면서 일관성을 유지하는 선택이란 자신이 존중하는 삶의 가치를 근간으로 하는 선택이다.

"지금 이 상황에서 중요한 가치는 무엇인가?"

행복감과 충만함을 느끼는 선택의 두 번째 요소는 '합리적 일관성'이다. 일회적으로 일어나는 선택이지만, 합리적 생각과 행동을 일관되게 유지하는 것이다.

이직을 원하는 팀장을 면담한 임원이 있었다.

팀장은 성과가 탁월했다. 그는 더 나은 직장으로 이직하려고 한다. 임원에게는 팀장을 리더로 육성시키는 경력개발 프로그램을 가지고 있다. 팀장에게 경력개발 프로그램은 이직하고 싶은 직장만큼 가치가 있다. 팀장은 아직 참가 대상자로 선정되지는 않았다. 임원의 피드백은 참가 대상자 선정에 결정적이다. 팀장은 더 성장하고 싶어 하고 임원은 상반기 실적이 절실하다.

코치: 상무님, 팀장의 이직에 대해 중요한 결정이 임박해서 고민이 많으시죠? 팀장에 대해 생각해 보십시오. 왼 손에는 성장이 있고, 오른 손에는 성과가 있습니다. 왼 손은 팀장을 보내는 것이고 오른 손은 팀장을 붙잡는 것입니다. 어느 손을 선택하시겠습니까?

상무: 그게 어렵습니다. 잘 모르겠습니다.

코치: 그럼 잘 알고 있는 것은 무엇입니까?

상무: 팀장이 이직을 원하고, 상반기에 성과 목표를 달성하려면 팀장이 필요합니다. 팀장은 경력개발 프로그램의 대상자로는 역량이 부족하죠. 저는 사람이 성과를 만든다고 생각합니다. 임원에게 인재육성은 성과만큼 중요합니다.

코치: 상무님의 고민이 느껴집니다. 중역으로서 이와 같은 상황에서 일관되게 보인 것은 무엇입니까? 그것은 이번 결정에 어떤 의미를 갖습니까?

상무: 그렇군요. 무엇이 중요한지 알겠습니다. 복잡한 생각들이 정리되었습니다.

임원은 팀장을 보내기로 결정했다. 당장 성과는 염려되지만, 인재육성은 일관되게 지켜온 신념이다.

사람들은 합리적 사고를 하기 위해 가치, 신념, 원칙 등을 정하고 따른다. 코치는 코칭 대상자로 하여금 중요한 선택에 직면했을 때 한 발 물러나 객관적으로 자신을 성찰하고 선택 상황에 직면하도록 도와준다.

2) 코칭 스킬 2: 자기방어기제 분석

사람들은 외부로부터 오는 변화 요구에 직면하거나 자아가 위협을 받는 경우, 무의식적으로 자기방어기제를 따른다. 그리고 자신에 대한 타인의 평가가 부정적일 때, 그 원인을 상황이나 타인으로 돌린다. 또한 자신에 대한 긍정적인 이미지를 지키고 보호하는 데 집중하느라 타인이 부정적인 평가를 하게 된 근본 원인을 왜곡한다.

자기 자신을 객관적이며 공정하게 판단하기보다 긍정적으로 판단하는 자기본위적 편향self-serving bias을 보이는 임원을 코칭에서 만났다.

그는 회사에서 자신의 우수한 지적 능력을 인정하지 않고 있으며, 그에 상응하는 대우도 하지 않는다고 생각한다. 그가 맡고 있는 사업부의 성과는 회사 내에서 중상 수준이었다. 경영층은 그가 맡고 있는 사업부가 성과를 내고 있지만, 기대 수준에 미치지 못하는 것으로 평가했다. 그는 성과가 부진한 것은 능력에 상응하는 평가와 보상 시스템이 없을 뿐만 아니라, 능력 있는 부원들의 동기를 향상시킬 효과적인 방법이 없기 때문으로 보았다.

코치: 사업부의 성과는 어떻게 만들어지고 있다고 생각하십니까?

임원: 지금 맡고 있는 분야는 특수 분야라서 사업책임자로서 제가 이끌고 있습니다.

코치: 출장이 있다면, 사업부 관리와 운영에 애로가 많으시겠는데요.

임원: 그렇습니다. 출장을 다녀오면 일이 더 복잡합니다. 출장 중에 업

무를 챙기지만, 직접 소통하며 일하는 시간도 필요한데 상당히 어렵습니다. 요즘 특히 상황이 어려워지면서 더욱 그렇습니다.

코치: 성과 향상을 위해 반드시 필요한 조치는 무엇이라고 생각하십니까?

임원: 성과에 따른 평가보상 시스템이 있지만, 파격적으로 운영되어야 합니다. 지금은 모두 똑같이 대우하기 때문에 능력 있는 사람들은 점점 일할 의욕이 떨어지고 있습니다.

코치: 그럼 성과평가보상 시스템 이외에 성과 향상에 도움이 되는 다른 방법은 무엇입니까?

임원: 지금 다른 방법이 있을까요?

코치: 사업부원들의 능력은 성과 향상에 어떻게 활용되고 있습니까?

나는 임원과 대화를 하면서 그의 자존감에 부정적 평가를 암시할 수 있는 대화를 해서는 열린 소통을 하기 어렵다고 판단했다. 그가 자신을 객관적으로 판단할 수 있는 방법은 추가적인 성과 향상을 촉진시킬 수 있는 요인을 찾아 확인하고, 촉진 가능성을 확신하는 것이다.

나는 사업부원들 간의 관계, 임원과 사업부원 간의 역동적인 관계를 개선하는 것을 가능한 성과 향상 요인으로 보았다.

나는 임원과 사업부원이 모두 참여하는 '상호이해 높이기' 활동을 (197쪽 상호이해 높히기 방법 참조) 임원에게 제안하였고, 그 활동을 통해 서로의 관계를 긍정적으로 강화시켰다.

참가자들이 적극적으로 참여하며 집단역동을 통한 긍정 에너지를 만들었다.

임원은 집단역동을 성과향상 요인이 될 수 있다고 판단했고, 그동안 간과했던 조직관리의 필요성을 인식했다.

3) 코칭 스킬 3: 자기제한적 신념

자기 능력의 한계를 제한하는 신념을 가지면, 행동에 앞서 의지력과 실행력을 잃게 된다. 예를 들면, '나는 절대 성공하지 못한다.'고 생각하는 것이다.

조직의 리더나 구성원이 자신의 자기제한적 신념을 극복하지 못하면, 조직은 더 나은 성과를 만들어 내기 어렵다.

개인 삶에서도 마찬가지다. 다행스럽게 이러한 신념을 극복하는 해법이 있다. 다음과 같은 단계를 따라가면 된다.

단계 1: **먼저 다음의 질문에 대한 생각을 작성한다**

"자기제한적 신념을 떠올리게 한 사건이나 상황은 무엇입니까?, 어떤 신념이 떠올랐습니까?, 그래서 어떻게 행동했습니까?, 그때 느낀 감정이나 기분은 무엇입니까?"

단계 2: **자기제한적 신념을 반박한다**

해당 신념에 대해 논쟁하는 대화를 갖는다.

"그 신념이 논리적입니까?, 그 신념을 지지하는 증거는 무엇입니까?, 그 신념을 갖는 것이 당신에게 어떤 도움이 됩니까?, 그 신념이 떠오르지 않았던 때는 언제입니까?"

이러한 질문을 통해 자기제한적 신념의 비논리성, 비현실성, 허구성을 깨닫는다.

단계 3: 자기제한적 신념을 대체하는 보다 효과적인 신념을 찾는다

'나는 절대 성공하지 못한다.'

이런 신념을 가지고 있다면, 난관에 부딪혔을 때 도전을 주저하거나 포기하게 된다. 그 일에 실패한다면, 내가 무능하다는 것일까? 기존의 신념을 대체하는 새로운 신념은 '내가 이번 일을 실패한다고 해서 내가 무능하다는 것을 뜻하지는 않는다.'와 같은 것이다. 새로운 신념을 찾기 위해서는 기존의 신념을 다른 관점에서 살펴볼 필요가 있다.

단계 4: 새로운 신념으로 갖게 된 새로운 감정과 느낌을 밝힌다

자기제한적 신념이 새로운 신념으로 대체되면, 그 신념에 의해 새롭게 체험하는 감정과 느낌이 지속적이고 안정적으로 유지되도록 한다. 주위 사람들과 새로운 감정과 느낌을 공유한다. 처음 자기제한적 신념에 의해 가졌던 느낌과 감정을 새로운 신념에 의해 경험하는 것과 비교해 본다.

4) 코칭 스킬 4: 긍정적 관점 갖기

오늘 하루 어떻게 시작하겠는가? 우울하고 처지고 권태롭고 짜증나고 왠지 화가 나는 하루로 시작할 수 있다. 그러나 다행히 우리가 어떤 감정을 느끼고 행동할지를 통제할 수 있다.

어떤 감정을 경험할지는 자신의 선택에 달렸다. 현재 느끼지는 감정에 묶이지 말고, 능동적이며 주도적으로 새로운 감정을 만들어 본다. 다음과 같이 순서대로 해보자.

① 먼저 몸으로 체험한 느낌들이 어떤 것인지에 주목한다.
② 그 느낌은 어떤 생각이나 신념, 사건과 연관이 있는지를 찾는다.
③ 기존의 생각과 신념을 바꾸어 새로운 감정을 체험한다.
④ 새로운 감정을 선택하고 상황에 다르게 대응하도록 자신을 가르치고 훈련시킨다.

어떤 선택을 하느냐에 따라 느낌도 달라진다. 감정에 묶이지 말고, 자신의 영향력을 증대시키고 더 좋은 결과를 만들어 낼 수 있는 새로운 감정을 만들어 내는 지혜가 필요하다. 먼저 상대방에 대한 생각과 관점을 먼저 바꾸고, 원하는 결과를 얻는 데 도움이 되는 행동을 적극적으로 한다. 이를 위해서는 평소 자신을 생기 있게 만드는 훈련이 도움 된다. 이를테면 자신에게 긍정적인 에너지를 불어 넣고, 생기 있는 눈으로 세상을 보는 연습을 한다.

다음의 방법을 일상에서 실천해 보자.

- 빠른 속도로 3분 이상 박수를 친다. 뜨거워진 손바닥으로 얼굴과 눈, 목 주위를 부드럽게 마사지한다.
- “내가 오늘 행복한 이유는 무엇인가?” 하고 아침을 시작하며 질문해 본다. 행복한 이유를 나의 것으로 받아들인다.
- 매일 하루에 3번 자신을 칭찬하자.

→ 3

재구성: 완전한 관점 전환과 위험 감수

이 단계에서 코칭 대상자는 새로운 준거 틀을 갖게 됨으로써 동일한 사건을 이전과는 다르게 해석한다. 아울러 새로운 관점에서 추론된 가정을 검증하는 과정에서 가정이 지지될수록 그 관점은 강화된다. 또한 문제를 해결하는 과정이나 상황에 대해 통제할 수 있는 능력을 가지고 있다는 자신감을 갖는다. 이런 자신감으로 새로운 관점이 이전의 것을 완전히 대체하고 내재화된다.

재구성 단계에서 코칭 대상자는 당면한 문제 해결을 위해 문제 상황을 제3의 시각에서 해결해 본다. 코치는 새로운 관점에서 사용하도록 자극하는 질문을 던져본다.

- 지금 상황을 달리 본다면, 어떤 해결책이 가능합니까?
- 지금 달리 해 본다면, 무엇을 하겠습니까?
- 지금의 접근 방법이 당면한 문제를 해결하고 원하는 결과를 가져다 줄 것으로 생각합니까?”

이 과정에서 코칭 대상자는 타인이나 외부환경에 대한 자신의 관점을 새롭게 바꿀 뿐만 아니라 자신을 바라보는 관점도 근본적으로 변화시키게 된다. 즉, 관점 전환이 일어난다. 관점 변화는 일회적으로 일어날 수 있지만, 관점 전환은 관점의 속성이 내용적으로 달라지며 지속성을 갖는다.

- 이전에 알지 못하였던 당신의 강점은 무엇입니까?
- 다른 사람들이 당신의 변화된 모습에 대해 어떤 피드백을 주리라 예상하십니까?
- 지금 이 순간 구성원들이 당신에게 피드백을 한다면, 어떤 피드백을 받을 것으로 예상하십니까?

자기지각이나 타인에 대해 긍정적인 관점을 취하면, 자존감도 커지고 자기 확신도 높아진다. 새로운 관점이 수용되면, 저가 효능감이 향상된다. 이를 기반으로 위험을 감수하는 과감한 도전을 한다.

관점 전환은 자기인식의 통로가 확장된 것이다. 자기인식은 다니엘 골만Daniel Goleman, 1995; 1998이 주장한 정서지능을 구성하는 한 요소로 자신의 정서, 강점, 부족한 점, 요구와 동기 등을 심층적으로 이해하는 수단이다.

자기인식 능력이 높은 사람은 낮은 사람보다 자기 확신도가 높고 현실적이다. 또한 현재의 자기를 보다 나은 자기로 만들고 싶은 열망이 크다.

재구성 단계에서 코칭 대상자는 자신의 한계에서 벗어난 새로운 관점을 토대로 과감하게 도전하고 위험을 감수한다. 이를 통해 관점 변화를 완성한다.

실제 코칭 사례를 통해 필요한 코칭 스킬을 살펴보자.

1) 코칭 스킬 1: 관점 전환

사람들이 세상을 바라보는 관점은 그들의 일상에서 부딪히는 사건들을 대하는 기본 틀이 된다. 관점이 달라지면, 생각과 느낌이 달라지고 행동도 달라진다.

생각 파트너인 코치는 코칭에서 만나는 사람들에게 자신의 관점을 탐구해 보도록 질문한다. 코치는 코칭 대상자에게 두 가지를 생각하게 한다. 자신이 보고 있는 것과 보이지 않는 것이다.

먼저 코치는 코칭 대상자가 보고 있는 것을 객관적으로 인식하게 하고, 탐색을 마치면 보이지 않는 것을 생각하도록 질문한다. 이때 코칭 대상자는 자기성찰과 통찰의 기회를 갖게 된다.

코치: 영업능력은 있는데 성과를 높일 의욕이 없는 팀원 때문에 고민하시는군요.

팀장: 그렇습니다. 개인 면담을 여러 차례 해보았지만, 별로 달라진 것이 없습니다.

코치: 그러셨군요. 달라졌으면 하는 것은 무엇입니까?

팀장: 달라졌으면 하는 것은… 막상 질문을 받고 보니, 답하기가 어려운데요. 성과를 더 냈으면 합니다.

코치: 또 어떤 것이 있습니까?

팀장: 일에 적극적인 모습을 보였으면 좋겠고, 근무태도도 그렇고, 다른 팀원에 비해 영업 현장에서 일어나는 일에 대한 정보 공유도 부족합니다.

나는 팀장에게 그가 말한 것 이외에 달라졌으면 하는 것을 떠오르는 대로 적어 보도록 하였다.

목록을 작성하도록 하면, 대화로 확인할 수 있는 것보다 더 많은 정보를 파악할 수 있다. 대화할 때 처음 떠오른 생각이나 느낌은 다음 생각에 영향을 미치기 때문에 관점 파악이 제한된다.

코치: 작성하신 목록의 공통 내용을 찾아보시고, 이름을 붙여 보십시오.

팀장: 영업능력입니다.

코치: 지금까지 팀원의 영업능력을 보셨습니다. 그럼 보이지 않는 것은 무엇입니까?

팀장: 영업능력도 있지만, 그 이외에 많은 능력과 제가 모르는 잠재성도 있겠지요.

코치: 그럼, 그것이 의미하는 것은 무엇이라고 생각하십니까?

팀장은 의미를 생각하면서 자신의 생각을 돌아보고 정리하는 성찰 시간을 가졌다. 자신이 보는 것과 보이지 않는 것에 대해 생각했다. 그동안 자신이 보고 있는 것을 토대로 팀원을 판단했다. 보이지 않는 것에 대해서는 더 알려고 하지 않았다. 아울러 "내가 가정하는 것은 무엇인가?"라고 자문했다.

성찰을 통해 자신이 그를 신뢰하지 않는다는 것을 알아차렸다. 팀원에 대한 시선을 팀장 자신에게로 돌렸을 때, 정작 필요한 것은 팀원을 신뢰하는 방법이라는 사실을 통찰했다.

팀장: 그 팀원을 신뢰하지 않고 있습니다. 신뢰할 수 있는 팀원으로 성장시키지 않고는 달라지는 것이 없다는 생각을 했습니다.

코치: 멋진 통찰입니다. 팀원에 대한 신뢰의 관점에서 영업능력을 볼 때, 보이는 것은 무엇입니까?

팀장은 팀원의 영업능력에 대해 지금까지 알고 있는 것을 되돌아보면서, 팀원의 생각을 들어 보기로 하였다. 자신이 몰랐던 새로운 정보를 얻게 되고 팀원에 대한 이해의 폭도 넓어질 것이다. 팀원을 성장시킬 수 있는 맞춤형 해법을 찾을 수 있을 것이다.

2) 코칭 스킬 2: 역할 재구성

팀장 코칭에서 그를 처음 만났을 때, 긴장한 표정이 역력했고 사업 성과를 평가하면서 불안해하고 있었다. 연초만 해도 목표 달성을 자신했지만 중간 평가를 하면서 당초 사업계획과는 다르게 일정이 지연되고 팀 분위기도 경직되었다.

하반기가 시작되면서 박 팀장은 업무성과가 떨어지는 팀원을 수시로 질책하고 강하게 밀어 붙였다. 그리고 팀을 장악할 필요가 있다고 느꼈다. 팀원 개개인의 입장을 고려하면서 팀을 이끌어서는 목표달성이 불가능하다고 판단하였다. 그리하여 일정관리를 위한 주간회의 이외에도 필요하다고 판단되면 수시로 업무미팅을 했다.

일이 바쁘게 돌아가면서 성과에 영향을 미치는 요인들을 효과적으로 관리하지 못했다. 이직 의사를 보이는 팀원으로 고민도 크다.

팀을 처음 맡게 된 리더들이 흔히 저지르기 쉬운 실수는 자신이 원하는 목표를 정하고, 그것을 달성하는 데 직접 개입하고 팀원들이 지원하도록 시키는 것이다. 목표지향적인 시각에서 보면 맞는 접근이다. 그러나 리더십의 관점에서 보면 팀장은 성과를 만드는 환경을 조성하여야 한다.

코치: 팀 운영과 성과관리로 고민이 많으시군요. 원하는 팀 성과를 만들기 위해 정말 달리해야 할 것은 무엇이라고 생각하십니까?

팀장: 팀과 개인이 모두 중요하다는 것을 알았습니다. 팀원들과의 소

통이 많이 부족했는데, 미팅 시간을 만들어 개인 면담을 해볼까 생각합니다. 개인적인 고민도 듣고 팀과 저에 대한 기대도 들어 보려고 합니다.

코치: 개인면담을 팀장의 역할과 연결을 지어서 생각해 보시겠습니까? 팀장의 역할은 무엇이라고 생각하십니까?

팀장: 가장 중요한 것은 성과를 만드는 것 아닐까요?

코치: 팀장님이 되고 싶은 리더는 어떤 모습입니까?

팀장: 함께 성장하는 리더입니다. 성과를 통해 성장의 기회를 만들 수 있다고 생각합니다. 팀원들도 승진의 기회를 갖고 그에 따라 급여나 다른 조건들도 좋아질 것이고, 소위 말해 성과라는 열매를 나눠 먹는 것이죠.

코치: 함께 성장하는 리더의 관점에서 지금의 팀과 개인을 보십시오. 무엇을 보셨습니까?

팀장: 함께 생활은 하지만, 거리감이 있고 성장하려면 성과가 나와야 하는데 부족하고, 저의 리더십에 문제가 많은 것 같습니다.

코치: 함께 성장하는 팀과 현재의 팀 모습에서 차이를 보셨군요. 그 차이가 발생한 원인은 어디에 있다고 생각하십니까?

팀장: 단정할 수는 없지만, 지금 드는 생각은 성과 중심으로 팀을 운영하기 때문으로 보입니다. 성과를 만드는 방식에 문제가 있어 보입니다. 성과를 강조하다 보니 중요한 다른 것들에 신경을 쓰지 못했습니다.

코치: 중요한 다른 것이란, 어떤 것을 생각하십니까?

팀장: 성과에 중점을 두다 보니, 과정을 신경 쓰지 못했는데 지금 필요한 것은 과정 관리입니다.

코치: 저한테는 팀장의 역할에 변화가 필요하다는 말씀으로 들립니다. 어떻게 생각하십니까?

팀장: 맞습니다. 성과를 내는 팀장에서 과정 관리를 통해 성과를 내는 역할을 해야, 함께 성장하는 팀을 만들 수 있겠습니다.

3) 코칭 스킬 3: 관심과 대화의 재구성

영업사업부가 전자제품을 팔아 월 10억의 매출을 달성해야 한다고 가정해 보자. 어떻게 영업목표를 달성할 것인가? 효과성 코칭 모델의 기본 구성요소인 요구-행동-결과로 생각해 보자.

여기에서 영업사업부장과 부서원들이 원하는 결과를 얻기 위해 노력할 때, 그들의 주된 관심이 구성 요소의 어느 쪽에 있는지를 살펴보자. 그들은 어디에 위치할까? 영업사업부장의 주된 관심은 결과에 있고, 결과-행동-요구 순이다. 부서원의 관심은 사업부장과 완전히 다르다. 그들의 관심은 요구-행동-결과 방향이다. 서로의 관심을 맞추고, 관심에 맞게 대화를 구성한다.

관심의 흐름 맞추기

이러한 관심의 차이가 극명하게 나타나는 경우는 영업목표의 달성

현황을 점검하는 각종 회의, 그룹별 피드백, 개인별 피드백, 성과면담 등을 할 때이다.

사업부장과 부서원의 관심이 시작부터 다르다.

사업부장은 결과의 관점에서 영업활동 전반을 해석한다. 결과가 아주 좋으면, 행동-요구는 관심 밖에 있을 가능성이 높다. 결과가 나쁠수록 행동에 대해 따지기 시작한다.

"지금까지 도대체 하라고 지시한 것은 안 하고 뭘 한 거야?"

질책에 이어서 영업실적 부진에 대한 행동 분석에 들어간다. 그러나 여전히 부서원의 요구는 관심의 밑바닥에 있다. 이러한 상황에서 부서원의 관심은 어떨까? 마음속에서 '영업실적은 사업부장님의 관심이고 저의 관심은 지난번에 부탁드린 것입니다. 왜 그것을 들어주지 않으셨습니까? 저의 요구와 입장은 고려도 안 하시고 결과만 챙기십니까? 저도 사업부장님과 일하는 사람입니다. 사업부원으로 대해주세요.'라는 내면의 목소리가 들린다. 소리 내어 말은 못 하고 구시렁댄다.

원하는 결과를 얻는 방법은 관심의 차이를 인정하고, 관심의 흐름을 맞추는 것이다.

대화 내용 바꾸기

관심의 흐름을 맞춘다면, 이제 구체적으로 대화 내용을 바꿔야 한다.

영업사업부장의 관심을 구성하는 내용은 결과-행동-평가 순이다. 원하는 결과를 달성하는지에 대한 여부를 보고, 그 결과를 만들어 내는 업무 행동을 본다. 그리고 행동의 효과성을 평가한다.

부서원은 사업부장의 관심 내용과 다른 내용으로 대화의 틀이 짜진다. 주된 내용은 과정-존재-인정 순이다.

사업부장이 관심 있는 결과에 대응하는 것은 그 결과를 만들어 내는 과정이다. 부서원은 결과보다 과정에 대한 경험들을 더 실제적인 것으로 느낀다.

사업부장이 결과를 만드는 행동에 대해 대화할 때, 부서원은 그 행동하는 존재인 바로 자신에 관심이 집중되어 있다. 사업부장이 결과에 대한 평가를 할 때, 부서원은 평가 보다 결과를 만들어 내는 과정에서 애를 쓴 자신들을 인정해 달라고 요청한다.

이러한 차이를 고려할 때, 서로의 대화에서 빠져 있는 것은 무엇일까?

사업부장과 부서원은 서로의 대화에서 상대방의 관심을 구성하는 내용이 무엇인지를 먼저 고려하고, 자신의 주된 관심을 표현할 때 상대방의 주된 관심을 반영하는 대화를 한다.

부서장은 부서원의 관심에 맞게 재구성

부서장(전): 이번 달 실적이 이게 뭡니까? 도대체 뭘 한 겁니까? 매우 부진해요.

부서장(후): 이번 달 어려운 점은 무엇입니까? 애썼습니다. 책임감을 갖고 일하는 모습, 보기 좋습니다. 다음 달의 영업성과 개선을 위해 다르게 할 것은 무엇입니까?

부서원은 부서장의 관심에 맞게 재구성

부서원(전): 결과는 그렇지만, 사실 저도 열심히 했습니다. 그래도 잘한 점은 인정해주십시오.

부서원(후): 감사합니다. 노력한 만큼 실적이 나오지 않았습니다. 신규 고객 발굴이 부족했습니다. 다음 달의 영업성과 개선을 위해 주간 단위로 신규 고객을 집중 발굴하고 성과와 연계시키겠습니다.

4) 코칭 스킬 4: 안전지대 벗어나기

사람들은 각자의 눈으로 세상을 본다. 눈이란 세상을 보는 관점이다. 관점을 바꾸면 세상이 달라지는 것이 아니라, 같은 세상을 다르게 보는 것이다. 그러나 관점을 바꾸면 세상이 달라진다고 생각하는 경우가 있다. 자신이 안전지대에 있을 때이다. 안전지대는 자신에 대한 외부의 위협이 없고, 스스로 위험을 감수할 필요가 없는 곳이다. 안전지대에 거주하면 변화에 두려움을 느끼고 본능적으로 자기방어 기제가 작동한다.

임원 코칭에서 만난 한 중역은 자신의 안전지대를 성공적으로 만들었다. 그가 만든 안전지대는 매년 영업 목표를 초과 달성하고 이직률이 낮은 사업부이다. 그의 첫 직장에서 맡은 업무가 영업이었고 지금도 영업을 총괄하고 있다. 영업 이 외에 다른 직무를 맡은 적이 없는 영업 전문가이다. 그는 영업 직원의 직장생활 방식과 영업성과를 내는 매뉴얼을 만들어 부서 직원을 교육한다. 신입 직원이 들어오면, 그가 진행하는 교육을 반드시 수강해야 한다.

그의 안전지대가 위협받는 상황에 놓였다. 최고 경영진은 회사의 신조credo를 만들고, 모든 임직원들이 숙지하고 업무에 반영할 것을 지시했다. 신조에 포함된 가치가 자신의 성과 리더십과 상충하였다. 신조에는 투명성이 포함되어 있는데, 그는 영업을 하면서 투명성을 준수한다는 것은 현실적으로 불가능하다고 생각하였다.

코치: 기업 가치를 실천하는 과정에서 가장 어려운 부분은 무엇입니까?

임원: 기업 가치는 기업의 운영과 임직원의 직장 생활에 방향성과 판단 기준을 제시하는 것이라, 내용 면에서 모두 이해가 됩니다. 그런데 영업부서에서 볼 때, 현실과 차이가 있습니다.

코치: 그 차이는 구체적으로 무엇입니까?

임원: 지금까지 영업을 하면서 나름의 성과 리더십을 만들고 실천하고 있습니다. 기업 가치에 따르면, 저의 성과 리더십과는 상충하는 점이 있습니다. 과연 실천할 수 있을지 고민입니다.

코치: 오랫동안 경험과 신념을 바탕으로 만드셨고 우수한 영업성과를 내고 있으니, 고민되겠습니다. 저한테는 상무님의 성과 리더십으로 본 시장과 기업 가치를 반영한 리더십으로 본 시장이 다르다고 말씀하시는 것으로 이해됩니다. 어떻게 생각하십니까?

임원: 시장이 달라질 수 있겠습니까? 같지요.

코치: 시장이 같다면, 염려하시는 것은 무엇입니까?

임원: 코치님도 아시겠지만, 지금 영업사업부는 안정적으로 운영되고 있습니다. 과연 이 상태가 계속 지속될 수 있을지 염려스럽습니다.

그는 '이 시장에서 성과를 내려면, 내 방식이 답이다.'라는 관점에 묶여 있다. 그는 자신만의 성과 리더십을 만들 때 '나는 해낼 수 있다.'는 자신의 능력과 그 능력에 대한 믿음을 발휘했다.

그는 성과를 내는 여러 가능한 관점들을 답이라고 생각하며 검증한 후 최종 선택한 답을 가지고 있다.

아주 오랜만에 그 앞에 새로운 강력한 대안이 나타났다. 지금 그에게 필요한 것은 답을 찾는 능력을 발휘하는 것이다. 그가 두려워하고 염려한 것은 본래의 자신과 다시 만나면서 느낀 감정이다. 그는 안주하고 있는 자신의 모습에서 해낼 수 있다는 자신감과 위험을 감수하며 전진하는 도전 정신을 볼 수 없었다.

다행인 것은 자신의 본래 모습과 안전지대에 있는 자신의 모습을 알아차린 것이다. 그는 리더십의 변화 요구에 더 성장할 수 있는 기회와 가능성을 주도적으로 선택하고 도전하기로 다짐했다.

→ 4

전진: 새로운 목표와 꿈을 향한 전진

이 단계에서 코칭 대상자는 기존의 사고와 대응방식에서 벗어나 성취감과 충만감을 갖고 싶어 한다. 이전보다 더 나은 나에서 최고의 나를 향해 나간다.

코치는 보다 적극적으로 코칭 대상자가 자신의 한계를 넘어서는 노력을 하도록 요청한다. 또한 코칭 대상자의 생각과 행동이 이전 상태로 복귀되지 않고 계속 전진하도록 주인의식과 책임감을 자극한다.

더 나은 방향으로 나아가는 노력을 방해하는 요인은 코칭 대상자의 내면에서 작동하는 자기방어기제이다. 그렘린(gremlin; Carson, 2003), 사보타주(sabotage; Whitworth 등, 2007), 경쟁 다짐(competing commitment; Kegan & Lahey, 2001; 2009) 등이 변화를 방해하는 대표적인 방어기제들이다.

방어기제는 사람들이 변화를 계획하고 실천할 때, 변화 의지와는 달리 변화를 거부하는 힘이다. 두 개의 힘이 경쟁하고 코칭 대상자는 대립 속에서 갈등한다.

코칭 대상자가 성공적으로 변화를 실천하도록 돕기 위해 코치는 심리학자의 역할을 수행한다. 그의 내면에 어떤 심리적 기제가 작동하는지를 분석하고 이에 대응하도록 돕니다.

사람들은 새로운 목표와 꿈을 찾아 가는 과정에서 발생하는 염려와 두려움을 극복하려고 노력하기보다 흔히 자기합리화를 통해 이를 우회하거나 현재 상태에 머무르려 한다. 안전지대에 머무르려는 것은 인간의 자연스러운 본성이다.

코치는 코칭 대상자에게 "다음 단계에서 무엇을 하겠습니까?"라고 질문하고 그가 답을 찾도록 도와준다.

3S-FORM 코칭 모델의 마지막 단계에서 만난 코칭 대상자에게 적용하였던 코칭 스킬을 살펴본다.

1) 코칭 스킬 1: 진정 원하는 것 찾기

삶에서 사람들은 무수한 선택과 결정을 한다. 그러나 삶의 연륜이 쌓이면서 자신이 주도적으로 선택하고 결정하는 기회는 줄어든다. 자신이 속한 사회가 공유하고 있는 가치와 생활방식, 사고체계 등에 의해 영향을 받는다.

결혼 적령기, 나이에 맞는 사회적 지위와 역할, 성별 역할, 장남과 장녀 등에 공유되는 통념이 있다. 이러한 삶의 환경에서 사람들은 자신의 삶을 주도적으로 만들어 가는 선택의 기회를 잃어버리게 된다.

"당신이 진정으로 원하는 것은 무엇입니까?"라는 질문은 외부적 요구에 의해 삶의 틀이 짜인 사람에게는 철학적인 질문으로 들릴 수 있다. 한 예로 부모가 병중이어서, 장남은 가업을 이어야 했고 힘들여 준비했던 대학원 진학을 포기했다. 그러나 주도적으로 삶을 만들어 가고 싶고 생활에 제약이 없는 사람들에게는 울림 있는 성찰 질문이다.

생각 파트너인 코치는 사람들에게 특정 관점에 묶이지 말고, 다양한 기회와 가능성을 찾아가 보도록 생각을 자극한다. 코치는 자신이 진정 원하는 것을 찾았고 그 생활을 누리고 있다고 해도, 그 삶을 마지막이 아니라는 생각으로 코칭 대상자를 만난다.

진정 원하는 것을 찾기 어려울 수 있다. 코치는 원하는 것을 찾는 활동을 문제해결과정으로 보지 않는다. 오히려 코칭 대상자 스스로 답을 찾도록 돕는다. 코치는 답을 주지는 않는다.

코칭 대상자가 원하는 것을 찾는 한 방법은 삶의 목적과 가치를 명확히 하는 것이다. 코치는 코칭 대상자가 생각하는 목적 있는 삶의 모습을 그려보고 상상하게 한다.

2) 코칭 스킬 2: 가능한 자아 개발

사람들은 흔히 현재의 자아가 생래적인 것이기 때문에 변화하지 않을 것으로 생각한다. 정말 그럴까? 자아를 연구하는 심리학자들은 사람들이 지속적으로 변화한다고 주장한다.

사람들은 각자 자기개념을 갖고 있으며 삶의 여정에서 계속 발전시키고 변화시킨다. 자기개념의 관점에서 보면, 사람들은 여러 가능한 자아를 만든다. 가능한 자아는 미래의 자아에 대한 이미지이다.

마커스와 동료 연구자들(Markus & Nurius, 1986)은 현재의 자기개념은 한시적인 것으로 보았다.

사람들은 새로운 경험, 타인의 피드백, 자기성찰 등을 통해 더 성숙한 새로운 자기를 만든다. 가능한 자아의 수가 많은 사람은 현재의 자기가 인생의 마지막 모습이 아니며, 더 긍정적으로 변할 수 있다고 생각한다.

생각 파트너인 코치는 코칭에서 만나는 사람들로 하여금 모든 가능성을 열어 놓고 생각하도록 돕는다.

삶이란 결정론적으로 확정된 것이 아니다. 삶은 그 자체로 우리 앞에 있다. 그 삶에서 어떤 가능성을 보고 어떤 선택을 할지는 각자의 몫이다.

임원 코칭에서 정년을 앞두고 있는 리더를 만났다. 그는 자신의 정년을 앞당겨 자신이 원하는 것을 하고 싶다고 말했다. 직장생활을 통해 자기개발의 기회는 많았지만, 대학원 정규 교육과정을 수료하고 싶다고 했다.

코치: 대단한 결심을 하셨습니다. 그렇게 결심하게 된 동기가 궁금합니다.

임원: 지금까지 거의 대부분은 환경이 요구하는 것에 맞추며 살았습

니다. 결혼도 중매결혼이라고 하지만, 사실 부모님께서 결정했습니다. 이제 하고 싶은 것을 직접 선택해서 해보고 싶습니다.

코치: 이제 하고 싶은 것을 직접 선택해서 해본다. 지금 어떤 느낌이세요?

임원: 저는 이미 여러 지인들에게 말했습니다. 그래도 늘 가슴이 떨립니다.

코치: 그 떨림은 어떤 의미일까요? 제가 안내하는 대로 해 보시겠습니까? 눈을 지그시 감아 봅니다. 손을 그 떨림이 있는 곳에 가져가 보십시오. 손으로 그 떨림을 느껴 봅니다. 떨림이 손으로 전해집니다. 어떤 느낌입니까?

임원: 따듯합니다. 손으로도 느껴집니다.

코치: 떨림의 움직임을 느껴 봅니다. 어떤 느낌입니까?

임원: 점점 커지는 것 같기도 하고, 쿵쿵거립니다.

코치: 떨림을 잘 들여다보십시오. 보이는 대로 말씀해 주십시오.

임원: 따스한 느낌에 여명의 색을 띄고 있습니다. 볼수록 환해집니다.

코치: 그 기운을 온몸으로 느껴 보십시오. 기운의 파장을 느껴 보십시오. 이 상태로 잠시 머무릅니다. (잠시 후) 이제 지금으로 돌아옵니다.

그는 대학원 진학 계획을 세우면서 하루의 시작이 희망과 생기로 가볍다고 말했다. 미래에 되고 싶은 자신의 모습을 상상하는 것만으로도, 매일 반복적으로 했던 일상도 더 열심히 하게 되었다.

3) 코칭 스킬 3: 맥락적 경청

듣기hearing가 소리를 지각하는 것이라면, 경청listening은 마음을 읽는 것이다. 상대방의 말을 평가하거나 판단하지 않으며 자신의 내면에서 나오는 소리를 효과적으로 통제하고 관리하는 수준에 따라 경청이 결정된다.

경청은 수준에 따라서 세 가지로 구분된다. 어떤 경청이 이루어지는지는 주의를 어디에 기울이는가에 달려 있다.

먼저 코치 내면의 소리에 집중하며 경청이 이루어진다면, 자기중심의 경청이다. 이는 가장 낮은 수준이다. 고객의 말에 집중하며 경청이 이루어진다면, 상대방 중심의 경청이다. 코칭에서 가장 깊은 수준의 경청이 이루어지려면, 나와 고객이 대화를 나누는 맥락을 읽어야 한다. 맥락은 상대방의 말을 해석할 수 있는 의미를 품고 있기 때문에, 상대방의 마음을 읽을 수 있다. 나는 이것을 맥락적 경청context-based listening이라고 부른다.

심리학자인 커트 레빈Kurt Lewin은 장이론field theory을 통해 사람들의 사회적 관계와 그 역동성을 이해하기 위해서는 그 활동이 일어나는 장field의 영향을 고려하여야 한다고 주장하였다. 장은 코칭 대화에서 맥락과 같다.

다음과 같은 대화가 이루어진다면, 맥락적 경청이 이루어지고 있다.

"지금 내가 어떤 상황인지 알겠지? 내 마음 알지?"

"그걸 말이라고 해? 말하지 않아도 알아."

4) 코칭 스킬 4: 다짐과 경쟁 다짐

하반기 임원 코칭 프로그램에 참여한 한 임원이 상반기에 진행되었던 '임원의 리더십 효과성 향상 워크숍'에서 작성한 리더십 개발 계획서의 내용을 재검토하였다. 다짐과 경쟁 다짐 분석을 통해 워크숍에서 세운 계획의 실천 현황을 점검하고, 리더십의 효과성을 향상시키는데 필요한 후속 코칭 주제를 도출한다.

이 방법은 로버트 키겐Robert Kegan과 리사 레헤이Lisa Lahey의 경쟁다짐분석법을 코칭에 활용할 수 있게 수정한 것이다. 다음 단계에 따라 대화하면서 주요 내용을 순서대로 기록한다. 독자가 쉽게 알도록 실제 사례를 소개한다.

단계 1: **변화 목표와 실천행동에 대해 다짐한다**

상반기 워크숍에서 다음과 같이 리더십 변화 목표와 실천행동을 작성했다. '부원에게 진정한 관심을 보이고, 열린 소통과 임파워먼트를 하겠다.'는 리더십 변화 목표를 세우고, '즉각적인 대응보다 기다리겠다.', '먼저 듣고 질문한 후에 내 말을 하겠다.', '권한위임을 하겠다.', '육성 기회를 제공하고 돕겠다.' 등의 구체적인 실천 행동을 약속했다.

단계 2: **지금까지 실제 한 행동을 묻는다**

"첫 다짐을 한 이후 일터에서 지금까지 실제로 한 행동은 무엇입니까?"라고 묻는다. 상반기 워크숍에서 다짐한 대로 '회의를 할 때, 기대에 미치지 못해도 화를 내기보다 참았다.'와 같이 실천한 것도 있지만, '상대방의 말을 듣다가도 아직 말을 끊는다.'와 같이 실천하지 못한 것도 있다.

단계 3: 경쟁 다짐을 찾는다

자신의 행동을 깊이 탐구하는 단계이다. 2단계에서 실천하지 못한 행동으로 나타난 것을 대상으로 다음과 같이 질문한다.

"다짐과는 달리 행동했을 때 느낌은 무엇입니까? 그 느낌에 따라 어떻게 행동했습니까?"

이에 대한 응답을 통해 현재 속마음에 있는 염려와 그 염려에 따른 행동을 찾는다.

임원은 부원이 하는 일에 불만이다. 기대에 미치지 못해도 참고, 부원이 말도 안 되는 이야기를 해도 끊지 않고 들어야 하는지 확신이 없다. 염려가 컸다. 임원은 불안한 마음에 일의 결과를 더 챙기게 되었다. 이전보다 더 평가적인 입장을 취했다. 이러한 행동이 경쟁 다짐이다.

단계 4: 경쟁 다짐의 근거가 되는 기본 가정을 규명한다

경쟁 다짐의 근저에 기본 가정이 있다. "불안해하며 일의 결과를 더 챙기게 된 까닭은 무엇입니까?"라고 묻는다. 임원의 속마음에 있는 기본 가정은 다음과 같다. '부원의 능력을 믿지 못하겠다.'

다음 단계는 임원의 가정이 맞는 것인지를 검증하는 것이다. 부원의 능력이 믿지 못할 수준인지 아닌지에 대한 사실을 검증한다. 임원의 주관적 판단이 아니라 사실이라면, 임원이 실천해야 할 것은 부원을 신뢰할 수 있는 수준으로 육성시키는 것이다. 부원 육성은 임원의 새로운 코칭 주제이다.

제7장

변화를 끌어가는 내면의 엔진

외부 요구에 의한 삶의 변화는 불가능하다. 변화는 내면으로부터 나와야 한다.

– **릭 워렌** Rick Warren, The Purpose Driven Life 저자

코치가 코칭 대상자의 변화를 끌어내기 위해 두 가지 코칭 전략과 FORM 코칭 프로세스를 사용할 때, 이에 대응해서 코칭 대상자도 세 가지 활동을 주도해야 한다. 바로 자기인식self-awareness, 자기대화self-talk, 자기성찰self-reflection이다.

이 세 가지 인지적 활동은 코칭 프로세스에 참여해 자신의 변화를 끌어가는 '내면의 엔진'이다.

코칭 과정에서 변화가 성공적으로 일어나기 위해서는 코칭에 참여하는 사람이 기본적으로 현재 무슨 일이 일어나고 있는지를 인식하고 변화가 요청되는 상황에 대해 자기인식이 있어야 한다.

변화의 필요성을 자각하고 인정하는 데는 객관적이고 영향력 있는 정보가 중요하다. 변화의 필요성과 방향이 정해지면, 구체적으로 변화의 주제를 정하고 변화를 시도한다. 변화는 외부적인 요인에 의해 추진될 수도 있지만, 코칭 대상자의 내적인 동의와 몰입이 중요하다.

변화가 요구되는 상황에서 자기방어기제가 자동적으로 작동하고, 변화에 저항하는 다양한 심리 기제가 작동한다. 이러한 변화에 대한

저항을 해소하기 위해서는 코칭 대상자가 자유 의지에 따라 변화를 선택하고, 외적인 변화 요구와 내적인 변화 요구를 조율하는 과정이 필요하다. 자기대화는 이러한 과정을 뜻한다. 이후 변화 노력이 전개된다. 자기성찰은 내적으로 변화 주제와 변화 노력을 종합적으로 점검하고 탐구하는 과정이다. 자기성찰을 통해 학습하고 더 앞으로 나아갈 수 있다.

→ 1

자기인식: 알아차림의 힘

인간은 다른 모든 동물들과 다르게 두 가지 인식을 할 수 있다.

하나는 자신의 경험을 인식하는 과정에서 경험한 것을 성찰하고 평가하는 것이다.(Crook, 1980.) 이 활동이 가능하기 때문에 인간은 자신의 강점과 약점을 알고, 타인이 자신을 어떻게 지각하는지도 알 수 있다.(Baumeister, 2005.)

이러한 인식을 토대로 사람들은 다른 사람이 자신을 어떻게 지각할 것인지를 예상하고, 그들이 자신에 대해 평가한 것을 신경 쓰게 된다.

자기인식은 자신이 가지고 있는 강점과 부족한 점, 정서, 요구와 욕구뿐만 아니라 현재 경험하는 것을 알아차리는 것이다. 자신에게 피드백이 주어졌을 때, 그 피드백에 주의를 기울이고 그것의 의미를 있는 그대로 포착한다.

사람들이 자신의 기대와 다른 생각이나 느낌을 갖게 되면, 그 차이를 이해하기 위한 자기인식이 일어난다. 자기인식을 자극하는 것은 차이를 유발한 원인, 원인의 통제 가능성, 원인의 영향이다.

자기인식을 깊게 할수록 자기 자신뿐만 아니라 자신의 감정이 타인이나 주위에 미치는 영향에 대해서도 알아차린다. 또한 자기인식이 깊을수록 주관적이며 객관적인 시각에서 균형 있게 자신을 바라보기 때문에 변화의 필요성과 출발점을 정확하게 인지한다.

효과성 코칭에서 코치는 진단과 피드백을 통해 코칭 대상자가 객관적으로 자기인식을 하고, 정보의 기밀성과 안정감이 높은 코칭 대화 환경을 조성하여 깊이 있게 자기인식을 하도록 돕는다.

사람들은 흔히 '나는 누구인가?'를 자문한다. 자기인식의 대표적인 표현이다. 자기인식의 정의와 나를 의식하는 과정에 대한 정의는 학문적으로 다양하게 정의되었고 논쟁도 많은 주제이다.

여기에서는 정의에 대한 논쟁보다 사람들이 자신의 생각과 행동을 변화시키는 과정에서 자기인식이 갖는 중요성과 활용성에 초점을 둔다.

사람들은 스스로 나는 누구인가에 대해 인식도 하고, 다른 사람은 나를 어떻게 지각하는지에 대해서도 관심을 갖는다.

전자는 개인적 자기인식private self-awareness이고 후자는 사회적 자기인식public self-awareness이다.(Fenigstein, 1987.)

1) 개인적 자기인식

"독립된 인격체로서 나는 누구인가?"에 대한 자기인식이다.

개인적 자기인식은 타인이 관찰할 수 없는 자기 내면의 것으로 개인적 자아에 대한 인식이다. 자신의 정서, 생각, 지각, 목표, 열망, 흥미 등에 대해 스스로 어떻게 이해하고 있는지에 대한 것이다. 이러한 요소들에 대한 이해를 바탕으로 자기 존재를 정의한다. 그러나 단순히 특정 생각이나 정서를 체험하는 것만으로는 자신의 존재를 정의하기 어렵다.

자기인식을 구성하는 요소가 실제 인식되고 자기 존재를 정의하는 과정을 살펴보면, 자기인식의 심리를 더 명확히 이해할 수 있다.

자기인식을 구성하는 대표적인 요소가 감정이다.

사람들은 스스로 느끼고 체감하는 감정을 통해 자기 존재를 인식한다. 느낌이라는 감각의 측면에서 감정을 보면, 감정의 주체가 불명확하다. 감정이 자기인식의 한 구성요소가 되는 것은 자신이 느끼는 감정을 선택할 수 있고, 그 선택을 하는 주체라는 인식이 있을 때이다.

자기에 대한 평판이 공개적으로 위협받는 상황에서 불편함을 느낄 때, 화를 내거나 상대방의 위협에 따른 것으로 인식함으로써 차분히 대응할 수도 있다. 감정의 선택을 주체적으로 할 때, 그 감정을 처리하는 자기인식이 '나는 누구인가?'에 대한 존재감으로 나타나게 된다.

개인적 자기인식에 영향을 미치는 다른 요소는 자기평가이다. 평가의 대상은 자기 존재이다. 자신이 추구하는 삶의 가치와 그 가치를 일상에서 실행하고, 그 결과와 영향을 조망하면서 자기 자신에 부여하는 주관적인 평가이다. 이러한 자기평가가 반복해서 긍정적일 때, 존재감이 커진다. 긍정적인 존재감이 커지면 자기존중감이 높아진다. 반대로 자기평가가 반복해서 부정적일 때, 존재감과 자기존중감은 낮아진다.

자기평가를 통해 체험한 자존감에 대해 어느 정도 확신하는지도 자기인식에 영향을 미친다. 자기 확신은 자기 존재감에 대해 믿음을 나타내는 심리상태이다. 자기 확신은 자존감에 따른 생각과 행동에 일관성과 지속성을 가능하게 하는 힘이다. 생각과 행동의 변화를 끌어낼 때, 사람들의 자기인식 뿐만 아니라 자기 확신이 변화의 성공을 결정 짖는데 중요한 역할을 한다.

2) 사회적 자기인식

사회적 자기인식은 사회적 관계에서 타인에 의해 지각되는 자기 존재에 대한 인식이며, 개인적 자아와 구별되는 사회적 자아에 대한 인식이다.

사람들은 타인이 관찰하고 지각할 수 있는 외모, 몸짓, 자세, 표정, 의상, 매너 등과 같이 방식으로 자기를 드러낸다. 이러한 자기표현은 사회적으로 공유되는 가치와 규범, 문화 등에 의해 영향을 받을 수 있다.

사람들은 자신의 본래 모습과는 다른 자기를 가식적으로 드러낼 수 있다. 사람의 진정성이 담긴 본래의 모습과 타인이 지각할 수 있는 모습에는 차이가 있을 수 있다.

사회적 자기인식은 타인의 지각에 따른 평가에 의해 영향을 받을 수 있다. 이러한 타인 평가는 통제할 수 있는 대상이 아니다. 반면, 사람들이 사회적 관계에서 주도적으로 자신을 드러냄으로써 자기인식뿐만 아니라 타인의 인식에 영향을 미칠 수 있다.

동정pity, 동감sympathy, 공감empathy과 긍휼compassion이 대표적이다.

사회적 자기인식에서 가장 크게 영향을 미치는 것은 공감이다. 다른 사람이 고통과 불행, 중압감에서 힘들어 하고 벗어나고자 할 때, 상대방을 돕고 싶어 하고 느낀 감정을 공유하는 것이다. 공감의 주된 특징은 상대방의 감정을 느끼고 그 감정을 갖게 된 관점을 객관적으로 인식하는 것이다.

감정을 대하고 느끼는 방식이 자신과 다르더라도, 상대방의 감정을 있는 그대로 인지한다. 이러한 감정 인식은 상대방의 감정을 동일하게 느끼는 동감과 다르다. 동감의 경우에는 공감과 달리 상대방과 감정을 대하는 관점을 공유하지 않는다.

사회적 관계에서 자기인식을 구성하는 다른 구성요소는 긍휼이다. 공감의 경우 말과 몸짓으로 공유한 감정을 드러낸다면, 긍휼은 공감보다 더 적극적으로 도움 행동을 한다. 긍휼의 감정차원이 주관적인 것은 동정이다. 동정은 불쌍하고 측은하다는 긍정적 감정도 있지만, 드물게 어리석다는 감정도 내포한다. '저 사람은 지금의 저런 모습을 하고 있을 만하다.'고 도덕적 심판을 하는 것이다. 상대방이 동정을 받을 만한 원인과 이유가 그 사람에게 있다고 생각하는 것이다.

타인에 대한 감정을 인식하는 동정, 동감, 공감, 긍휼은 단순히 감정을 지각한 심리상태가 아니라 그 감정을 처리하는 과정의 정도를 나타낸다. 동정에서 동감, 공감, 긍휼로 갈수록 타인에 대한 감정의 몰입 수준이 높다. 그 감정의 몰입만큼, 자기인식은 관계차원에서 형성되며, 몰입이 클수록 자기인식은 자기중심에서 타인중심으로, 자기중심적 관점에서 이타적 관점으로 확장된다.

→ 2

자기대화: 내면의 지지자 만들기

대표적인 자기대화는 신년 다짐이다. 원하는 결과를 얻기 위해 어떻게 느끼고 생각하고 행동할 것인가에 대해 내면의 자기와 갖는 대화이다.

자기인식을 통해 변화의 방향과 실천행동이 마련되면, 내면의 자기와 대화한다. 그리고 행동변화에 대한 지침과 암시를 주고 때론 명령한다. 아울러 변화의지와 실천약속이 지켜지도록 감시한다. 또한 원하는 행동변화가 이루어지는 방향으로 인식과 행동이 옮겨 가도록 특정 느낌과 생각을 뇌에 반복적으로 주입한다. 이를 통해 행동변화가 요구되는 상황에서 약속한 느낌, 생각과 행동에 집중하도록 한다.

자기대화self-talk는 자신의 의식적인 생각과 무의식적인 신념이 포함되어 있다. 자기대화는 두려움을 떨쳐내고 자신확신을 높이는 긍정적인 내용일 때 효과적이다. 자기대화를 통해 생각과 행동 변화를 촉진시킬 수 있다. 일상에서 자주 내면의 대화를 하지만, 이에 대한 이해가 부족하여 자기대화의 긍정적 영향력을 활용하지 못하고 있다. 자기대화에 작동하는 심리를 살펴보자.

1) 자기대화의 유형

자기대화의 방식에는 두 가지 유형이 있다. 타인이 인지하지 못하게 자기 내면과 갖는 내현적 대화와 어떤 의도 없이 구시렁거리는 것과 같이 타인이 알아들을 수 있는 외현적 대화가 있다.

대화의 내용에 따라 긍정적 대화, 웅얼거림처럼 중립적 대화, 부정적 대화가 있다. 원하는 결과를 얻기 위해서는 자기대화의 긍정적 영향을 높이고 부정적 영향은 최소화되도록 관리한다.

긍정적 대화

긍정적 자기대화는 원하는 결과를 얻는데 필요한 느낌과 생각을 지지하고 응원하는 대화를 내면의 자기와 갖는 것이다. 예를 들면, 타인과의 대화가 기대하는 방향으로 전개되지 않을 때 쉽게 화를 내는 리더는 “이 대화를 통해 내가 진정으로 원하는 것은 무엇인가?”라고 자신에게 반복해서 질문한다. 타인과 자신에게 관대해지도록 “그럴 수도 있지.”라고 내면의 자기에게 말한다.

변화 노력을 계속한 만큼 결과도 좋을 것으로 확신한다. 열심히 노력하는 자신이 자랑스럽다고 생각하며 성공 사례에 대해 자축한다. 이러한 긍정적 자기대화를 생활화하면, 화를 다스릴 수 있다.

운동선수들은 주문을 외우듯이 “지금 너무 서두르고 있다. 천천히 차분하게.”와 같이 자기 자신에게 속삭이듯 말을 하기도 한다. 이러한 내현적 자기대화와 달리 의례적 언행으로 “가자. 가자.”, “화이팅.”, “난 할 수 있다.”고 두 손을 번쩍 들며 소리치기도 한다. 다른 사람이 들으라고 외치는 것이 아니라, 자신을 독려하고 동기부여하는 의도이며 자기최면을 거는 것이다.

스포츠 심리학자들의 연구에 따르면, 두 유형의 대화는 경기성과 향상에 도움을 주는 것으로 나타났다.(Hatzigeorgiadis 등, 2011.)

부정적 대화

국내 영업을 총괄하고 있는 한 임원은 영업실적이 목표에 미달하거나 기대수준에 미치지 못할 때, 항상 구시렁거리는 습관이 있다.

사업부 내의 팀장들과 회의를 할 때, 그의 구시렁거리는 습관은 팀장들에게 암묵적으로 회의 분위기를 예상할 수 있는 단서이다. 이 사실을 모르는 사람은 그 임원뿐이었다. 그도 자신의 대화 습관에 대해 피드백을 받아 본 적이 없기 때문에, 팀장들이 회의 태도가 적극적이거나 그렇지 못한 경우도 있는 불규칙한 모습을 이해하지 못했다.

부정적 대화가 다른 사람에게 심각한 영향을 미치기도 한다. 긴장이나 의기소침, 불안, 무력감을 일시적으로 느끼게 하지만, 장기적으로는 자존감을 상하게 할 수 있다.

코칭에서 만난 한 팀장은 실수를 할 때마다 “나는 팀장으로 역할을 제대로 못 하는구나.”라고 자책했다. 역할을 제대로 못 하는 사람이라고 자기평가를 하면서 무의식중에 리더십에 대한 무력감을 느꼈다.

코치는 그 팀장에게 최근에 역할을 제대로 못했다고 단정한 사례를 상기하도록 했다. 이어서 “먼저 당시 실수를 하게 된 가능한 원인들에 대해 말씀을 나눠보겠습니다. 팀장님은 가능한 원인들이 무엇이라고 생각하십니까? 떠오르는 대로 메모지에 작성해 보십시오."라고 말한다.

코치는 실수의 원인이 팀장의 역할 수행능력 부족이라고 내적 귀인을 하기 전에 객관적으로 있을 수 있는 영향요인들을 찾도록 하였다.

팀장은 학창시절을 떠올렸다. 그의 아버지는 아들에게 학업성적이 우수하길 바랐다. 성적이 기대하는 수준이 아닐 때는 항상 "아버지가 제대로 챙겨 주질 못했구나."라고 자책했다. 아들의 성적 부진을 아버지로서 공부하기 좋은 환경을 제대로 만들어주지 못한 탓으로 돌렸다.

팀장은 아버지의 한숨 섞인 자기대화를 마음에 새겨들었다. 그리고 "지금 나는 팀장으로서 내 역할을 제대로 하고 있는가?"에 대해 수시로 자문했다.

리더로서 자신의 역할을 성찰하는 것은 바람직하지만, 그 생각에 묶이는 것은 바람직하지 않다. 지금 그때를 돌이켜 보면, 아버지 탓은 아니었다. 이후 팀장은 자신의 실수가 역할 능력의 부족 때문만은 아니라는 것을 인식하게 되었다. 아울러 이전보다 객관적으로 살피고 분석하게 되었다. 팀장의 사례에서 보듯이 부정적 자기대화는 타인의 자기인식에 부정적인 영향을 미칠 수 있다.

중립적 자기대화

중립적 자기대화는 주로 전략적이거나 전술적인 변화 노력에 대한 내용으로 구성된다. 예를 들면 "앞으로 한 달 동안은 더 집중하자.", "끈기 필요.", "실천한 것은 반드시 기록하자.", "진행과정을 지인과 공유 해야겠다."와 같은 내용이다.

이러한 대화를 진솔하게 내면의 자기와 나눌 수 있고, 웅얼거리거나 소리를 내어 말할 수도 있다. 중립적 자기대화는 감정이 배제된 것으로 원하는 결과를 얻는 행동에 긍정적인 영향을 미친다.

2) 변화를 방해하는 심리기제

의식이 깨어 있는 순간이면, 항상 작동하는 내면의 목소리가 있다. 전문코치와 심리학자들은 이러한 심리의 실체를 개념화하였다. 대표적인 것이 자동적으로 떠오르는 부정적 생각ANTs과 그렘린gremlin이다.

내면의 목소리, 그렘린

그렘린은 사람의 머릿속에서 있는 해설자이다.(Carson, 2003.)

방송이나 매체에서 해설자는 그 실체를 드러내지 않은 상태에서 상황이 전개되는 내용에 대해 설명하고 부연한다. 그렘린도 그와 같이 활동한다.

그렘린은 내면에서 관찰자의 역할을 하며, 어떤 생각과 행동을 할지를 조정한다. 의식적으로 통제하고 억제시키려 하면, 나름대로의 다른 전략과 전술을 사용하며 계속 영향을 미친다.

그렘린은 우리를 보호하는 것 같지만, 사실 변화를 시도하고 더 앞으로 나아가려는 것을 방해한다.

그렘린을 길들이는 효과적인 방법은 무장을 해제하듯이 편안한 상태에서 그렘린의 출현을 단순히 알아차리고, 그것의 말을 있는 그대로 듣는 것이다.

그렘린을 길들이는 방법은 다음 단계를 따른다.

단계 1: 단순히 알아차린다. 내용을 상세히 파악하려고 하지 않는다.

단계 2: 그렘린이 드러나는 방법을 선택하고 함께 놀이를 한다. 예를 들면 고른 숨을 쉬면서 그렘린의 내용을 충분히 경험하기, 그렘린의 모습을 바꿔보기, 그림이나 글로 표현하기를 한다.

단계 3: 그렘린과 함께하며 다양한 모습의 실체를 알아차린다. 이 과정을 통해 실제 자아와 그렘린을 변별한다.

단계 4: 그렘린이 원하는 자기 이미지가 아니라, 현실 자아를 실현한다. 예를 들면, 지금 이 순간 자신의 생각을 알아차리고, 자신이 진정 원하는 것을 선택하고 실행한다.

자동적으로 떠오르는 부정적 생각

자기대화를 할 때, 심리적으로 불편하면 자동적으로 부정적인 생각automatic negative thoughts이 떠오른다. 그 생각은 긴장과 스트레스를 유발하고, 사람을 무기력하게 만든다. 처음에 강한 의지를 갖고 시작하였더라도 부정적인 생각이 한 가지라도 떠오르면 이내 증폭되고 확산되어 의기소침한 상태가 된다. 부정적인 생각은 순식간에 사고를 지배한다.

일상에서 새로운 변화를 시도하려 할 때, 내면에서 "정말 할 수 있어? 지금은 아닌 것 같은데, 괜히 속 태우지 말고 그만둬."라는 소리가 들린다. 앞으로 전진하려고 하면 할수록 내면의 소리는 더욱 강렬하게 변화를 시도하지 못하도록 발목을 잡는다.

새로운 변화는 긴장과 걱정을 수반한다. 그때 내면의 방해꾼인 자동적으로 떠오르는 부정적인 생각이 활동한다.

이러한 부정적 생각이 갖는 강력한 능력은 논리적인 자기합리화이다. 자기합리화의 소리가 때론 너무 커서 실제 음성이 들리는 것 같은 착각을 일으킨다. 행동변화를 시도할 때는 항상 부정적인 생각이 함께 활동을 한다. 코칭을 통해 코칭 대상자의 변화를 이끌어 내려면, 그의 내면에서 작동하는 부정적 생각을 효과적으로 관리할 수 있어야 한다.

코칭 대상자는 내면의 생각이 안내하는 곳이 아니라, 자신이 가고 싶은 곳으로 가야 한다. 코치는 코칭 대상자의 내면에서 작동하는 부정적 생각이 힘을 쓰지 못하도록 억제시키거나, 불가능하다면 최소한의 영향을 받도록 도와준다.

자동적으로 떠오르는 부정적 생각의 영향력을 최소화하는 방법은 다음과 같다.

단계 1: 부정적인 생각이 하는 말을 기록한다. 필요하다면, 일정 기간 정기적으로 일기를 쓴다.

단계 2: 부정적인 생각을 객관화 한다. 객관화시키는 유용한 방법은 기록한 내용을 읽어 보고, 부정적인 생각에 이름을 붙인다. 예를 들면 '나는 할 수 없어.', '아직 준비가 안 되었다.', '지금 너무 당황스러워서 결정하기도 쉽지 않다.', '지금은 무리야.'라고 기록하였다면, '겁쟁이'라고 이름을 붙여준다. 또는 겁쟁이의 이미지를 그림으로 그리기, 문장으로 부정적인 생각의 활동을 표현해 보기, 부정적인 생각의 말을 들리는 대로 음성 녹음으로 남겨두기, 부정적인 생각을 상징하는 물건을 선정하기 등을 해본다.

부정적인 생각을 의인화했을 때, '걱정 생산자'라면, 책상 앞에 걱정 생산자인 인형을 놓아두고 "나의 걱정은 네가 다 가져가라."고 단호하게 명령한다.

단계 3: 변화 노력을 하는 동안 부정적인 생각을 격리시킨다. 내면의 목소리가 들리는 몸의 부위를 찾아 낸 후, 밖으로 나오지 못하도록 가두어 둔다. 또는 은유법을 사용하여 변화 프로젝트를 완결하는데 걸리는 시간만큼 멀리 세계여행을 보낸다. 'STOP'이라는 글자를 벽에 걸어두었다가 부정적인 생각이 튀어 나올 때, 'STOP'이라고 외친다.

단계 4: 본래의 자기와 만난다. 그리고 자신이 주인임을 선언한다. 또한 이 순간 자신이 어떤 생각과 행동을 할지를 선택하고 결정할 수 있다고 믿는다. 더불어 자신이 원하는 결과를 얻기 위해 실천할 행동들을 개발하고 실행을 다짐한다. 코치는 코칭 대상자가 원하는 것을 얻을 수 있는 능력과 자격이 있다는 것을 지지한다.

→ 3
자기성찰: 마음의 거울 보기

자기대화가 이루어진 이후 자기성찰을 통해 인식변화가 행동으로 옮겨지는 과정과 결과를 검토한다.

"지금 이슈가 무엇인가? 예상대로 진행되지 않는 것은 무엇인가? 왜 그와 같은 이슈나 지연이 발생했는가? 왜 주저하는가? 근본적인 원인은 무엇인가?"

자기성찰은 자기주도적 학습과 같다. 자기 자신에 집중하고 자신을 깊게 들여다보면서, 자신의 본질에 대해 진지하게 생각하는 것이다.

내면을 탐구할수록 자신의 잠재성을 효과적으로 발휘하지 못하게 하는 걸림돌을 발견하게 된다. 사람들이 보이는 자기방어행동이 그 대표적인 예이다.

타인을 비난하고, 속임수를 쓰고, 결정적인 순간에 수동적인 행동을 보이거나 타인에게 지나치게 의존하는 것도 모두 자기방어행동이다. 자신의 삶을 구상하고 만들어 가고 싶다면, 이러한 행동에 대응하기 전에 자기방어행동에 숨겨진 동기나 요구를 읽어야 한다. 자기 자신과 타인에 대한 인식을 깊게 하고 폭을 넓힐수록 생각과 행동의 변화를 주도할 수 있다.

1) 자기성찰의 주요 내용

진정한 변화가 일어나려면, 자신은 어떤 사람이어야 하는가를 생각하고 학습한 것을 정리해야 한다. 자기성찰이 갖는 힘은 자신의 실수를 인지하고 이를 바로 잡아, 보다 긍정적인 자아를 만들고 자신의 삶을 충만하게 하는 데 있다.

명상이나 독서, 느리게 걸으면서 자신을 돌아본다. 오로지 자신의 감각에 충실하면서 느낌과 생각을 인식하고 자신에게 질문한다.

"내가 염려하는 것은 무엇인가?", "나는 어디에 묶여 있나?", "내가 주저하는 것은 무엇 때문인가?", "나는 진정 어떤 사람이고 싶은가?"

특히 코치는 코칭 대상자의 생각과 행동에 근본적인 변화가 필요할 때, 변화 노력을 한 이후 마무리할 때, 새로운 변화를 위한 다음 단계로 이끌 때 성찰 질문을 한다. 자기성찰의 주요 내용은 다음 3가지이다.

목적 지향

삶의 목적을 가지고 있다는 것은 곧 자기의 존재 이유와 가치를 알고 있는 것이다. 삶의 목적을 가지고 있지 않다면, 먼저 "나는 왜 여기에 있는가?"에 대해 질문해 본다. 왜why를 질문하는 것은 곧 자신이 존재하는 목적을 묻는 것이다. 목적은 자신의 삶을 이끌어 가는 방향을 제시한다. 목적에 대한 진술은 개인이 추구하는 가치를 내포한다. 각자 자신이 추구하는 삶의 가치는 삶의 내용에 질적인 의미를 갖게 하는 기준이 된다. 이와 같이 가치는 목적의식을 구성하는 첫 번째 중요한 속성이다.

사람들이 개인생활이나 직장생활에서 추구하는 가치가 그들의 삶에 깊숙이 자리 잡고 삶에 방향을 준다. 가치가 개인의 신념뿐만 아니라, 실제 생활에 녹여져야 한다. 일상의 결과를 볼 때, 그 결과는 각자가 추구하는 삶의 가치와 부합하여야 한다. 목적의식을 구성하는 두 번째 중요한 속성이다.

"당신이 추구하는 삶의 가치는 일상에 담겨 있습니까?"

이 질문은 일상이 삶의 가치와 부합되도록 돕고, 가치와 행동 결과가 일치하는지를 확인해보는 중요한 질문이다. 개인이 추구하는 가치는 그의 행동과 일치하고, 그에 걸맞은 결과가 나타나야 한다.

목적의식을 구성하는 마지막 속성은 선한 영향력이다. 개인이 만든 결과물이 자신의 삶뿐만 아니라 주위 사람들, 나아가 그가 속한 사회와 국가에 긍정적인 영향을 미쳐야 한다. 이와 같이 개인이 추구하는 가치가 일상에서 부합하는 결과를 낳고, 그 삶의 전체적인 모습이 주위에 선한 영향력을 미치는 존재로서 인식하는 것이다.

격차 해소

원하는 결과를 얻기 위한 생각과 행동의 변화를 면밀히 검토하고,

현재 상태와 원하는 결과를 얻는 데 필요한 바람직한 상태 간의 차이를 줄이는 방법을 찾아야 한다. 이를 위해서는 자기성찰이 맥락적이고 초점화되어야 한다. 자신이 하고 있는 일에 대해 일반적으로 되돌아보는 것이 아니라, 변화가 요구되는 상황에서 원하는 결과를 얻을 가능성을 높이는 결정적 행동에 초점을 맞추어야 한다.

"지금 원하는 결과를 얻을 수 있는 가능성을 높이는 결정적 행동은 무엇인가?"

결정적 행동의 실천을 방해하는 요인과 촉진하는 요인에 대한 검토를 통해 변화의 가능성을 높이는 조건을 찾는 것이 중요하다. 격차 해소를 위해 다음과 같이 질문해 본다.

- 어떤 환경이 조성되면 실행력이 높아질 것인가?
- 이에 필요한 자원은 무엇인가?
- 어떻게 그 자원을 확보할 수 있겠는가?"

통합적 변화

생각 파트너인 코치는 코칭 대상자로 하여금 자신의 삶 전체를 조망하고, 통합적인 시각에서 현재의 모습에 변화를 주도하도록 돕는다. 자신의 삶을 적극적이며 주도적으로 구성해 가는 과정에서 개인적 자기인식과 사회적 자기인식에서 통제할 수 있는 것과 없는 것을 변별하고, 통제 가능한 것은 원하는 결과를 얻는 데 필요한 결정적 행동으로 드러날 수 있도록 돕는다.

이러한 과정에서 변화는 결정적 행동뿐만 아니라 관련된 느낌과 감정 같은 정서와 태도와 행동 의도 같은 인지를 포함한다. 통합적 변화를 성공적으로 끌어가는 새로운 관점을 찾고 수용할 수 있다.

자기성찰은 자신의 내면을 들여다보는 능력이며, 존재의 근원과 목적, 본질에 대해 질문하고 학습할 수 있는 방법이다. 협의적으로 보면, 거울에 비쳐진 자신을 보고 그것에 대해 탐구하는 것이다. 광의적으로 보면, "어떤 삶을 살고 싶은가?"에 대한 답을 찾는 것이다. 이 질문은 존재 이유를 묻는 근본적인 질문이며, 삶의 목적을 정의해 보도록 요청한다.

삶에서 추구하는 가치, 그 가치에 따라 일상에서 실행하는 모습, 실행의 결과와 그 결과가 의미 있게 되는 전 과정에 대한 돌아보기이며 평가이다. 자기성찰은 통합적인 변화를 만들어 가는 과정에서 자기를 생각하고 평가하고 학습하는 효과적인 방법이다.

2) 자기성찰의 힘, 답은 자신에게 있다

"저는 코칭을 통해 변할 것이 없습니다."

사장은 접견실 소파에 앉으면서 다소 퉁명스러운 어투로 말했다. 첫 인사로는 전혀 예상하지 못한 말이라서 당황스럽고 놀라웠다.

나의 기대와는 달리 사장의 첫 마디는 코칭을 통해 변할 것이 없다는 것이다. 다만, 같이 일하는 임원들에 대한 코칭에 주력해 줄 것을 요청하였다. 그러나 본사 경영진의 생각은 달랐다. 본사는 사장이 임원의 역할에서 벗어나 사장의 역할을 조속히 인지하고 성공적으로 수행하기를 기대했다.

나는 신임 사장의 활동을 지원하고 돕겠다고 약속했다. 코칭은 계획된 일정에 따라서 순조롭게 진행되었고, 임원 코칭 프로그램이 성공적으로 종료되었다. 사장과의 코칭 면담이 종료되고 일 년이 지난 어느 날, 인사부서로부터 긴급한 전화가 왔다. 사장이 자신만 코칭을 한 번 더 받았으면 한다는 것이다. 코칭을 추가로 받겠다는 배경과 그동안 어떤 변화가 실제로 있었는지 무척이나 궁금하였다. 며칠 후 만난 사장의 첫 마디는 나를 다시 한번 놀라게 하였다.

사장: 코치님, 저 많이 변했습니다.

코치: 반가운 소식입니다. 축하드립니다. 좀 더 구체적으로 말씀해 주시겠습니까?

사장: 사장으로 취임하고 회사의 경영실적을 높이기 위해 필요하다고 생각하는 것들을 월간 회의나 임원 미팅에서 여러 차례 이야기하였습니다. 그리고 임직원들이 지시한 대로 실천하고 있는지를 체크하였습니다. 저는 그동안 직원들과 열심히 대화를 한다고 노력하였는데, 제 생각과는 다르다는 것을 느꼈습니다.

코치: 언제 그렇게 느끼셨습니까?

사장: 임원들 간의 대화가 이전보다 활발하지 않은 것을 알았습니다. 영업과 마케팅, 연구소의 임원과 그룹장들이 대화에 덜 참여하

는 것을 보게 되었습니다.

코치: 그러한 느낌을 가지신 후, 사장님께서 다르게 행동한 것이 있다면 무엇입니까?

사장: 이전에 코치님이 역지사지하는 대화를 할수록 대화의 효과성이 높아진다는 말씀이 생각났습니다. 리더 간의 대화, 부서 간의 대화가 활성화되지 않은 이유를 곰곰이 생각해 보았습니다. 생각해 보니 원인이 저에게 있었던 것입니다. 회사 성과를 높이기 위해 사장이 주로 이야기를 하였던 것입니다. 임직원에게 회사가 나아갈 방향과 과제를 명확히 말해주면, 잘 돌아갈 줄 알았는데 그게 아니었습니다. 그래서 임원과 그룹장이 대화할 때, 관찰자의 입장에서 그들의 대화를 듣고 내 생각과 비교해 보고, 방향을 제시하는 형태의 대화를 하였습니다.

코치: 그것을 통해 학습한 것이 있다면, 무엇입니까?

사장: 회사를 경영하는 데 의사소통 방식이 중요하다는 것입니다. 임직원에게 사장의 생각을 관철시키는 것이 아니라, 임직원들이 사장의 생각을 이해하고 자발적으로 의사소통하는 문화를 만드는 것이 경영이라는 것입니다. 사장이 코치가 되는 것이지요.

코치: 정말 대단하십니다. 자신의 모습을 객관적으로 관찰하고 변화를 이끌어 내시는 실행력이 대단하십니다. 제가 없는 동안에도 셀프 코칭을 하셨군요.

사장: 사장이 되고 지난 1년 동안 배운 것입니다. 코칭이 스스로 문제의 답을 찾도록 한다고 했는데, 정말 그렇다는 것을 느꼈습니다.

코칭의 효과는 코칭 대상자의 변화를 성공적으로 끌어내야겠다는 코치의 집착에서 오지 않는다. 코치는 변화를 의도하기보다, 자연스럽고 유연하고 상대방 중심의 관계를 느낄 수 있는 대화 공간을 조성해야 한다.

코칭 대상자는 안전한 대화 공간에서 변화의 필요성을 자각하고 성찰하면서 스스로 해답을 찾는다. 코치의 눈에 쉽게 관찰되지 않는 활동이다.

3) 자기성찰을 생산적으로 하는 방법

자기성찰은 원하는 결과를 얻기 위한 목표지향적인 방법이다. 목표와 방향에 맞는 결과를 만들지 못하면, 다음 단계의 변화로 나아갈 수 없다. 자기성찰을 생산적으로 하는 간단한 단계적 접근은 다음과 같다. 각 단계별로 코칭 대상자가 스스로 활용하면 유용한 질문을 제시하였다.

단계 1: **성찰할 변화 주제를 선정한다**

변화의 시작과 종료까지 전체 과정에 적용한다.

성찰에 집중할 수 있는 공간을 확보한다.

지금 경험한 느낌과 생각, 행동을 되돌아보고 환경이 변화 노력에 미치는 영향과 추가적인 변화가 필요한 사항을 찾는다.

추가 사항을 변화 주제로 선정한다. 변화 주제는 변화의 목적에 적합한 것으로 제한한다.

변화 주제를 부정적인 것으로 정하면, 정신적으로 압도당할 수 있음으로 주의한다.

자신에게 다음의 질문을 순차적으로 하고 변화 주제를 찾아본다.

변화 주제는 현재 상태에 만족할 수 없다고 판단되어, 지속적인 변화 노력이 필요한 것이다.

- 지금까지 변화 활동에 어떤 일이 일어나고 있는가?
- 지금 불편하게 느끼는 것, 개선되어야 할 것은 무엇인가?
- 달라져야 한다면, 그 변화의 근원은 어디에 있는가?

[적용 예] 일이 잘 풀리지 않는 상황에서 부원과 대화할 때, 짜증이나 신경질적인 감정을 섞은 대화를 하지 않으려고 했는데 잘 안 된다. 어떻게 하면 감정을 효과적으로 관리할 수 있을까? 감정 관리를 잘하고 싶다. 무엇을 달리 하면, 감정 관리에 성공할까? 감정이 드러나는 경우를 보면, 특히 내가 원하는 결과를 얻지 못했을 때이다. 부원이 만든 결과를 어떻게 볼 것이냐에 대한 답을 찾아야 한다.

단계 2: **변화 주제에 대한 답을 찾는다**

변화 주제에 대해 탐구할 질문을 생각하고 답을 찾는다.

원하는 결과를 얻는 데 중요한 느낌과 생각을 적어 본다. 이 과정에서 중요한 점은 변화 주제의 핵심을 다룰 때, 자기 자신에게 진실해야 한다는 것이다.

통찰이 일어나면, 새로운 관점을 가질 수 있다.

새로운 관점과 통찰의 의미를 깊게 탐구한다. 변화 주제에 대해 탐구할 질문을 할 때, 다음의 질문을 추가로 한다.

– 이 질문은 변화 주제에 대한 답을 찾는데 초점이 맞혀져 있는가?
– 이 질문에 대한 답은 내면을 충분히 탐색한 결과인가?
– 내가 지금 놓치고 있는 것은 무엇인가?

[적용 예] 부원과 신뢰관계를 만들지 못하고 대화가 일방적인 이유는 부정적 감정이 섞인 대화를 하기 때문이다. 부원과의 관계 개선을 하려면, 내가 먼저 감정 관리를 해야 한다. 문제의 핵심이다. 왜 나는 욱하는가?(가능한 원인들을 탐색)

내 문제는 기대와 다른 점에 대한 반응이 너무 빠르다는 것이다. 그 차이를 이성적으로 대할 수도 있는데 감정적으로 대하는 것이 문제다. 반응의 속도를 늦추기만 해도, 감정을 통제할 수 있을 것이다. 반응 속도를 늦추자. 이것보다 더 결정적인 것이 있을까?

단계 3: **통합적인 시각에서 개선점을 확정한다**

변화가 요청되는 맥락과 원하는 결과와 연결성을 갖고 있는 범위에서 개선점을 명확하게 서술한다. 개선점의 대상은 정서, 인지, 행동에 속한 것이다. 개선점의 내용은 지금보다 더 발전적인 방향으로 나아가는 데 필요한 것으로 한다. 다음 질문을 통해 통찰한 내용을 정리한다.

- 성찰을 통해 학습한 것은 무엇인가?
- 원하는 결과를 얻을 가능성을 높이는가?
- 다음 단계를 진행한 후에 결과를 확인할 수 있는가?

[적용 예] 기대와 다른 점에 대한 빠른 반응을 늦추면, 부원뿐만 아니라 다른 부서의 리더들과 더 생산적인 대화를 할 수 있다. 부서 간의 협조도 훨씬 개선될 것이다. 내가 바뀌면 되고, 이 문제가 지속되면 나의 성장도 어려워질 것이다. 내 감정의 흐름을 읽고 통제할 수 있도록 3개월 명상 프로그램에 참가해 보자. 그 이후 부원과의 소통에 대해 피드백을 받아 보겠다.

부록

부록 1. 성장 비전 달성 계획서
부록 2. 코칭 프로세스별 코칭 질문
부록 3. 성찰 질문, 내면과의 대화
부록 4. 종종 간과하는 다섯 가지 관점
부록 5. 변화와 혁신을 촉진하는 질문

→ **부록 1**

성장 비전 달성 계획서

목적 있는 삶을 만들어 가는 청사진을 작성한다. 변화 과제의 기간은 단기로 하고 점차 늘리도록 한다.

1. 삶의 목적: 나의 존재 이유, 삶의 가치, 선한 영향력
2. 성장 비전: 삶의 목적과 연계된 나의 성장 비전
3. 도전 목표: 불가능하지만 도전하는 목표(5년 목표)
4. 중점 과제: 도전 목표를 달성하기 위해 추진할 중점과제

[과제 1] 중점과제를 이루기 위한 전략 과제

- 실행 일정
- 기대되는 결과(과제가 달성되었다고 판단할 수 있는지 지표 작성)
- 과제를 수행하는 데 예상되는 장애요인, 장애요인 극복방안

[과제 2] 중점과제를 이루기 위한 전략 과제

- 실행 일정
- 기대되는 결과(과제가 달성되었다고 판단할 수 있는지 지표 작성)

- 과제를 수행하는 데 예상되는 장애요인, 장애요인 극복방안

※ 과제 수는 필요한 만큼 작성한다.

5. 변화 과제: 중점과제를 성공적으로 추진하기 위해 반드시 도전하고 바꿀 것(결정적 행동 포함)
6. 준수 원칙: 목표를 달성하는 과정에서 내가 준수할 원칙, 실행 방법론
7. 30일 과제: 앞으로 30일 안에 반드시 달성할 목표와 관련된 중요한 활동

→ **부록 2**

코칭 프로세스별 코칭 질문

구조화된 코칭 대화 프로세스에 따라 필요한 강력한 코칭 질문을 한다. 질문은 강점 발견, 관점 확대, 성찰 질문, 자기 수용의 전략에 따른 상황 맞춤형으로 개발해서 사용한다.

변화모델 (FORM)	코칭 질문
피드백 (Feedback)	• 자신의 생각과 일치-불일치하는 결과는 무엇인가? • 구성원의 피드백에 어떤 공통점이 있는가? • 피드백은 나에게 어떤 역할 변화를 요청하는가? • 미처 몰랐던 나의 강점은 무엇인가?
기회발견 (Opportunities)	• 강점을 더 발휘한다면, 가능한 것은 무엇인가? • 새롭게 예상할 수 있는 성장 기회는 무엇인가? • 당신이 의도적으로 회피하는 것은 무엇인가? • 원하는 결과를 얻기 위해 달라져야 하는 것은 무엇인가?
재구성 (Reframe)	• 더 잘 경청하는 데 필요한 관점은 무엇인가? • 지금의 상황을 긍정적으로 볼 때 달라지는 것은 무엇인가? • 생산자보다 조력자가 되는 데 어떤 변화가 필요한가? • 어떤 면에서 현재의 약점은 강점이 될 수 있는가?

전진 (Move Forward)	• 한 단계 더 나아간다면, 그 모습은 무엇인가? • 당신에게 울림을 주는 새로운 꿈은 무엇인가? • 불가능해 보이지만, 이루고 싶은 것은 무엇인가? • 더 큰 성장을 주저하게 하는 내면의 소리는 무엇인가?

코치는 질문을 통해 코칭 대상자가 스스로 생각하고 행동하도록 돕는다. 내면의 엔진이 작동할 때, 인식과 행동의 변화가 연계되고 행동 변화가 촉진된다.

내면 엔진	코칭 질문
자기인식	• 변화에 성공하도록 강점을 어떻게 활용할 것인가? • 지금 시급히 보완할 점은 무엇인가? • 지금 넘어야 할 자신의 한계는 무엇인가? • 알아차림을 방해하는 것은 무엇인가?
자기대화	• 변화 노력이 원점으로 가지 않게 무슨 말을 할 것인가? • 변화에 성공하려 애쓰는 자신에게 무슨 말을 하고 싶은가? • 성취동기를 깨우기 위해 자신에게 무슨 말을 할 것인가? • 자신에게 진정 울림을 주는 말은 무엇인가?
자기성찰	• 지금 염려하는 것은 무엇인가? • 변화에 실패한 사례들에 어떤 공통점이 있는가? • 주저하는 까닭은 무엇인가? • 어떤 사람이 되고 싶은가?

→ **부록 3**

성찰 질문, 내면과의 대화

사람들이 보이는 대표적인 자기방어행동은 내면의 소리를 들으려 하지 않는 것이다.

내면에 두려움이 있다면 방어적인 의사소통을 하게 되고 다른 사람과 열린 대화를 하기 어렵다. 자신을 이해하지 않고는 타인을 알지 못하고 진정한 경청과 갈등관리를 하기 어렵다. 나아가 건강한 삶의 환경을 만드는 데 실패한다.

목적 있는 삶을 살려는 비전과 열망을 실천하는 능력은 자신을 이해하고 관리하는 수준에 따라서 달라진다. 자신과 타인의 잠재성을 인정하고, 잠재성을 끌어내어 요구-행동-결과를 완성하기 위해서는 자신의 내면의 성숙을 키우는 노력이 필요하다. 이에 도움이 되는 다음의 질문을 일상에서 활용해 본다.

- 나는 누구의 삶을 살고 있나? 내 삶을 주관하기 위해 지금 내게 필요한 것은 무엇인가? 나는 내 자신을 위해 설정한 목표를 성취하고 있는가?
- 내 삶의 목적은 무엇인가? 내 일상에 삶의 목적이 담겨 있는가?
- 지금 이 순간 내게 질문을 한다면, 무엇인가? 그것을 통해 알게 된 것은 무엇인가? 그것을 통해 내가 느끼고 생각한 것은 무엇인가?
- 어떤 일을 해야 내 존재감을 충족시킬 수 있는가?
- 어떤 일을 하면, 사회에 공헌할 수 있을까?
- 나는 어떤 두려움을 가지고 있으며, 어떤 마음의 장벽을 가지고 있는가?
- 지금의 이 감정은 내게 어떤 말을 하는 것인가?
- 내가 원하는 이상적인 삶의 모습은 무엇인가? 그 삶을 사는 나는 어떤 모습인가?
- 나는 이 상황을 어떤 눈으로 보고 있나? 이 상황을 달리 볼 수 없을까? 달리 보려면, 내게 어떤 변화가 필요한가?
- 지금 이 순간 내가 회피하는 것은 무엇인가? 그것이 내게 의미하는 바는 무엇인가? 내가 지키고 싶은 것은 무엇인가? 나는 어떻게 하고 싶은가?
- 나는 어떤 선입견을 가지고 있는가? 나는 그것을 어떻게 하고

싶은가?

- 지금까지의 내 삶에 만족하는가? 만족감을 더 높이려면, 무엇을 하겠는가?
- 오늘 나의 강점 하나를 발휘한다면, 무엇인가? 그것은 나와 주위 사람에게 어떤 영향을 미칠 것인가?
- 나다움을 보인다면, 어떤 모습일까? 나는 내게 진실한 삶을 살고 있는가?
- 지금 기대하는 것은 무엇인가? 지금 어떤 느낌인가? 그 느낌은 내게 말하는 것은 무엇인가? 나는 어떻게 하고 싶은가?

실행doing의 성취를 위한 성찰 질문

- 내가 오늘 원하는 결과는 무엇인가? 그 결과를 얻기 위해 내게 꼭 필요한 행동은 무엇인가?
- 지금 나에게 중요한 결정은 무엇인가? 나는 어떤 선택을 할 것인가? 그 선택의 기준은 무엇인가? 그 기준의 내 삶의 가치와 어떤 관련성이 있는가?
- 지금 이 순간 가장 적절한 나의 행동은 무엇인가? 그렇게 생각하는 까닭은 무엇인가? 그 행동을 통해 내가 충족시키려는 것은 무엇인가?
- 지금까지와는 다르게 한다면, 가능한 것은 무엇인가?

- 이 대화의 목적이 무엇인가? 무엇을 얻기 위한 것인가?
- 지금 내가 놓치고 있는 것은 무엇인가?
- 일터에서 나의 역량과 가치를 높이기 위해 어떤 노력을 해야 하나?
- 일의 성과를 내기 위해 필요한 자원은 무엇인가?
- 내 삶의 에너지원은 무엇인가?
- 내가 오늘 책임져야 할 것은 무엇인가? 그것은 나에게 어떤 의미인가? 그 책임감을 효과적으로 유지할 방법은 무엇인가?
- 나는 오늘 주위 사람에게 어떤 도움을 줄 수 있을까? 그렇게 하기 위해 필요한 것은 무엇인가?
- 어떻게 하면 지금의 상황에서 서로 승승할 수 있을까? 이 과정에서 새롭게 알게 된 것은 무엇인가?
- 이 삶을 떠나기 전에 내가 정말 성취하고 싶은 것은 무엇인가?
- 당신이 생각하는 성공한 직장인의 모습은 무엇입니까? 그 모습을 이루기 위해 어떤 노력을 하였습니까? 지금 어느 정도 원하는 모습을 이루었다고 생각합니까?
- 지금 미루고 있는 것은 무엇입니까? 그것은 속히 다시 시작하려 한다면, 필요한 것은 무엇입니까?

→ **부록 4**

종종 간과하는 다섯 가지 관점

관점 취하기는 당면한 상황을 자기 자신의 관점에서 보는 것 이외에 다른 사람의 관점에서 인식할 수 있는 능력이다. 이러한 능력은 사회적 존재로서 인간에게 적응력을 높여 준다. 바쁜 일상에서 놓치기 쉬운 관점은 다음과 같다. 이들 관점을 통해 인식의 폭을 깊고 넓게 가져가 본다.

관점 1: **통제할 수 있는 것과 없는 것**

통제할 수 없는 것을 통제하고 있거나 하겠다고 생각하면, 삶은 더 불편해진다. 원하는 것을 얻기 위해 노력할 때, 통제할 수 있는 것은 무엇인가? 통제할 수 있다고 생각하는 것의 목록을 작성해 보자. 목록에서 지금 통제해야 할 것은 무엇인가? 삶의 맥락에서 통제할 수 없는 내용이 많을수록 자기 존재감은 떨어진다. 근본적인 문제는 통제할 수 없다고 가정하고 예단하는 데 있다.

삶을 주도하고 싶다면, 어떤 선택과 실행을 할 것인가? 이렇게 자문해 보자.

나는 지금 누구의 삶을 살고 있는가?

관점 2: **하루 일상의 의미**

단조로운 반복성에서 삶을 뜨겁게 할 의미를 찾지 못한다면, 지금의 삶을 고통의 굴레라고 생각할 것이다. 일상에서 어떤 의미를 찾을지는 자기 자신에게 달렸다. 일상에서 찾은 의미가 삶의 목적과 어떤 관계인지를 살핀다.

삶의 목적과 일상이 연결되어 있을 때, 일상의 의미는 더 풍성해지고 마음 챙김이 깊어진다.

오늘 하루의 일상은 내게 어떤 의미를 갖는가? 지금 내가 있는 곳은 어디인가? 나는 왜 이곳에 있나? 나는 무엇을 하고 있는가? 어찌 생각하면 지루할 것 같은 이곳은 내게 어떤 의미인가?

익숙한 곳이라고 해도 다른 시선과 관점을 가질 수 있다. 그 시선과 관점을 통해 다른 생각과 느낌, 통찰을 할 수 있기 때문이다.

관점 3: **오늘 알아차린 것**

알아차림은 지금 여기에서 일어나고 있는 정신적 물질적 사건들을 각성을 통해 의식하는 것이다. 알아차림은 새로운 관점을 갖게 한다. 오늘 경험한 알아차림을 하나 떠올려 본다. 그 알아차림은 자신에게 어떤 관점을 갖게 해주었는지 생각한다. 평소 자신에게 무의한 것으로 주의를 기울이지 않았던 것이지만, 다시 들여다보면 새로운 의미를 발견할 수 있다.

알아차림의 대상을 넓혀 나간다. 감정, 갈등, 스트레스, 욕구, 신체 감각, 호흡 등에 대한 알아차림이다. 이러한 수행을 통해 내면을 들여다보고 성찰하면서 환경과 상호작용하는 자신의 참모습을 알게 된다. 이를 통해 마음에 동요로 일으키고 불편함을 주는 사건들에 대해 지혜롭게 대처할 수 있는 방법을 선택할 수 있다.

관점 4: **시스템적 관점**

리더는 자기결정력을 가진 개인이며 조직 시스템의 일원이다.

"시스템적인 관점을 취하면, 달라지는 것은 무엇인가?"

조직 리더를 시스템적인 관점에서 보지 않는다면, 기업 코칭에서 중요한 접근을 간과하는 것이다.

기업 코칭에서 코칭 질문은 구조화되어 있을 때 강력한 영향력을 갖는다. 오랫동안 코칭에서 반복적으로 시도되고 검증된 구조화된 질문, 전문코치가 되는 데 꼭 필요한 전문성이며 코칭 툴이다.

"시스템적 관점에서 구조화된 질문을 만들어 본다면, 어떤 질문들이 있을까? 그 질문을 할 때, 가능한 것은 무엇인가?"

관점 5: **변화 성공에 따른 가능성 발견**

뷰카 세상에서 알게 모르게 학습된 무력감에 빠진 리더들을 만나면 안타까움이 크다. 그들이 처한 맥락과 적응기제가 각자에게 독특해서, 공통적으로 경험하는 내용을 다루는 것으로는 근본적인 도움을 주지 못한다.

개인적이며 개별적인 접근이 필요하다. 방어적이거나 냉소적인 언어 선택, 자조적인 속삭임, 무엇이 문제인지를 알지만 풀 수 있는 입장은 아니라는 생각, 세상은 다 그렇다고 일반화하는 사고를 한다. 과연 변화는 불가능한 것일까? 아니면, 그렇게 합리화하고 있는가? 다음과 같은 질문을 연속으로 해본다.

- 스스로 한계를 설정하고 가정하고 예단하는 것은 없는가?
- 5년 후, 길게는 10년 후 어떤 리더이고 싶은가? 그때 나는 어떤 사람이고 싶은가?
- 어떤 삶을 살고 싶은가? 자신이 추구하는 삶의 목적과 가치의 관점에서 현재를 볼 때, 본 것은 무엇인가? 어떤 생각과 느낌을 갖는가?
- 내 삶을 주도한다고 생각해 보자. 가능한 것은 무엇인가? 지금 할 수 있는 것은 무엇인가? 어떤 선택과 실행을 하겠는가? 지금 무엇을 하겠는가?

→ **부록 5**

변화와 혁신을 촉진하는 질문

변화는 혁신으로 가는 길이다. 혁신의 사전적인 의미는 '묵은 풍속, 관습, 조직, 방법 따위를 완전히 바꾸어서 새롭게 함'이다.

피터 드러커는 혁신과 새로움novelty을 혼돈하지 말 것을 강조하였다. 새로운 상품을 개발하고 신규 서비스를 제공하는 것, 새로운 비즈니스 모델을 개발하고 이를 통해 새로운 시장을 개척하는 것 등은 모두 이전 것과는 다르기 위한 변화를 포함한다. 그러나 혁신은 새로움과 변화 그 이상의 것을 포함하고 있다. 새로움과 변화는 가치를 창출하고 수익성이 있어야 한다. 또한 혁신의 수혜자는 특정 소수가 아니라 다수여야 한다. 개인적 차원이 아닌 사회적 차원에서 볼 때, 이전보다 나아졌다는 평가가 있어야 한다.

새로움: 무엇을 새롭게 할 것인가

혁신은 항상 새로운 것이다. 기존의 상품과 서비스를 반복적으로 사용하는 것이 아니라 새로운 관점에서 그 효용적 가치가 증가될 수 있도록 창조하는 활동이다. “이 순간 가장 중요한 것은 무엇입니까?”, “더 가치 있다는 것은 어떤 의미입니까?”, “그것을 통해 얻고자 하는 것은 무엇입니까?”, “우리 회사의 지속적인 성장을 가능하게 한 것은 무엇입니까? 지금 필요한 것은 무엇입니까?”, “지금 놓치고 있는 것은 무엇입니까?”

그동안 익숙하고 습관화되어 있는 사고 체계와 행동, 일하는 방식 등을 객관적이며 가치지향적인 측면에서 재인식하도록 자극하는 질문이다.

변화: 어떻게 바꾸어 볼 것인가

혁신은 시간의 연속선상에서 변화를 수반한다.

“무엇을 달리 해 보시겠습니까?”, “지금과 같이 하지 않으면, 어떤 문제가 있습니까?”, “다르게 하면서도 같은 결과, 그 이상의 결과를 얻을 수 있는 방법은 무엇일까요?”, “무엇을 달리 하면, 가능하겠습니까?”

변화는 기존의 것을 잘못한 것, 포기해야 할 것이라는 부정적인 평가인식에서 출발하지 않는다. 변화는 새로운 가능성의 발견에서 출발한다. 일하는 방식, 제품의 쓰임새, 사람들의 사고와 의식이 내재화되고 행동이 일어나는 일련의 과정에 변화 가능성이 있다. 이러한 관점에서 보면, 변화는 곧 무한한 가능성을 발견하는 시작이며 가능성에 대한 도전이다. 변화 포인트를 찾도록 하는 탐구 질문과 가능성을 자극하는 질문은 매우 강력한 혁신활동이다.

이점: 보다 나아진 것은 무엇인가

혁신이 갖는 새로움과 변화는 개인생활뿐만 아니라 조직생활, 사회전반에 긍정적인 영향을 미치는 것이어야 한다. 최근 정보통신기술의 진화는 사회적 변화를 이끌고 개인과 조직, 국가와 세계 전반의 삶의 질에 긍정적인 영향을 미치고 있다. 단순히 외형적인 요소를 새롭게 바꾸는 것이 아니라, 그 활동 전반이 가치를 창출하고 경영에 기여해야 한다.

"임직원들이 더 행복감을 느끼면서 일할 수 있도록 하는 방법은 무엇입니까?", "직무스트레스를 줄이고 성과 몰입을 높일 수 있는 방법이 있다면, 무엇입니까?"

조직구성원들이 지금보다 더 존재감을 느끼고 자긍심과 책임감을 갖도록 하는 질문이 혁신을 이끄는 좋은 질문이다.

| 에필로그 |

내 삶이 나를 즐겁게 하지 않아서 나는 내 삶을 창조했다.
– **코코 샤넬**Coco Chanel, 패션디자이너

산업 사회에서 사람들이 신화로 가지고 있던 삶의 방정식이 무용해졌다. 열심히 노력해서 사회적 성공을 이루면, 인생의 후반이 안정된다는 노후보장의 신화는 사라졌다. 또 역경 극복을 반복하다 보면, 경력이 되고 그 이후 일정한 궤도에 오르면 삶이 안정화된다는 고진감래의 신화도 사라졌다. 그리고 사회적 통념 신화가 사라졌다. 유교문화에 따른 가치관, 신념, 규범을 공유하고 사회가 요구하는 역할을 당연하게 여겼다. 결혼 적령기가 있고 일정한 연령이 되면 그에 맞는 사회적 지위에 대한 통념을 공유하였다. 이제 직장에서 성별과 나이는 역할과 무관하다.

세대 간에 전승되던 신화들이 사라졌다. 개인이 사회의 중심이 되고, 개인의 경쟁력에 따라 삶의 환경이 조성되고 있다. 이러한 환경 속에서 사람들은 변화의 기회를 포착하고 위협을 해소시켜야 한다.

사람들은 주도적으로 자신의 삶을 구성하고, 자신만의 이야기를 써야 한다. 기성세대의 삶은 동일한 사회적 맥락에서 시작과 끝이 있어, 마치 장편소설 같았다. 지금은 사회적 맥락이 급변하면서 삶이 단편소설과 같다.

뷰카 세상으로 묘사되는 현실에서 어떤 삶을 살 것인가?

삶이 흔들리지 않도록 중심을 잡아야 한다. 삶을 대하는 내면의 신념이 강건하고, 목적 있는 삶을 지향해야 한다.

1. 변화의 시작은 자기인식이다

코칭에서 만난 리더들은 자신을 잘 안다고 했지만, 사실 자신에 대해 더 잘 알고 싶어 했다. 그들은 자신에 대해 많이 생각했지만, 자신의 관점과 자기중심성이 지배하는 영역의 범위 내에서만 자기를 생각하는 경우도 많았다. 그리고 자신을 객관적으로 보는 데 필요한 시간을 만들기 어렵다고 생각했다. 자기를 돌아보는 시간을 갖는다고 해도 전문가의 도움을 받을 기회가 없기 때문이다.

임원 코칭에서 만난 한 리더는 엄격하게 자기관리를 하는 경우도 있었다. 하루의 일과표를 정해두고, 해야 할 내용별로 실천 빈도를 꼼꼼히 기록했다.

일부 리더들은 코치와의 만남을 불편하게 생각했다. 조직 내에서 생존하는 데 필요한 자기 관리용 정보를 근거로 자신의 모습을 이해하는데 그친 반면, 일과 무관하게 자기 존재에 대한 질문에는 어색해했다. 이렇게 된 주요 원인은 객관적으로 자신을 이해할 수 있는 전문가의 도움이 부족했고, 본인 스스로 자기 이해가 갖는 필요성에 둔감하거나 업무 우선순위에서 낮기 때문이다. 왜냐하면 리더들은 자신의 기존 이해와 불일치하는 정보를 만났을 때 유연성을 발휘하기보다 자기방어적인 입장에서 검토를 거부하고, 기회를 가져도 성찰과 변화 의지가 지속될 수 있는 후속 지원을 받지 못했기 때문이다.

리더들은 긍정적인 면에서 자기 이해에 관심을 두기보다, 외부적 위협으로부터 자기를 보호하는 방어적 자기관리를 했다.

2. 목적 있는 삶을 구상하고 만들어 보자

코칭에서 만난 대다수 사람들은 자신의 삶을 구상하고 만들어 가고 싶은 요구를 가지고 있었다.

나는 누구나 그와 같은 삶의 요구를 가지고 있으며, 그것이 곧 삶의 주제가 된다고 생각한다.

사람들이 가지고 있는 요구를 원하는 결과와 연계시키는 결정적 행동을 실천하는 것은 자신의 삶을 더 의미 있고 풍성하게 만드는 강력한 방법이다. 결정적 행동은 원하는 결과를 얻을 가능성을 높이는 행동이다. 그 행동은 한 가지일 수 있다. 한 사업부에서는 '주도적으로 행동하자.'로 결정적 행동을 확정했다. 그 행동을 하는 목적을 잃어버리면, 반복해야 하는 행동만 남는다. 자신에게 물어 본다.

"나의 결정적 행동은 무엇인가? 이 결정적 행동에 내 삶의 목적이 담겨 있는가?"

조직의 리더라면, 성과를 향상시키는 방법으로 요구–행동–결과의 연결성을 높여 보길 바란다. 이제 실행을 촉진시켜 더 나은 성과를 만들려는 방식은 사람들을 지치고 결국 그들을 탈진하게 한다.

사람들은 존재에 대한 자기인식과 성찰을 통해 관점 전환을 끌어내고, 그들의 성장 체험에서 얻는 긍정적 에너지원을 생산 자원으로 활용해야 한다. 이를 위해서는 리더들이 먼저 생각하는 사람이 되어야 한다. 실행의 관점이 아니라 존재의 관점을 취할 때, 리더십과 소통의 소재가 달라진다.

존재의 관점을 취하면 일의 성과를 우선시하는 리더십이 일이 수행되는 과정에 관심을 갖게 되고, 주위 사람들과 긍정적인 관계를 맺을 수 있는 여건을 갖게 된다. 일의 성과를 평가의 눈으로 보던 것을 일의 수행에서 관찰된 진전에 대해 대화 나누고 인정할 수 있는 피드백을 하게 된다.

실행의 눈으로 보면, 평가와 질책이 수반될 가능성이 높다. 존재 중심의 눈으로 실행을 볼 때, 예성하지 못한 놀라운 결과를 얻을 수 있다.

이제 생각의 판을 바꿔야 할 때이다. 실행 중심의 관점을 존재 중심으로 바꿔야 한다. 존재 중심으로 바꿀 때, 삶의 환경과 일을 인문학적인 관점에서 보게 된다. 존재가 중심인 삶은 목적 있는 삶이다. 사람들의 일상이 삶의 목적과 한 방향 정렬되어 있게 된다.

개인이든 조직이든 목적을 기반으로 할 때, 뷰카 세상에서 방향성을 잃지 않고 표류하지 않는다.

이제 존재 중심으로 원하는 삶을 구상하고 만들어 보자.

| 참고문헌 |

- 김태균·이두걸 (2016). 만화가 이현세. 한길 큰길 그가 말하다〈3〉. 서울신문, 2016.2.4, 25면.
- 윤정구 (2015). 진성리더십. 서울: 라온북스.
- 이석재 (1996). 자기제시 책략척도의 타당도 검증. 한국심리학회지: 사회, 10(1), 115~135.
- 이석재 (2006). 18가지 리더십 핵심역량을 개발하라. 서울: 김앤김북스.
- 이석재 (2014). 경영심리학자의 효과성 코칭. 서울: 김앤김북스.
- 이석재·최상진 (2001). 최면지향행동의 이원구조모델 검증. 한국사회심리학회지: 사회 및 성격, 15(2), 65~83.
- 한상근 (2018). 한국인의 직업의식과 변화(1998~2018). 한국인의 직업, 한국인의 직업의식: 직업지표 및 직업의식 세미나 발표자료. 대한상공회의소(2018.11.30), 45~60.
- Bailey, T. C., Eng, W., Frisch, M. B., & Snyder, C. R. (2007). Hope and optimism as related to life satisfaction. The Journal of Positive Psychology, 2(3), 168–175.
- Bandura, A. (1962) Social learning through imitation. NE: University of Nebraska Press.
- Batson, C. D., Early, S., & Salvarani, G. (1997). Perspective taking: Imaging how another feels versus imaging how you feel. Personality and Social Psychology Bulletin. 23(7), 751–758.
- Batson, C. D., Polycarpou ,M. P., Harmon-Jones ,E., Imhoff , H. J., Mitchener , E. C., Bednar , L. L., Klein, T. R. & Highberger, L. (1997).

Empathy and Attitudes: Can Feeling for a Member of a Stigmatized Group Improve Feelings Toward the Group? Journal of Personality and Social Psychology Copyright, 72(1), 105–118.

• Baumeister, R. F. (2005). Self–concept, self–esteem, and identity. In V. Derlega, B. Winstead, & W. Jones (eds.), Personality: Contemporary theory and research (3rd ed.) (pp. 246–280). San Francisco, CA: Wadsworth.

• Bezuijen, X., van den Berg, P., van Dam, K., & Thierry, H. (2009). Pygmalion and employee learning: The role of leader behaviors. Journal of Management, 35(5), 1248–1267.

• Carnevale, P., & Isen, A. (1986). The influence of positive affect and visual access on the discovery of integrative solutions in behavioral negotiation. Organizational Behaviour and Human Decision Process, 37(1), 1–13.

• Carson, R. (2003). Taming your gremlin: A surprisingly simple method for getting out of your own way. NY: Quill.

• Crook, J. H. 1980. The Evolution of Consciousness. Oxford University Press, Oxford.

• Day, D., Fleenor, J. W., Atwater, L. E., Sturm, R. E., & Mckee, R. A. (2014). Advances in leader and leadership development: A review of 25 years of research and theory. Leadership Quarterly, 25(1), 63–82.

• Doran, G. T. (1981). There's a S.M.A.R.T. way to write management's goals and objectives. Management Review(AMA Forum), 70(11), 35–36.

• Desrosiers, E., & Blenkenship, J. R. (2015). Coaching for the derailing leader. In. Riddle, D. D., Hoole, E. R., & Gullette, E. D. C.

(eds.). The Center for Creative Leadership Handbook of Coaching in Organizations (eds.). CA: John Wiley & Sons, Inc.

- Ellis, A. (1994). Reason and emotion in psychotherapy: Comprehensive method of treating human disturbances: Revised and updated. NY: Citadel Press.
- Emmons, R. A. (1986). Personal strivings: An approach to personality and subjective well-being. Journal of Personality and Social Psychology, 51(5), 1058- 1068.
- Fenigstein, A.(1987). On the nature of public and private self-consciouness. Journal of Personality, 55, 543-554.
- Flanagan, J.C. (1954) The Critical Incident Technique. Psychological Bulletin, 5, 327-358.
- Galinsky, A. D., Magee, J. C., Gruenfeld, D. H, Whitson, J. A., & Liljenquist, K. A. (2008). Power reduces the press of the situation: Implications for creativity, conformity, and dissonance. Journal of Personality and Social Psychology, 95, 1450-1466.
- Gendlin, E. T. (1978). Focusing. NY: Bantam Dell.
- Glasser, W. (1998). Choice theory. NY: Harper Perennial.
- George, B.(2007). True north: Discover your authentic leadership. SA: Jossey-Bass.
- Goleman, D. (1995). Emotional intelligence. NY: Bantam Books.
- Goleman, D. (1998). What makes a leader? MA: Harvard Business Review.
- Hatzigeorgiadis, A., Zourbanos, N., Galanis, E., and Theodorakis, Y. (2011). Self-talk and sports performance, Perspective on

Psychological Science, 6(4), 348–356.

• Heinrich, H.W. (1931) Industrial Accident Prevention: A Scientific Approach. McGraw–Hill, New York. Quoted in Hollnagel, E. (2009) Safer Complex Industrial Environments: A Human Factors Approach. CRC Press, Boca Raton.

• James, W. (1890). The principles of psychology. Dover Publications.

• Kegan, R., & Lahey, L. L. (2001). The real reason: People won't change. Harvard Business Review, 11, 85–92.

• Kegan, R., & Lahey, L. L. (2009). Immunity to change: How to overcome it and unlock the potential in yourself and your organization. MA: Harvard Business School Press.

• Killingsworth, M. A., & Gilbert, D. T. (2010). A wandering mind is an unhappy mind. Science, 330, 932.

• Kimsey–House, H., Kimsey–House, K., Sandahl, P., & Whitworth, L. (2011). Co–active coaching: Changing business transforming lives(3rd ed.). Boston: Nicholas Brealey Publishing.

• Kounios, J., & Beeman, M. (2014). The cognitive neuroscience of insight. Annual Review of Psychology, 65, 71–93.

• Kounios, J., & Beeman, M. (2015). The Eureka Factor: Aha Moments, Creative Insight, and the Brain. NY: Random House.

• Lee, S. J, Quigley, B, Nesler, M., Corbett, A. B., & Tedeschi, J. T. (1999). Development of a self–presentation tactics scale. Personality and Individual Differences, 26, 701–722.

• Lombardo, M. M., & Eichinger, R. W. (2002). The leadership machine. MN: Lominger Limitied, Inc.

- Marcus, B., and Donald, O. C. (2001). Now, discover your strengths. NY: The Free Press. 박정숙 역(2002). 위대한 나의 발견 강점혁명. 서울: 청림출판.
- Markus, H., & Nurius, P. (1986). Possible selves. American Psychologist, 41(9), 954-497.
- Maslow, A. H. (1970). Motivation and Personality (2nd ed.). New York: Harper and Row.
- McCall, Jr. M. W. & Lombardo, M. M.(1983), Off the track: Why and how successful executives get derailed. Technical Report(No. 21).
- McClelland, D. C. (1973). Testing for competence rather than for "intelligence." American Psychologist, 28, 1-14.
- Mock, A., & Morris, M. W. (2012). Managing two cultural identities the malleability of bicultural identity integration as a function of induced global or local processing. Personality and Social Psychological Bulletin, 38(2), 233-246.
- Niedenthal, P. M., Setterlund, M. B., & Wherry, M. B. (1992). Possible self-complexity and affective reactions to goal-relevant evaluation, Journal of Personality and Social Psychology, 63, 5-16.
- Niemiec, R. M. (2013). What is your best possible self? Psychology Today, 3, www.psychologytoday.com.
- Ricci, R., & Wiese, C. (2011). The Collaboration Imperative: Executive Strategies for Unlocking Your Organization's True Potential. CA: Cisco Systems.
- Snyder, C. R. (1989). Reality Negotiation: From Excuses to Hope and Beyond. Journal of Social and Clinical Psychology, 8(2), 130-157.

- Snyder, C. R., Rand, K., King, E., Feldman, D., & Woodward, J. T. (2002). False hope. Journal of Clinical Psychology, 58(9), 1003-1022.
- Smallwood J., & Schooler, J. W.(2015). The science of mind wandering: Empirically navigating the stream of consciousness. Annual Review of Psychology, 66, 487-518.
- Subramaniam, K., Kounios, J., Parrish, T. B., & Beeman, M. J.(2008). A Brain Mechanism for Facilitation of Insight by Positive Affect. Journal of Cognitive Neuroscience, 21(3). 415-32.
- Thurman, M. P., "Strategic Leadership," presentation to the Strategic Leadership Conference, US Army War College, Carlisle Barracks, PA, 11 February 1991.
- Waal, F. de. (2005). Our inner ape: A Leading Primatologist Explains Why We Are Who We Are. 이충호 역(2005), 내 안의 유인원. 서울: 김영사.
- William, J. (1890). The Principles of Psychology. New York: Dover Publications.
- Witworth, L., House, H., Sandahl, P., & Kimsey-House, H. (2007). Co-active coaching: New skills for coaching people toward success in work and life(2nd ed.). CA: Davis-Black Publishing.